신앙 베이직

세움북스는 기독교 가치관으로 교회와 성도를 건강하게 세우는 바른 책을 만들어 갑니다.

신앙 베이직

청교도에게서 배우는 7가지 신앙의 기반

초판 1쇄 인쇄 2023년 9월 10일
초판 1쇄 발행 2023년 9월 15일

지은이 | 이태복
펴낸이 | 강인구

펴낸곳 | 세움북스
등 록 | 제2014-000144호
주 소 | 서울시 종로구 대학로 19 한국기독교회관 1010호
전 화 | 02-3144-3500
이메일 | cdgn@daum.net

디자인 | 참디자인

ISBN 979-11-91715-89-7 (03230)

신앙 베이직

청교도에게서 배우는 7가지 신앙의 기반

이태복 지음

세움북스

추천사

Back to basics!

신앙의 기본으로 돌아가는 일은 오늘의 한국 교회가 직면한 긴급하고도 절실한 필요입니다. 본서는 다양한 영성 훈련 프로그램과 신앙 서적이 넘쳐나는 시대에, 그 길을 안내하는 최고의 교과서라 할 수 있습니다. 저자는 특별히 17세기 청교도 문헌들에 대한 자신의 연구에 기대어, 탄탄한 신앙을 다지기 위한 7가지 기반을 안내합니다.

저자의 안내는 세련되거나 신박하기보다는 오래되고 검증되었으며, 성경적이고 균형 잡힌 견해입니다. 그러므로 모든 성도가 안심하며 믿고 따를 만합니다. 조미료 가득한 안내서들에 익숙한 독자들을 자극할 만한 맛은 없을지도 모르겠습니다. 그러나 독자들은 이 담백한 책 안에서 어디에서도 들을 수 없는 신랄하고 뼈아픈 지적들을 만나게 될 것입니다. 그렇게 저자가 제시하는 지도를 따라가다 보면, 독자들은 어느새 자신의 신앙이 탄탄하게 자라가고 있음을 보게 될 것입니다.

● 김형익 목사 _ 벧샬롬교회 담임, 《우리가 하나님을 오해했다》 저자

청교도 신학을 오래 연구한 경험과 깊은 애정을 가진 이태복 목사님은 본서를 통해 쉽고 설득력 있는 감동적인 필체로써 핵심적이고 뚜렷한 논지를 제시하면서 독자들을 신앙의 기초 세우기로 이끕니다. 그러므로 본서는 목회 일선에서 수고하시는 목사님들께는 신자들을 양육하기 위한 자료로서 활용 가치가 높고, 일반 성도들에게는 더할 나위 없이 좋은 신앙의 나침반이 되어 줄 것입니다.

이미 《365 하이델베르크 요리문답 매일 묵상》을 통해서 성경 중심의 쉽고 간명한 해설로 현대인을 위한 청교도적 저술의 본보기를 제시해 준 저자는 본서에서도 매우 균형 잡힌, 상당히 실천적인, 그러면서도 깊이 있는 글쓰기를 통해 신앙의 기초를 세울 수 있도록 독자들을 초청합니다. 저자의 어조는 친절하면서도 강력하고, 진지하면서도 호소력 있습니다. 이 책이 이 세대 안에서 신비주의적 영성 훈련으로 얼룩진 조국 교회를 정화하고 하나님의 말씀과 함께하는 참된 부흥을 일으키는 불쏘시개가 되기를 바라는 마음을 담아 적극 추천합니다.

● 이스데반 목사 _ 4M 자라가는교회 담임, 《이것이 중생이다》 저자

본서는 저자의 전작 《영성 이렇게 형성하라》를 새롭게 편집한 책으로서, 탄탄한 신앙을 기르기 위한 핵심 원칙과 방법을 일곱 가지 항목으로 제시

하고 있습니다. 신앙이 어떤 기초 위에 있어야 하는지 궁금한 그리스도인 이라면, 그는 이 책을 통해 믿음의 원리와 실제가 어떻게 연결되고 적용될 수 있는지 배울 수 있을 것입니다. "청교도에게서 배우는 7가지 신앙의 기반"라는 부제처럼 이 책은 '성경', '거듭남', '행복한 사귐', '솔로 행진', '함께 행진', '확신 로켓', '밟은 땅에'라는 7가지 주제로 신앙생활의 근간을 쌓는 방법을 제시하고 있으며, 신앙의 근본을 이루는 성경의 중요성과 그 안에서 찾을 수 있는 지혜를 강조하면서, 개인적인 신앙을 키우는 방법부터 공동체의 중요성까지 다양한 측면을 아우르고 있는 책입니다.

특히, 저자의 전문 영역이라고 할 수 있는 '청교도 신학'의 전통과 저작들을 근거로 다양한 제안을 하고 있는데, 진지하게 자기 신앙의 기초를 고민하는 독자들에게 큰 도움이 될 것입니다. 이미 많은 이들이 도움을 받았던 전작의 핵심을 정리하여 보다 현대적이고 대중적으로 다시 쓴 이 책은, 신앙의 깊이를 더하고 싶은 이들에게, 신앙과 실제 삶의 연결점을 찾는 이들에게 분명 좋은 지침이 될 것입니다. 흔들리고 요동하는 모래 위가 아니라 견고하여 흔들리지 않는 반석 위에 신앙의 집을 짓기 원하는 모든 그리스도인들에게 일독을 권합니다.

● **조영민 목사** _ 나눔교회 담임, 《하나님을 선택한 구약의 사람들》 저자

갓 태어난 귀여운 아기는 존재만으로도 부모와 가족에게 기쁨을 줍니다. 그 아이가 튼튼하고 균형 있게 자라갈 때, 부모는 더없는 기쁨과 보람을 누

릴 것입니다. 성경은 구원받은 신자가 그리스도의 장성한 분량으로 자라가는 것이 마땅한 의무요, 하나님의 기대라고 가르칩니다. 이태복 목사님의 《신앙 베이직》은 신앙 형성의 일곱 가지 핵심 요소를 매우 성경적이고도 알기 쉽게 설명합니다.

첫째, 이 책은 신학적으로 건전한 구원의 확신과 신앙 성장의 길을 제시합니다. 거듭남의 은혜, 삼위일체 신앙이 구원의 여정에 미치는 작용을 통해 교리가 어떻게 신자의 삶에 뼈와 살이 되는지 일깨웁니다. 신천지나 신비주의와 기복 신앙으로 위축된 한국 교회를 바른 구원의 도리로 힘 있게 세우는 데 기여할 것이라고 확신합니다. 둘째, 이 책은 역사적으로 청교도들의 경건과 모본이 집합된 종합 선물 세트입니다. 존 오웬, 조지 스윈녹, 제임스 피셔, 리처드 백스터, 스티븐 차녹, 토머스 브룩스, 토머스 굿윈 등 훌륭한 청교도들의 권면과 삶을 엿볼 수 있습니다. 이것은 많은 청교도 서적을 번역한 저자의 수고와 전문성 덕분입니다. 그들의 격언들을 읽고, 노트에 적어 보는 것만으로도 영적인 자극과 유익이 될 것입니다. 셋째, 이 책은 실천적으로 신앙 형성을 시작하도록 적용과 토론을 위한 주제를 배치함으로써 독자를 지적 만족에만 머물지 않도록 촉구합니다. 설교를 듣기 전과 후에 무엇을 해야 할지, 성찬에 어떤 마음으로 임해야 할지, 온전한 주일 성수를 위해 무엇을 고려해야 할지 친절하게 안내합니다.

현장의 전도자이자 목회자로서, 다음과 같은 분들께 적극 추천합니다. 영적 침체를 극복하고 신앙이 자라길 원하는 분, 교회는 다니지만 구원의 확신이 없는 분, 영적 성장에 목말라 다양한 집회나 프로그램에 참여하면서도 신앙의 근본적 질문이 있는 분 등입니다. 교회에 처음 나온 새 가족들께도 유익한 선물이 될 것입니다. 바라기는 코로나와 온라인 예배로 허약해진 우리의 믿음이 이 책을 통해 말씀의 뼈와 기도의 살과 묵상의 피로 단단히 채워져 하나님의 용사로 세워지길 소망합니다.

● **황경철 목사** _ CCC, 국제복음과공공신학연구소 소장, 《어서 와, 공공신학은 처음이지?》 저자

그리스도인의 신앙생활은 작은 배를 타고 넓은 바다를 항해하는 것과 비슷합니다. 열심히 항해하지만, 때때로 망망대해에서 갈 바를 알지 못하고 제자리를 맴도는 우리의 모습을 마주하게 됩니다. 아무리 신실한 그리스도인도 이러한 신앙의 정체기를 경험하면 실망스러운 마음을 감출 수가 없습니다. 성장을 멈춘 듯한 모습에서, 성숙이 이루어지지 않는 모습에서, 또는 예전보다 뒷걸음질을 친 듯한 모습에서 많은 그리스도인이 영적인 갑갑증을 느낍니다.

목사이기 이전에 바른 신자의 삶에 충실하기를 늘 소원하던 시절, 제 손에 들려진 이태복 목사님의 《영성 이렇게 형성하라》(지평서원)는 갈 바를 알지 못해 표류하던 신앙의 여정에서 나아가야 할 길을 환히 비춰 준 등대와 같았습니다. 특별히 교회의 역사 속에 성경을 가장 충실하게 이해하고 삶으로 살아 내고자 힘썼던 청교도들과의 만남은 신앙의 모든 체계를 재정립하기에 충분한 도전이자 감동이었습니다. 그들의 경건 생활 속에 담긴 기독교 신앙의 진수를 재료 삼아 허기진 영혼에 최고의 요리를 선사했던 그 만남을 아직도 잊을 수 없습니다.

그렇게 한 신자의 삶에 크나큰 영향을 끼쳤던 걸작이 새로운 모습으로 다시 독자들을 찾아간다는 소식은 오랜 시간 사모하며 기다렸던 영적 거인과의 재회만큼이나 제 마음을 설레게 했습니다. 다시 새롭게 다듬어 출판되는 본서는 신자라면 누구나 고민했을 법한 막힌 길 앞에서 망설임 없이 예부터 수많은 신앙의 영웅들이 걸어온 길, 그러나 어쩌면 현대의 그리스도인들에게는 제법 낯선 새 길을 제시합니다. 조금은 딱딱할 수 있었을 법한 이전의 구성을 벗어나, 한결 간결하면서도 맛깔나게 깊은 맛을 이끌어낸 새로운 흐름은 청교도가 낯선 독자에게도 깨달음의 즐거움을 선사할 것입니다. 더불어 각 장에 더해진 스스로를 점검할 수 있는 신앙 체크 리스트와 소그룹이 함께 나눌 수 있는 토론 질문을 통해 본서는 완성도를 높인 또하나의 명작으로 기억될 것 같습니다.

오랜 시간 신앙생활을 했지만 여전히 변하지 않는 자신의 모습에 답답함을 느끼는 분이라면, 열심은 있으나 체계적인 신앙의 틀이 없어 늘 제자리걸음을 한다고 느끼는 분이라면, 역사 속에 등장하는 성경적인 교회 공동체의 모습이 무엇인지 가까이 보고 경험하기 원하는 분이라면, 그리고 특별히 막연한 신앙생활이 아닌 분명하고 실제적인 영적 원리를 배우기 원하는 분이라면 주저 없이 이 책의 도움을 받으시길 추천합니다. 나아가 책의 마지막 부분에 담긴 수많은 청교도 대작의 목록을 한 번쯤은 주의 깊게 살펴보기를 권면합니다.

● 황모세 목사 _ 미국 와싱톤중앙장로교회 부목사

저자 서문

이 책은 2010년에 출간되었다가 몇 년 전에 절판된《영성 이렇게 형성
하라》를 누구라도 읽기 쉽게 하기 위해 분량을 줄이고 수정하여 새롭게
만든 책입니다. 또한 매우 실용적인 책으로 재구성하였는데, 탄탄한 신앙
을 형성하고 유지하기 위해 모든 신자들이 갖추어야 할 일곱 가지 기반을
누구나 총체적으로 알고, 그 기반을 잘 다질 수 있도록 돕는 책으로 다시
태어났습니다.

《영성 이렇게 형성하라》는 청교도들의 경건과 신비주의자들의 영성을
비교한 저의 석사 학위 논문을 번역하고 앞뒤에 살을 붙인 책이어서, 분
량도 많았고 청교도의 경건과 신비주의의 영성을 비교하는 데 비중이 쏠
려 있었습니다. 그 책은 출간된 후 많은 독자들의 사랑을 받아 어느 온라
인몰(갓피플)에서는 독자들이 뽑은 올해의 책으로 선정되기도 했지만, 청
교도들과 신비주의자들을 대조하는 내용이 많고 전체 분량도 많아서 누
구나 쉽게 읽기에는 한계가 있었습니다.

저는 그 점이 늘 아쉬웠습니다. 성경적인 신앙을 형성하고 발전시키
는 데 필수적인 일곱 가지 기반을 모든 신자들에게 알려 주고 싶은 마음

이 간절했기 때문입니다. 하지만 몇 해 전 그 책이 절판된 후에도 책을 새롭게 낼 용기가 나지 않았습니다. 그러다가 작년에 세움북스를 만나게 되었고, 마침내 그 책을 새롭게 디자인하고 내용도 수정하여 낼 수 있게 되었습니다. 분량도 줄이고 내용도 고쳤을 뿐 아니라, 각 장마다 '신앙 체크리스트'와 '신앙 발전 기록지', 그리고 '토론 주제'도 만들어 덧붙이게 되었습니다.

이제 《신앙 베이직》이라는 새 이름표를 달고 설레는 마음으로 독자들을 찾아가는 이 책은 모든 신자들을 위한 책입니다. 성경적인 신앙을 세우고 유지하며 발전시킬 때 우리 모두에게 필요한 일곱 가지 기반을 쉽고도 친절하게 기술하고 있기 때문입니다. 이 책은 신앙의 연륜을 불문하고 모든 신자들에게 필요한 책입니다. 탄탄한 신앙의 기반을 다지는 일은 신앙의 초기 단계에서만 필요한 일이 아니라 누구에게나 반복적으로 필요한 일이기 때문입니다.

"청교도에게서 배우는 7가지 신앙의 기반"라는 부제를 달고 반가운 걸음으로 독자들을 찾아가는 이 책은 이 땅의 모든 교회들을 위한 책입니다. 그동안 교회는 이단의 거짓된 가르침에 무차별적으로 공격을 받았고 수많은 교인들이 흔들리고 현혹되는 아픔을 겪었으며, 그 아픔은 지금도 진행 중입니다. 또한 팬데믹 이후로 신앙의 기초와 기반이 심하게 흔들려 수많은 사람이 자기 소견에 옳은 길로 행하고 있는 현실입니다. 이 책은 이런 현실에 있는 모든 교회가 유용하게 사용할 수 있는 내용이 가득합니다. 모든 교회가 다시금 다져야 할 탄탄한 신앙을 위한 기반을 총체적으로 알려 주기 때문입니다.

원고를 탈고하면서 저는 독자들이 이 책을 읽으면서 무릎을 치며 다음과 같이 말하기를 기대합니다.

"그래, 바로 이거야. 탄탄한 신앙을 세우고 유지하려면 한두 가지 기반으로는 안 되지. 이 책에서 말하는 일곱 가지 기반은 필요해. 이제부터 이 일곱 가지 기반을 잘 닦아야겠다."

또한 독자들이 이 책을 읽고 나서 무릎을 꿇고 이렇게 기도하기를 기대합니다.

"하나님, 이 땅의 모든 신자들이 이 책이 말하는 일곱 가지 기반을 잘 다져서 흔들리지 않는 신앙으로 굳게 서게 하시고 모든 교회가 강건해지게 하소서."

모쪼록 하나님께서 세움북스의 헌신과 수고를 통해 다시 태어난 이 책을 많은 독자들의 손에 들려 주시길 바랍니다. 그리고 독자들이 이 책을 읽을 때마다 은혜로우신 하나님께서 이 책의 모든 내용을 독자들의 마음에 심어 주시기를 바랍니다. 그래서 약해지고 흔들렸던 신앙의 기반이 전체적으로 회복되고 강해져서 우리 모두의 신앙이 튼튼해지고 탄탄해지기를 바랍니다.

목차

프롤로그

| 서너 가지도 충분하지 않다 |

"올해는 제가 신앙생활을 정말 열심히 하고 싶어요. 어떻게 해야 신앙생
활을 잘할 수 있을까요?"

교인들이 모여 있는 자리에서 한 사람이 일어나 진지하게 물었다. 그
러자 뭐든 쉽고 간단하게 생각하는 교인이 제일 먼저 대답했다.

"복잡할 것 없어요. 일단 좋은 교회를 선택해서 열심히 다니세요. 교회에
서 하라는 거 그대로 따라 하면 신앙은 자랄 거예요."

하지만 교회에 실망한 경험이 많은 다른 교인이 급제동을 걸었다.

"요즘 같은 세상에 좋은 교회 찾기가 어디 쉽나요? 하늘에서 별을 따오는
일이 더 쉬울 걸요."

그러자 교회에 대해서 늘 회의적인 교인이 거들었다.

"맞아요. 요즘은 교회 다니면서 신앙이 더 나빠진 사람들이 많아요."

대화가 이렇게 흘러가자 다른 교인이 입을 열었다. 평소 개인적인 경건 훈련을 중요하게 여기며 실천하는 교인이었다.

"신앙은 하나님과 나의 일대일 관계이니까 개인적으로 경건하게 사는 것이 가장 중요해요. 성경 읽고, 기도하고, 교제하고, 전도하고, 이 네 가지만 열심히 하세요."

그러자 근래에 성경 통독에 재미를 붙인 교인이 기회다 싶어 끼어들었다.

"그냥 성경을 읽어서는 좀 모자라요. 성경 통독을 해보니까 그것처럼 좋은 게 없더라고요."

기도의 용사라고 알려진 교인도 뒤질세라 끼어들었다.

"기도도 마찬가지예요. 혼자서 기도하다 보면 나중에는 흐지부지 되거든요. 새벽 기도회를 꾸준히 다녀보세요."

하지만 또 다른 교인은 대화가 이렇게 흘러가는 것이 불편한 듯했다.

소그룹과 훈련을 강조하는 교회에서 신앙생활을 오래 한 교인이었다.

"글쎄요. 그동안 우리가 성경을 안 읽고 기도를 안 해서 오늘날 교회가 이
모양일까요? 많은 사람들이 이단에 흔들리고 신앙의 수준은 낮아지고 세
상은 교회를 무시하고…"

그 교인은 교회의 현실을 냉정하게 지적하여 사람들의 공감을 얻어 낸
후, 대안을 제시했다.

"신앙을 탄탄하게 세우려면 체계적인 훈련을 받는 것이 훨씬 더 중요해
요. 훈련을 하는 소그룹에 들어가서 훈련을 잘 받으세요."

| 누구 말을 따라야 할까? |

대화가 여기까지 이르자 질문을 던진 사람은 마음이 불편해졌다. 자기
때문에 교인들 사이에 괜한 신경전만 생긴 것 같았기 때문이다. 한 가지
질문에 교인들은 서로 다른 세 가지 대답을 내놓았다. 한 사람은 좋은 교
회를 선택해 열심히 다니기만 하면 된다고 했고, 한 사람은 요즘 좋은 교
회가 어디 있냐며 개인 경건 생활에 힘쓰라고 했으며, 한 사람은 개인 경
건 생활보다 체계적인 훈련이 더 중요하다고 했다. 가만 놔두면 세 사람
은 논쟁이라도 할 것처럼 보였다. 질문을 던진 사람이 상황을 수습하기

위해 서둘러 말했다.

"다들 좋은 말씀해 주셔서 감사합니다. 제가 잘 참고하겠습니다."

평화를 위해서 말은 그렇게 했지만, 마음은 혼란스러웠다. '도대체 누구 말이 옳고 누구 말을 따라야 하는 걸까?' 마음이 혼란스러우니 여러 가지 생각이 뒤따라왔다. '한 사람 한 사람의 대답이 틀린 것은 아닌 것 같으니까 세 사람의 대답을 다 합쳐서 그 모든 일을 다 하면 되는 걸까?', '그것도 아닐 수 있어. 몇 사람밖에 안 되는데도 다양한 대답이 나왔잖아. 그러면 더 많은 사람에게 물어보면 오늘 듣지 못한 내용도 나온다는 건데…', '그렇다면, 오늘 만난 분들이 빠뜨리고 나한테 말해 주지 못한 내용도 있을 거고, 그것도 중요한 일일 수 있어. 그게 뭘까?'

모임을 마치고 집으로 돌아오는 길에 질문이 계속 이어졌다. 전철에 앉아 마음에 밀려드는 질문을 막고 잠시 교회를 생각해 봤다. 20년 다닌 교회에서 귀에 못이 박히게 들은 구호들이 있었다.

"예배를 잘 드리세요. 예배가 영혼의 젖줄입니다."
"기도회에 참석하세요. 기도의 불이 타올라야 신앙이 강해집니다."
"일 년에 한 번씩 성경 통독을 하세요. 혼자 하기 힘들어하는 분을 위해서 교회가 함께 같은 일정표로 진행합니다."
"소그룹에 참석하세요. 성도의 교제가 있어야 합니다."
"각종 훈련을 받으세요. 훈련을 받아야 혼자서도 설 수 있습니다."

이런 구호들을 생각하다 보니 질문이 또다시 마음에 밀려들었다. '교회가 하라는 것을 다 했는데도 왜 우리 신앙은 제자리걸음일까?', '교회가 하라는 것만 성실히 하면 탄탄한 신앙이 세워지는 걸까?' 생각할수록 마음은 혼란스러웠고 어지러웠다.

| 이 책은 답변이자 응원이다 |

오늘도 교회 안에 있는 많은 사람이 똑같은 질문을 한다.

"신앙생활을 정말 잘하고 싶은데 무엇을 하면 될까요?"
"올해는 신앙생활을 열심히 하고 싶은데 무엇을 하면 될까요?"
"성경적인 신앙을 탄탄하게 세우려면 어떻게 해야 할까요?"
"쉽게 흔들리는 신앙을 견고하게 세우려면 어떻게 해야 할까요?"
"비뚤어져 있는 신앙을 바로잡고 싶은데 어떻게 해야 할까요?"
"자녀들의 신앙을 세워 주고 싶은데 뭘 하라고 가르쳐야 할까요?"
"소그룹에 있는 교인들의 신앙을 세워 주려면 뭘 하라고 해야 할까요?
"목사로서 교회의 신앙을 탄탄하게 하려면 뭘 하라고 해야 할까요?"

아, 이 얼마나 진지한 질문인가! 이 책은 이러한 질문에 대한 파편적 답변이 아닌 총체적 답변이다. 답변이 서너 가지도 아니고 일곱 가지나 된다. 일곱 가지가 꼭 필요하고 함께 필요하기에 그렇다. 모든 대답의 초반부에는 성경을 가지고 말한다. 성경이 우리의 신앙과 삶에 유일한 규범이기 때문이다. 모든 대답의 중간에 17세기 청교도들을 모본으로 제시하며 인용한다. 교회 역사에서 신앙 건축을 종합 예술로 인식하고 철저하게 실천하며 풍성한 기록을 남긴 사람들이 17세기 청교도들이기 때문이다. 모든 대답의 마지막에는 서너 가지의 자세한 적용이 있다. 이 책의 목적이 지식 축적이 아니라 열매 맺기에 있기 때문이다. 모든 대답 다음에는 실천과 적용을 위한 몇 가지 부록이 붙어 있다. 각 장에서 배운 내용을 실천하고 적용해야 하기 때문이다.

이 책은 응원이다. 자신의 신앙이든, 자녀의 신앙이든, 교인들의 신앙이든 신앙을 탄탄하게 세우기 원하는 모든 사람에게 보내는 진심 어린 응원이다.

"힘내세요. 그런 질문을 품고 사는 것 자체가 은혜니까요."

"힘내세요. 똑같은 질문을 품고 사는 사람들이 주변에도 많아요."

"힘내세요. 하나님께서 그런 질문을 품게 하셨으니 답도 주실 거예요."

"힘내세요. 과거 믿음의 선진들이 찾아 놓은 좋은 답들이 있어요."

"힘내세요. 우리 함께 올바른 답을 찾아봐요."

"힘내세요. 성령 하나님께서 우리를 늘 도와주실 거예요."

"힘내세요. 틀림없이 길을 찾고 신앙을 탄탄하게 세울 수 있을 거예요."

BASIC 1

오직 성경

Sola Scriptura

오직 성경
Sola Scriptura

| '오직 성경'만이 반듯하면서도 흔들리지 않는 신앙의 비결이다 |

건축의 과정에서 건축가의 손에 언제나 중요하게 들려져 있는 것이 있다. 그것은 설계도! 설계도에는 건물의 구조와 건축 방식, 필요한 재료와 작업 순서 등이 기록되어 있다. 그래서 건축가는 설계도에 근거해서 모든 공사를 진행한다. 여기에서 우리는 그리스도인이 신앙을 세우고 실천하는 일과 관련하여 가장 기초적인 원리를 배운다. 예수님께서 그리스도인을 건축가에 비유하시고 그리스도인의 신앙생활을 건축에 비유하셨기 때문이다.

그러므로 누구든지 나의 이 말을 듣고 행하는 자는 그 집을 반석 위에 지은 지혜로운 사람 같으리니 비가 내리고 창수가 나고 바람이 불어 그 집에 부딪치되 무너지지 아니하나니 이는 주추를 반석 위에 놓은 까닭이요 나의 이 말을 듣고 행하지 아니하는 자는 그 집을 모래 위에 지은 어리석은 사람 같으리니 비가 내리고 창수가 나고 바람이 불어 그 집에 부딪치매 무너져 그 무너짐이 심하니라 _마 7:24-27

예수님은 신자를 건축가에 비유하신다. 건축가가 건물을 세우는 것처럼 신자도 자기의 신앙을 세워야 하기 때문이다. 그런데 예수님은 교회 안에 있는 신자들 중에는 지혜로운 건축가가 있고 어리석은 건축가가 있다고 말씀하신다. 지혜로운 건축가는 비바람에도 흔들리지 않고 무너지지 않는 신앙의 집을 세우는 사람이고, 어리석은 건축가는 쉽게 흔들리고 결국에는 무너지고 마는 신앙의 집을 세우는 사람이다.

그렇다면, 지혜로운 건축가와 어리석은 건축가의 근본적인 차이점은 무엇일까? 예수님은 한 가지를 말씀하신다. 신앙을 세우고 실천할 때 무엇을 설계도로 삼고 무엇을 기준점으로 삼느냐는 것이다. 설계도를 손에 들고 설계도에 따라서 건물을 짓는 건축가가 지혜로운 건축가일 수밖에 없고 그렇지 않은 건축가는 어리석은 건축가일 수밖에 없듯이, 신앙을 세우고 실천하는 일에서도 똑같은 원리가 작용할 수밖에 없다고 말씀하신다.

예수님의 메시지는 분명하다. 예수님의 말씀을 설계도로 삼고 신앙을 세우고 실천하는 사람은 지혜로운 건축가와 같고, 그런 사람이 세우고 실천하는 신앙은 견고하게 서고 무너지지 않게 된다. 반면에 예수님의 말씀을 듣고도 그것을 설계도로 삼지 않고 다른 것에 따라 신앙을 세우고 실천하는 사람은 어리석은 건축가와 같고, 그런 사람이 세우고 실천하는 신앙은 외양이 훌륭하고 견고하게 서 있는 것 같지만 마치 모래 위에 지은

집 같아서 결국에는 무너지게 된다.

예수님이 이렇게 말씀하셨으므로, 어떤 교회가 교인들의 신앙을 바르게 세워 주기 위해서 제일 먼저 해야 할 일은 다른 일이 아니다. 어떤 부모가 자녀들의 신앙을 바르게 세워 주기 위해서 제일 먼저 해야 할 일도 다른 일이 아니다. 어떤 사람이 자신의 신앙을 올바르고 견고하게 세우기 위해서 제일 먼저 해야 할 일도 다른 일이 아니다. 그것은 예수 그리스도의 말씀을 신앙과 삶의 유일한 설계도로 삼는 것이며 그 설계도를 보면서 신앙을 세워 가고 실천하는 일이다.

| 바울이 디모데에게 |

사도 바울이 젊은 목회자 디모데의 신앙을 어떻게 지도해 주었는지 살펴보자. 디모데후서 3장 13절에서 바울은 디모데가 살고 있던 시대의 상황을 다음과 같이 묘사한다. "악한 사람들과 속이는 자들은 더욱 악하여져서 속이기도 하고 속기도 하나니." 오늘날 이단과 사설이 판을 치는 우리 시대의 현실과 다를 바 없다. 이런 세상에서 참된 신앙을 튼튼하게 세우고 유지하기 위해서 제일 먼저 필요한 일은 무엇일까? 위대한 사도, 바울의 처방을 들어 보자.

그러나 너는 배우고 확신한 일에 거하라 너는 네가 누구에게서 배운 것을 알며 또 어려서부터 성경을 알았나니 성경은 능히 너로 하여금 그리스도 예수 안에 있는 믿음으로 말미암아 구원에 이르는 지혜가 있게 하느니라 모든 성경은 하나님의 감동으로 된 것으로 교훈과 책망과 바르게 함과 의로 교육하기에 유익하니 이는 하나님의 사람으로 온전하게 하며 모든 선한 일을 행할 능력을 갖추게 하려 함이라 _딤후 3:14-17

여기 보면, 바울은 고차원적인 해결책이나 신기한 비법을 디모데에게 제시하지 않았다. 혹시 바울은 디모데가 처해 있는 심각한 현실, 곧 거짓과 유혹이 만연한 시대의 현실을 너무나 가볍게 생각하고 너무나 평범한 지침을 내린 것일까? 혹시 바울은 디모데의 영적 수준, 곧 그가 어렸을 때부터 성경을 배웠고 이미 많은 것을 알고 있으며 다른 사람을 가르칠 수 있는 수준에 있다는 사실을 잊고서 너무나 초보적인 지침을 내린 것일까?

그렇지 않다. 바울은 디모데가 처해 있는 현실의 심각한 타락상을 누구보다 잘 알고 있었다. 그 자신이 끊임없이 이단과 거짓에 저항하여 싸웠기 때문이다. 바울은 디모데가 비록 젊었지만 그가 목회자였음을 누구보다 잘 알고 있었다. 디모데를 그렇게 세운 것이 바울 자신이었기 때문이다. 바울은 디모데에게 유익이 될 만한 좋은 책들을 리스트로 만들어서 줄 수도 있었다. 그는 학식이 풍성한 사람이었기 때문이다.

바울이 디모데에게 너무나 평범해 보이고 너무나 초보적인 지침을 내린 이유는 성경의 완전성과 유익함을 알고 있었기 때문이다. 성경을 읽고 배우며 성경을 유일하고 최고의 규범으로 삼고 살 때, 성경적인 신앙을 세우고 유지할 수 있다고 믿었기 때문이다. 바울의 말을 다시 들어 보자.

성경은 능히 너로 하여금 그리스도 예수 안에 있는 믿음으로 말미암아 구원에 이르는 지혜가 있게 하느니라 모든 성경은 하나님의 감동으로 된 것으로 교훈과 책망과 바르게 함과 의로 교육하기에 유익하니 이는 하나님의 사람으로 온전하게 하며 모든 선한 일을 행할 능력을 갖추게 하려 함이라 _딤후 3:15-17

그러므로 어떤 교회가 교인들의 신앙을 바르게 세워 주기 위해서 제일 먼저 해야 할 일은 다른 일이 아니다. 어떤 부모가 자녀들의 신앙을 바르게 세워 주기 위해서 제일 먼저 해야 할 일도 다른 일이 아니다. 어떤 사람이 자신의 신앙을 올바르고 견고하게 세우기 위해서 제일 먼저 해야 할 일도 다른 일이 아니다. 어떤 시대 상황에서든 어떤 영적 수준에서든 성경을 신앙과 삶의 유일한 설계도로 삼는 것이며, 그 설계도를 계속 보면서 신앙을 세우고 실천하는 일이다.

| 청교도들은 어땠을까? |

17세기 영국과 스코틀랜드의 청교도들은 오직 성경을 신앙과 삶의 설계도로 삼고 성경적인 신학과 신앙을 세우기 위해 실천하려고 애쓴 사람들이었다. 청교도들은 어린이들에게 신앙을 가르치는 방편으로 웨스트민스터 소요리문답을 작성하였는데, 질문과 답변을 통해서 기독교의 핵심 교리를 배울 수 있게 하였다. 청교도들은 어린이들에게 신앙을 가르치고 싶어 줄 때, 제일 먼저 가르쳐야 할 것으로 '인간의 최고 목적'을 꼽았다.

그래서 소요리문답의 첫 번째 문항은 '인간의 최고 목적이 하나님을 영화롭게 하고 영원토록 하나님을 즐거워하는 것'이라는 내용이다.

그렇다면, 청교도들은 어린이들에게 신앙을 가르치고 심어 줄 때, 그 다음으로 해야 할 중요한 일로 무엇을 꼽았을까? 소요리문답의 두 번째 문항의 내용을 보면, 청교도들은 다음과 같이 정리를 해 놓았다.

질문 2. 하나님을 어떻게 영화롭게 하며 즐거워해야 하는지를 알게 하시
려고 하나님께서 우리에게 주신 규칙은 무엇인가?
답: 구약 성경과 신약 성경으로 기록된 하나님의 말씀만이 우리가 하나님
을 어떻게 영화롭게 하며 즐거워해야 하는지를 가르쳐 주는 유일한
규칙이다.

어린이들을 위한 소요리문답이 이런 순서와 이런 내용으로 시작되는 것을 보면, 청교도들이 어린이들에게 신앙을 심어 줄 때 성경이 신앙과 삶의 유일한 규범, 곧 설계도라는 것을 가장 기본적이고 중요한 것으로 가르쳤다는 사실을 알 수 있다. 청교도들은 하나님을 영화롭게 하고 즐거워하는 것이 인생의 참된 목적임을 깨닫고서 그렇게 살아가려는 사람이 제일 먼저 알고 지켜야 할 것은 오직 성경만이 유일한 규범이라는 사실을 알고 따르는 것이라고 본 것이다.

그렇다면, 청교도들은 어린이들에게 신앙을 가르치고 심어 줄 때만 그렇게 했을까? 어른들에게 신앙을 가르치고 심어 줄 때는 다른 것을 먼저 가르치고 다른 것을 더 중요하게 가르쳤을까? 어른들은 자신의 신앙을 세

우고 실천할 때, 성경을 유일한 규범, 곧 설계도로 삼지 않아도 된다고 생각했을까? 과연 어땠을까? 청교도들이 어른들을 위해서 작성한 대요리문답의 맨 앞부분에 어떤 내용들이 위치하고 있는지를 보면 위의 질문에 대한 답을 쉽게 알 수 있다.

문 1. 사람의 첫째 되는 최고 목적은 무엇인가?

답. 사람의 첫째 되는 최고 목적은 하나님을 영화롭게 하고 영원토록 하나님을 온전히 즐거워하는 것이다.

문 2. 하나님의 존재는 어떻게 알 수 있는가?

답. 사람에게 있는 본성의 빛과 하나님의 지으신 피조물이 하나님의 존재를 명백하게 선포한다. 그러나 오직 하나님의 말씀과 성령만이 사람이 구원에 이를 수 있도록 충분하고 유효하게 하나님을 계시한다.

문 3. 하나님의 말씀은 무엇인가?

답. 신구약 성경이 하나님의 말씀이며 신앙과 행위의 유일한 규칙이다.

| 오직 성경 |

청교도 목사인 토머스 왓슨(Thomas Watson, 1620-1686)은 이렇게 말했다. "그리스도인에게 있어서 성경은 행동의 유일한 규범이다. 우리의 삶이 거기에 딱 맞춰져야 하는 유일한 기준이다. 구원에 필요한 모든 것, 우리가 이행해야 하는 모든 의무, 그리고 우리가 피해야 할 모든 죄를 알

려 주는 책이다."[1] 청교도들에게 성경은 "경건(piety)에 관한 모든 것을 가르쳐 주는"[2] 백과사전이었다. 그래서 청교도들은 신앙과 생활에 관한 모든 것을 오직 성경에서 배우려고 하였다. 물론 성경은 우리 삶의 모든 문제에 대하여 일일이 구체적인 답을 주지 않는다. 그럼에도 청교도들은 성경만으로 충분하다고 굳게 믿었다. 토머스 가우지(Thomas Gouge, 1718-1787)의 말을 들어 보자.

> 하나님의 자녀가 처하게 되는 모든 상황에 대해서 성경은 언제나 거기에 알맞은 규칙과 지침을 제공해 준다. 그렇지 않은 경우는 결코 없다.[3]

청교도들은 성경이 "삶을 개혁하는 데 있어서 필요한 영적인 자양분을 공급해 주고 갈 길을 안내해 주는 최고의 재료"[4]라고 믿었다. 청교도들에게 있어서 성경은 지극히 소중하고 아름답고 충분한 보물 창고였다. 조지 스윈녹(George Swinnock, 1627-1673)은 청교도들의 이런 신념을 아름답게 표현하였다.

> 하나님의 말씀은 생수를 뿜어내는 샘이요, 최고급 보석이 매장된 깊은 광산이며, 모든 종류의 음식이 가득 차려진 식탁이고, 맛있는 과일이 다양하게 열매로 맺히는 정원이며, 교회의 모든 특권과 의무를 알려 주고 교회가 소유하고 있는 모든 권리를 선언해 주는 권리 장전과 같다.[5]

그렇기 때문에 청교도들은 어떤 신자가 '오직 성경'을 자신의 신앙과 삶의 유일한 규범으로 삼고서 성경을 열심히 읽고 묵상하며 배우고 실천하면, 모든 선한 일을 행하기에 부족함이 없을 뿐 아니라 온전할 수 있다고 믿었다. 청교도 성경 주석가로 널리 알려진 메튜 헨리(Matthew Henry, 1662-1714)는 말했다.

> 만약 우리가 하나님의 영감으로 기록된 성경을 가까이하고 그 교훈을 따른다면, 우리는 '모든 선한 일을 행하기에' 온전한 하나님의 사람이 될 것이다.[6]

청교도들은 성경이 신앙과 삶에 관한 모든 것을 완전하게 말하지 않는다는 것을 알았다. 하지만 청교도들은 성경에서 어떤 일에 대한 설명이나 명확한 답이 제시되지 않아도 실망하지 않았다. 왜냐하면, 하나님께서 성경을 통해 두 가지 방식으로 우리를 가르치신다고 믿었기 때문이다. 첫 번째 방식은 성경에 기록된 명확한 표현을 통해서 하나님의 뜻을 계시해 주시는 것이다. 두 번째 방식은 유효하고 필연적인 추론을 통해서 하나님의 뜻을 계시해 주시는 것이다.

'유효한 추론'이란 성경에 명백하게 기록된 것으로부터 추론을 하되, 아무렇게나 또는 비논리적으로 추론을 해서 우리 마음대로 어떤 결론에 도달하지 않고, 논리적이면서도 신중하게 추론을 해서 하나님의 뜻을 찾아내는 것을 가리킨다. 또한 '필연적인 추론'이란 성경에 명백하게 기록된 것으로부터 추론을 하되, 아무런 관련도 없고 연결도 안 되는 것을 억지로 연결시켜 어떤 결론에 도달하지 않고, 반드시 서로 관련이 있고 연결되는 것을 연결해서 꼭 필요한 결론을 도출해 내는 것을 가리킨다.

예를 들어, 성경은 신자가 주식 투자를 해야 하는지 말아야 하는지 전혀 언급하고 있지 않다. 하지만 성경은 신자가 돈에 관하여 어떤 태도를 취해야 하고 돈을 어떻게 사용해야 하는지를 가르쳐 준다. 그러므로 신자는 성경이 주식 투자에 관하여 전혀 말하고 있지 않음을 불평하는 대신에 성경이 돈과 관련하여 명확하게 가르치는 것으로부터 올바른 추론과 필연적인 추론을 거치면서 주식 투자에 관한 하나님의 뜻을 유추해 볼 수 있다는 말이다.

청교도들은 이런 추론의 작업을 무거운 짐이나 불편한 일로 여기지 않았다. 오히려 어릴 적 학교 소풍 때마다 단골 프로그램으로 등장했던 보물 찾기처럼 즐겁게 여겼다. 선물을 그냥 나누어 줄 수도 있지만, 우리에게 찾는 기쁨을 안겨 주기 위해서 마련되었던 보물 찾기 프로그램! 우리의 아버지이신 하나님도 우리에게 보물을 찾는 기쁨을 맛보게 하시려고 어떤 일에 관해서는 명확하게 기록하지 않으시고서 우리에게 유효하고 필연적인 유추를 하게 만드셨다고 본 것이다.

그래서 청교도들은 하나님께서 모든 문제를 성경에 일일이 다 기록하지 않은 것에 사람이 푸념할 이유가 전혀 없다고 믿었다. 또한 성경이 삶의 모든 문제에 대해서 일일이 답을 주지 않는다고 성경을 떠나 다른 것에 기초하여 우리의 삶을 세워서도 안 된다고 믿었다. 오히려 성경에 명확하게 기록된 말씀을 통해서 성경에 감추어진 세부적인 지침들을 최대한 찾아내고 실천하면서 기쁨을 누려야 한다고 믿었다. 토머스 브룩스(Thomas Brooks, 1608-1680)의 말이다.

아, 성경의 신비와 탁월함과 영광은 얼마나 큰지요! 여러분을 행복하게 만들고 그 행복을 지키는 일에 성경만큼 유용하고 필요하고 즐겁고 필요한 책은 없습니다.[7]

| 성경의 절대 권위 |

17세기에도 성경보다 전통을 중요하게 여기는 풍토가 강했다. 많은 사람이 교회 안에 있는 전통을 성경처럼 떠받들었다. 어떤 사람들은 자신들이 성령을 통해 새로운 계시를 받았다고 주장하며 그것을 성경처럼 떠받들기도 했다. 또 어떤 사람들은 책으로 기록되어 있는 성경을 뛰어넘고 우리 안에 내주하시는 성령의 빛을 따라 살아가는 것이 참된 신앙의 삶이라고 믿고 실천하였다. 그러나 청교도들은 이런 신앙에 강력히 저항하였다. 청교도의 황태자라고 불리는 존 오웬(John Owen, 1616-1683)의 말을 들어 보자.

성경은 하나님과 동행하는 삶의 규범일 뿐 아니라 유일한 규범이다. 이것이 성경의 영광이다. 만일 당신이 다른 것들을 성경만큼 권위 있게 여긴다면, 그것이 성경만큼 완전하지 않음을 인정하면서도 어떤 문제를 결정할 때 그것들을 규범으로 삼는다면, 당신은 성경이 우리의 삶에 규범이 아니라고 적극 부인하는 사람일 뿐만 아니라 성경의 탁월함을 무너뜨리는 사람이다.[8]

그러므로 청교도들은 성경의 권위를 최고로 삼고 모든 것을 성경의 권위 아래 놓았다. 예를 들어, 청교도들은 초대 교회 교부들의 가르침과 교회가 개최했던 여러 종교 회의에서 만들어진 신앙고백 문서와 교회의 좋은 전통들을 존중하였지만, 언제나 그것들이 성경의 가르침과 일치하는지 세심하게 점검하였다. 아무리 훌륭해 보이고 아무리 오래된 전통이고 수많은 사람들이 옳다고 여겨도 성경의 가르침과 일치하지 않으면 철저히 거부했다. 청교도들의 이런 신념을 조지 스윈녹은 잘 표현했다.

> 다른 모든 책들은 성경과 일치하고 부합하는 경우에만 진실하다고 말할 수 있다. 사람들의 모든 말과 기록은 성경이라는 시금석에 비추어 점검해야 한다. 우리의 신앙과 삶에 규범이 될 수 있는 것은 오직 성경뿐이다. 우리의 감각이 뭐라고 말하든, 우리의 이성이 뭐라고 말하든, 교부들이 뭐라고 말하든, 교회의 회의들이 뭐라고 말하든, 전통이 뭐라고 말하든, 관습이 뭐라고 말하든, 성경과 충돌하는 것과 성경에서 벗어난 것과 합리적인 추론을 통해 성경에서 도출될 수 없는 것은 가짜와 불순물로 여기고 철저히 거부해야 한다.[9]

청교도들의 설교집을 읽어 보면 흥미로운 사실을 보게 된다. 청교도들도 초대 교회 교부들이나 교회의 종교 회의나 교회의 전통을 인용하면서 그것으로 자신들의 신앙적인 견해를 입증했다. 하지만 결국 청교도들이 최종적인 권위로 호소하는 것은 항상 성경이었다. 마치 예수님께서 광야에서 시험받으실 때 사탄에게 "기록되었으되"라고 말씀하시면서 사탄을 물리치셨듯이, 청교도들도 항상 성경 말씀에 호소하였다. "성경에 이렇게 기록되어 있다!" 청교도들이 자신이 전하는 메시지를 확증하기 위하여 내세웠던 가장 강력한 무기는 바로 이것이었다.

이렇듯 신자의 신앙과 삶과 관련하여 오직 성경에 전적으로 의지하는 청교도들의 확고한 신념은 웨스트민스터 신앙고백 1장 6항의 앞부분에 다음과 같이 잘 표현되어 있다.

> 하나님 자신의 영광, 인간의 구원, 그리고 믿음과 생활에 필요한 모든 것에 관하여 하나님의 모든 지혜는 성경 안에 명확하게 표현되어 있거나 유효하고 필연적인 추론으로 성경에서 도출해 낼 수 있다. 그러므로 어느 때를 막론하고 성경이 계시하는 것 외에 다른 것을 첨가해서는 안 된다. 성령의 새로운 계시도 안 되고, 인간의 전통도 안 된다.[10]

| 성경에 대한 기본 태도 |

청교도들은 성경에 관하여 위와 같은 입장이었기 때문에 모든 신자에게 성경에 대한 올바른 심정과 태도를 강력하게 요구하였다. 제일 먼저 요구된 것은 성경을 주신 하나님에 대한 진심 어린 감사요 성경이 우리에게 주어져서 우리 손에 들려 있다는 것에 대한 뜨거운 감사였다. 토머스 왓슨은 이렇게 촉구하였다.

> 성경을 인하여 하나님께 감사하라. 하나님께서는 우리에게 자신의 뜻을

알려 주셨을 뿐 아니라 그것을 글로써 우리에게 알려 주셨으니 이 얼마나 놀라운 긍휼인가! 옛날에 하나님께서는 환상으로 자신의 마음을 계시해 주셨으나 우리에게는 기록된 말씀으로 계시해 주셨다. 기록된 말씀은 하나님의 뜻을 아는 데 있어서 더 확실한 방법이다. "이 소리는 우리가 그와 함께 거룩한 산에 있을 때에 하늘로부터 난 것을 들은 것이라 또 우리에게는 더 확실한 예언이 있어…"(벧후 1:18-19). 마귀는 하나님을 흉내 내고 빛의 천사로 가장하는 데 능숙하여 거짓된 계시로 사람들을 기만한다. (중략) 그러므로 우리는 기록된 말씀을 통하여 자신의 뜻을 우리에게 계시해 주신 하나님께 감사해야 한다. 무엇을 믿어야 할지 도무지 알 수 없는 어중간한 상태에 있는 우리를 하나님께서는 내버려 두지 않으셨다. 오히려 우리가 믿고 따라야 할 확실한 기준을 우리에게 주셨다. 그러므로 우리는 성경을 주신 하나님께 감사해야 한다.[11]

당연히 청교도 설교자들은 성도들에게 성경을 사랑하고 읽고 연구하는 그리스도인이 되라고 강력하게 촉구하였다. 토머스 왓슨의 권면을 이어서 들어 보자.

성경을 연구하라. 성경은 하나님의 뜻의 복사본이다. 성경을 사랑하는 사람이 되고 성경을 사랑하는 그리스도인이 되라. 터툴리안(Tertullian)은 "나는 성경의 완전성을 사랑한다."라고 말하였다. 하나님의 책에는 다이아몬드처럼 소중한 진리들이 수없이 흩어져 있다. 그러므로 예수님은 우리에게 성경을 상고하라고 말씀하신다(요 5:39). 금을 찾는 사람처럼 성경을 상고하라. 이 복된 책은 당신의 머리를 지식으로 채워 줄 것이고, 당신의 마음을 은혜로 채워 줄 것이다. 하나님께서는 친히 자신의 손가락으로 두 돌판에 자신의 계명을 새겨 주셨다. 그와 같이 하나님께서는 수고를 아끼지 않으시고 성경을 기록해 주셨다. 그러니 우리가 수고를 아끼지 않고 성경을 읽는 것은 당연한 일 아닌가![12]

한걸음 더 나아가 청교도 설교자들은 오직 성경에 근거하여 신앙을 형성하고 실천할 것도 강력하게 촉구하였다. 토머스 왓슨은 이렇게 말하였다.

성경대로 살자. 아, 우리의 모든 삶이 성경의 복사본처럼 된다면 얼마나 좋을까? 성경에 대해서 언급하는 가장 탁월한 방법은 성경을 순종하며 사는 것이다. 성경을 해시계로 삼고 우리의 삶을 거기에 맞추자. 만일 우리가 우리의 모든 언행을 성경에 일치시키지 않는다면, 성경을 가지고 있는 것이 우리에게 무슨 유익이 있겠는가! 만일 어떤 목수가 좋은 줄자를 가지고 있는데 작업하면서 그것을 전혀 사용하지 않는다면, 줄자를 가지고 있는 것이 그 목수에게 무슨 유익이 있겠는가! 마찬가지다. 만일 우리가 성경을 사용하지 않고 우리의 삶을 성경에 맞추지 않는다면, 우리 삶의 유일한 규범이 되는 하나님의 말씀을 가지고 있다는 것이 우리에게 무슨 유익이 있겠는가! 얼마나 많은 사람들이 이 원칙을 무시하고 곁길로 나아가는지! "주의 말씀은 내 발에 등이요 내 길에 빛이니이다"(시 119:105). 성경은 우리가 더 밝히 볼 수 있도록 우리 눈에 비쳐지는 등일 뿐만 아니라 우리의 나아가는 길을 더 밝게 하려고 우리 발에 비쳐지는 빛이기도 하다. 그러므로 성경대로 살자.[13]

| 성경과 성령 |

그렇다고 해서 청교도들이 성경의 문자적인 권위만 강조하고 성령의 내적인 역사를 소홀히 여긴 것은 아니다. 청교도들은 성령의 내적 역사가 절대적으로 필요하다는 것을 강조하면서 언제나 성경의 절대적인 필요성과 중요성도 항상 함께 강조하였다. 청교도들은 성경과 성령을 결코 분리하지 않았다. 청교도들은 성령이 기록된 말씀 안에서, 기록된 말씀에 의해서, 그리고 기록된 말씀을 통해서 말씀하신다고 굳게 믿었다.

청교도들은 성령이 기록된 말씀과 다른 것을 우리에게 말씀하실 수 없다고 믿었다. 왜냐하면 성경이 기록되도록 영감을 불어넣어 주신 분이 바로 성령이시기 때문이다.[14] 그러므로 청교도들이 오직 성경만이 기독교 신앙과 실천의 유일한 최고 기준이라고 말했을 때, 그 말에는 성령께서 성경을 통하여 우리에게 지금 말씀하시며 우리의 마음에 그 말씀을 깨닫게 하시는 내적인 역사를 행하시니 성령 하나님을 철저히 의존해야 한다는 말도 포함되어 있었다. 청교도들의 이런 확신은 리처드 백스터(Richard Baxter, 1615-1691)의 다음과 같은 말에 잘 나타나 있다.

그리스도는 사도들에게 성령을 부어 주시어 그들로 하여금 자기 자신의 명령을 오류 없이 전달하도록 하셨고 오고 오는 세대를 위하여 신앙과 삶의 규범인 성경을 기록하게 하셨다. 그러나 그리스도는 우리에게 성령을 주시어 그 규범을 올바르게 이해하고 사용할 수 있게 하신다. 그러므로 기록된 성경으로 성령의 역사를 확인하는 것은 결코 성경을 성령 자신보다 우위에 놓는 것이 아니다. 오히려 그것은 성령을 통하여 성령을 확인하는 일이 된다. 다시 말해서 사도들 안에 있었던 성령의 역사에 의해서, 그리고 우리가 사용하도록 기록된 사도들의 계시에 의해서 오늘날 자신이 성령의 계시를 받았다고 주장하는 사람들의 계시와 그들 안에 있는 성령의 역사를 점검하는 것일 따름이다.[15]

지금까지 우리는 신앙을 세우고 실천하는 일에서 유일한 설계도는 오직 성경 한 권이라는 사실을 살펴보았다. 먼저는 성경을 통해서 그것을 살펴보았고, 나중에는 16세기 종교개혁의 바통을 이어받아 기독교 신앙을 꽃피운 17세기 청교도 신앙을 통해서 그것을 살펴보았다. 이제는 지금까지 살펴본 것들을 우리 자신의 신앙과 실천에 적용해 볼 차례이다.

| 깃발부터 세워라 |

우리 자신의 신앙을 올바르게 세우거나 굳건하게 성장시키길 원하는가? 자녀들에게 신앙을 심어 주고 그 신앙이 자라도록 돕기를 원하는가? 교인들의 신앙을 체계적이면서도 견고한 신앙으로 세워 주기를 원하는가? 교회에 등록한 새가족들에게 올바른 신앙생활의 기초를 가르쳐 주고

싶은가? 이미 흔들리고 약해진 신앙을 다시 회복하고 싶은가? 그렇다면 제일 먼저 이렇게 하라. '오직 성경으로'라는 깃발부터 마음과 삶에 세워라. 그렇게 깃발을 세워 놓고 마음에 다짐하라. "이제부터 오직 성경을 내모든 신앙과 삶의 유일한 규칙으로 삼을 것이다." 19세기 영국의 설교자 존 라일(John Ryle, 1816-1900) 목사는 말했다. "우리의 신앙과 삶에 성경이 최고 권위를 가진다는 것은 복음적 신앙의 주초 중에 하나이다. 바로 여기에 우리의 반석이 있다."

깃발을 세우고 다짐을 했다면, 그다음에는 실천하라. 신앙과 관련하여 모든 것을 성경에서 배우라. 신앙생활의 기초가 되는 묵상하는 방법도, 기도하는 방법도, 찬양하는 내용과 방법도 성경에서 배워라. 성경 안에는 그리스도인이 어떻게 말씀을 묵상하고 어떤 내용과 어떤 방식으로 기도해야 하며 또 어떤 내용과 어떤 자세로 하나님을 찬송해야 하는지 알려주는 내용이 여기 저기에 많이 흩어져 있다. 그것을 성실하게 배워라. 딴데 눈 돌리지 말고 성경에서 배워라. 일찍이 시편 기자는 성경에서 배우는 것의 유익과 행복을 즐거이 노래했다.

여호와의 율법은 완전하여 영혼을 소성시키며 여호와의 증거는 확실하여 우둔한 자를 지혜롭게 하며 여호와의 교훈은 정직하여 마음을 기쁘게 하고 여호와의 계명은 순결하여 눈을 밝게 하시도다 여호와를 경외하는 도는 정결하여 영원까지 이르고 여호와의 법도 진실하여 다 의로우니 금 곧 많은 순금보다 더 사모할 것이며 꿀과 송이꿀보다 더 달도다 _시 19:7-10

고아의 아버지요 기도의 용사로 널리 알려진 조지 뮐러(George Müller, 1805-1898)에 관하여 사람들이 가장 많이 아는 일화는 그가 오직 기도만으로 수많은 고아를 먹여 살리고 놀라운 기도 응답을 수없이 체험했다는 것이다. 하지만 우리가 그것보다 먼저 알고 먼저 배워야 할 더 중요한 일화가 있다. 그것은 그가 신앙적으로 고민하거나 갈등하거나 선택해야 할 일이 있을 때, 오직 성경 한 권을 들고 한적한 곳으로 가서 그가 당면한 일과 관련된 성경의 모든 말씀을 찾아 자세히 읽고 기도하면서 하나님의 뜻을 깨닫고 선택과 결정을 했다는 것이다. 그는 '오직 성경'이라는 깃발을 마음과 삶에 세워놓고 모든 것을 성경에서 배우는 사람이었다. 그런 사람의 기도를 하나님께서 어찌 외면하실 수 있겠는가!

우리는 어떠한가? 우리 자신의 신앙생활을 점검해 보자. 우리는 신앙과 실천에 뭔가 고민이 생기고 선택해야 할 일이 생기면, 제일 먼저 성경을 펼쳐 보고서 우리가 당면한 일과 관련된 성경 구절들을 찾아서 읽어 보고 기도하며 하나님의 뜻을 성경에서 찾는가? 우리는 우리의 신앙이 저조하고 우리의 마음이 둔해졌을 때, 다른 무엇보다 성경을 간절한 마음으로 붙들고 거기에 기록된 하나님의 말씀을 읽으며 우리 영혼이 소생되는 것을 바라는가? 아니면, 우리도 모르게 우리의 손은 성경을 먼저 집지 않고 다른 책들을 더 많이 집게 되는가? 성경은 날마다 정해진 분량만 겨우 읽고, 다른 책들에 파묻혀 살지 않는가?

'오직 성경'이라는 깃발을 세우고 모든 것을 성경에서 배우는 것과 관련하여 존 라일은 우리 모두가 마음에 새겨야 할 귀한 충고를 들려준다.

손에는 성경을 들고 있고 마음에는 성령이 있는 사람은 영적인 지혜를 얻는 데 절대적으로 필요한 모든 것을 가진 셈이다. 이런 사람에게는 생명의 양식을 떼어 줄 제사장이 따로 필요치 않다. 이런 사람은 교회의 신조, 교부들의 기록, 그리고 옛 전통이 없어도 모든 진리 가운데로 나아갈 수 있다. 이런 사람 앞에는 진리의 샘이 활짝 열려 있다. 그러니 더 이상 무엇이 필요하겠는가? 그렇다. 이런 사람은 설령 감옥에 홀로 갇힌다 해도, 설령 사막에 혼자 내던져진다 해도, 설령 다시는 교회에 가지 못하고 목사를 만나지 못한다 해도, 성경이 있는 한 그에게는 다른 것이 필요하지 않다. 왜냐하면 이미 그에게는 완전한 안내자가 있기 때문이다. 성경을 바르게 읽고자 하는 의지만 있다면, 성경은 능히 그를 가르쳐 천국의 길로 인도할 것이다.[16]

| 앞이 안 보여도 낙심하지 말라 |

성경을 우리 신앙과 삶의 유일한 규범으로 삼고 정말 성경 안에서 우리 신앙과 삶에 관한 모든 것을 정말 배우려고 하면, 그것이 쉽지 않음을 알게 된다. 솔직히 성경은 분량도 많고 쉽게 이해하기 어려운 내용들도 많다. 수십 번 읽어도 도대체 무슨 말인지 알 수 없는 문장들도 많다. 주석을 옆에 펼쳐 놓고 도움을 받으며 읽어 봐도 크게 달라지는 것이 없다. 또한 솔직히 우리의 이해력도 문제다. 하나님의 말씀을 이해하고 믿으려고 하면 우리의 이해력은 거북이처럼 움직이고 양처럼 쉽게 갈 길을 잃는다. 그래서 성경을 읽을 때마다 어려움을 느끼게 된다. 신학교에서 몇 년 공부한 사람도 사정은 마찬가지다.

하지만 이것 때문에 낙심하지 말자. 성경을 멀리하지도 말자. 성경에서 배우는 것을 포기하지도 말자. 성경은 대강 읽고, 다른 읽기 쉬운 책들을 탐독하지도 말자. 오히려 끈기 있게 성경을 붙들고 읽자. 하나님은 우리에게 성경을 읽으라고 주셨지, 성경을 참고해서 많은 책들을 쓰고 그 책들을 읽으라고 하신 것이 아니다. 성경을 붙들고 읽자. 당장 읽는 내용이 눈에 들어오지 않고 마음에 깨달아지지 않아도 성경을 붙들고 읽자. 성경이 우리 신앙과 삶의 유일한 규범이니 성경을 붙들고 읽자.

예수님이 십자가에서 죽으신 후에 그 고난의 의미도 이해할 수 없었고 부활도 믿을 수 없었던 두 명의 제자를 기억해 보자(눅 24:13-35). 그들은 모든 게 이해가 되지 않아 정신이 혼미하여 예루살렘을 떠나 엠마오로 가는 길에서 십자가의 고난과 죽음에 대해서 끊임없이 대화를 나누었다. 그때 무슨 일이 일어났는가? 부활하신 예수님께서 그들에게 나타나셔서 말씀을 풀어 주셨다. 그때 그들의 마음은 진리를 깨달았고 순식간에 마음이 뜨거워졌다.

그들이 서로 말하되 길에서 우리에게 말씀하시고 우리에게 성경을 풀어 주실 때에 우리 속에서 마음이 뜨겁지 아니하더냐 하고 _눅 24:32

우리가 성경을 읽고 묵상할 때 동일한 은혜가 우리에게도 주어진다. 성부 하나님과 부활하신 예수 그리스도는 우리에게 진리의 영이신 성령을 주셔서 성경 말씀을 이해하고 깨달으며 확신하도록 도와주신다. 처음에는 성경을 읽어도 뜻을 몰라 답답할 수 있고, 말씀들이 연결이 안 되어 복잡하게 느낄 수도 있다. 그러나 엠마오로 가던 두 제자처럼 성경을 붙들고 읽고 또 읽으면 어느 순간부터는 성부 하나님과 성자 예수님이 보내 주신 진리의 영, 곧 성령 하나님께서 성경을 풀어 주실 것이고 우리 마음을 진리로 뜨겁게 해 주실 것이다.

> 보혜사 곧 아버지께서 내 이름으로 보내실 성령 그가 너희에게 모든 것을 가르치고 내가 너희에게 말한 모든 것을 생각나게 하리라 _요 14:26

어떤 경건한 목사는 성경을 읽을 때면 항상 손쉽게 무릎 꿇을 수 있는 바지를 입고서 성경을 읽었다고 한다. 책상에 앉아서 성경을 읽고 연구하다가 모르는 부분을 만나면, 언제든 어디서든 진리의 영이신 성령님께 간구하기 위해서였다. 오랫동안 무릎을 꿇고 기도로 씨름할 수 있을 만한 적당한 옷이 필요했던 것이다. 그렇다고 우리도 꼭 그렇게 해야 하는 것은 아니다. 성경을 읽을 때마다 그 목사처럼 손쉽게 무릎 꿇을 수 있는 바지를 꼭 입을 필요는 없다. 하지만 우리에게도 동일한 심정은 필요하다. 성경을 읽을 때마다 성령의 가르치심을 의지하고 기대하면서 언제든 무릎 꿇을 준비를 하고 성경을 읽는 심정 말이다. 이런 심정으로 성경을 읽고 또 읽으면 성령께서 어찌 우리를 가만히 두시겠는가!

성경이 어려워서 혼자서는 제대로 알 수 없다는 것을 핑계로, 성경은 대충 읽어 놓고 신앙 서적이나 신학 전문 서적 혹은 설교 영상에 집착하지 말자. 물론 우리가 성경만 읽어야 하는 것은 아니다. 하나님께서는 우리에게 성경만 주시지 않고 목사와 교사도 주셨으니까 목사와 교사로부터 도움을 받는 것은 정당한 일이고 필요한 일이다. 좋은 신앙 서적을 읽으면 성경을 깊이 보는 눈이 열린다. 양질의 신학 서적을 읽으면 큰 도움을 받을 수 있다. 탁월한 설교 영상을 통해 은혜를 받을 수도 있다. 하지만 성경은 대충 대강 읽고, 성경을 보조하는 책들이나 영상 자료나 음성 자료에 더 많이 집착하는 일은 옳지 않다.

하나님께서 우리에게 주신 것은 성경이다. 그러므로 먼저는 성경을 읽자. 성경을 충분히 읽자. 성경을 공부하자. 성경을 깊이 묵상하자. 그리고 작은 것이라도 배우고 깨달은 것을 굳게 믿고 성실하게 실천하자. 그러면서 각자의 형편과 필요에 따라 좋은 신앙 서적을 읽고 신학 서적도 읽고 설교나 강의 영상도 활용하자. 습득된 지식과 체득된 지식은 다르다는 말이 있다. 다른 사람이 가르쳐 주는 것을 듣고 익혀서 우리의 지식이 된 것과 우리가 직접 탐구하고 실천해서 우리의 지식이 된 것은 결코 같지 않다. 습득된 지식은 많은 경우 머리에 머물고 아주 가끔 마음에 내려오지만, 체득된 지식은 언제나 머리와 마음을 채우고 삶으로 연결된다.

│ 성경에 없고 부합하지 않는 것에는 "No!"라고 외쳐라 │

성경을 출발점으로 삼지 않고 성경에 분명하게 근거를 두지 않는 모든 것을 경계하자. 금이 아닌데도 반짝이는 것들이 많다. 그래서 "반짝이는 모든 것이 금은 아니다"라는 말이 생겨났다. 기독교 신앙의 세계에도 같은 일이 있다. 성경을 출발점으로 삼지 않고 성경에 분명한 근거를 두지 않는데도 굉장히 성경적이고 복음적이며 영적으로 유익한 것처럼 보이는 것들이 많다. 예를 들어, 사람들의 종교적 체험에 근거한 것들, 교회의 잘못된 전통에 근거한 것들, 세상의 상식과 철학에 근거한 것들, 교회 안에 일어나는 종교적인 유행에 근거한 것들이다. 이런 모든 것들을 경계하고 거부하자.

오늘날 기독교계 안에는 여러 종류의 스타 군단이 존재한다. 그리고 여러 종류의 유행을 만들어 내는 사람들도 존재한다. 그래서 많은 사람들이 스타 군단의 팬이 되어 움직이고 새로운 유행이 생길 때마다 그것을 좇아가느라 바쁘다. 그때마다 그것을 좇아가지 않으면 뭔가 뒤쳐지는 것 같아서 많은 사람들이 유명하고 유행하는 것들을 따라서 사느라 바쁘다. 이것이 오늘날의 엄연한 현실이다. 그러나 참된 신자는 오직 성경을 따라서 사는 사람들이지 유행에 밀려서 사는 못난 사람들이 아니다. 《십자가 아래서》라는 설교집으로 우리에게 알려져 있는 옥타비우스 윈즐로(Octavius Winslow, 1808-1878) 목사의 따끔한 지적을 들어 보자.

영성의 거장이라는 사람들의 강력한 영향력을 경계할 필요가 있다. 그래야 영성 지도자들의 유명세에 현혹되어 유치한 미신에 스스로 속아 넘어가고 치명적인 오류를 맹목적으로 추종하는 사람이 되지 않을 수 있다. 하나님의 진리에 대한 당신의 견해를 사람으로부터 취하지 말라. 하나님의 말씀에서 하나님의 진리에 대한 당신의 견해를 정립하라. 우리의 시계에 태양을 맞추어서는 안 된다. 태양을 보고 우리의 시계를 맞추어야 한다. 우리의 신앙도 마찬가지다.[17]

| 정기적으로 자가 검진을 하자 |

우리의 신앙이 성경을 닮고 있는지를 수시로 점검하자. 성경을 설계도로 삼아 신앙을 세우고 실천한다고 하는데도 성경 밖에서 들어오는 여러 가지 영향을 현실에서 계속 받기 때문에, 우리도 모르는 사이에 성경과 닮지 않은 신앙을 형성하고 실천하는 일이 얼마든지 가능하다. 그러므로 주기적으로 우리의 신앙을 성경에 비추어서 점검하는 일을 해야 한다. 사람들이 몸의 건강을 위해서 1년에 한 번씩 건강 검진을 받는 것처럼, 영혼의 건강을 위해서도 정기적으로 건강 검진을 받으면 좋을 것이다.

한 가지 예를 들어 보자. 시대마다 기도와 관련하여 많은 가르침이 쏟아져 나온다. 한때는 방언의 은사를 받아서 기도하는 것이 신령한 기도의 비결이라는 가르침이 휩쓸고 지나갔었다. 그러다가 그런 기도가 요란한 빈 수레라며, 오히려 입을 열지 않고 묵상으로 기도하는 것이 더 깊은 기도라는 가르침이 유행하였다. 그러다가 묵상하면서 생각을 많이 하는 가운데 기도하는 것은 기도에 방해가 될 뿐이라며, 생각을 비우고 하나님을 관상하며 기도하는 것이 옳은 기도라는 가르침이 유행하였다. 이런 유행의 파도에 얼마나 많은 사람들이 휩쓸렸던가!

이런 현실 속에서 우리가 취해야 할 태도는 무엇일까? 답은 분명하다. 우리는 냉정하게 성경이 우리에게 보여 주는 기도가 정말 어떤 것인가 살펴보고 오직 성경에 맞추어 우리의 기도가 형성되고 실천되는지 주기적으로 점검할 필요가 있다. 가장 손쉬운 방법은 우리의 기도와 시편의 기도를 비교하는 것이다. 우리의 기도가 시편을 닮아 가고 있는지 살펴보는 것이다. 시편은 그리스도인의 기도이기 때문이다. 이런 점검 과정에서 다음과 같은 질문을 사용해 볼 수 있다.

기도하는 사람으로서…

"나는 시편 기자처럼 하나님에 대한 풍성한 이해를 가지고 기도하고 있는가?"

"나는 시편 기자처럼 하나님에 대한 풍성한 심정을 가지고 있는가?"

"나는 시편 기자처럼 하나님에 대한 확고한 신뢰를 가지고 있는가?"

"나는 시편 기자처럼 하나님을 뜨겁게 갈망하는 심정이 있는가?"

"나는 시편 기자처럼 내게 있는 그런 이해와 심정과 신뢰와 갈망을 분명하게 표현하고 있는가?"

"나는 시편 기자처럼 신앙적인 갈등도 느끼고 있지만 믿음으로 그 갈등과 씨름하며 하나님을 신뢰하는 자리로 날마다 더 가까이 나아가는가?"

"나는 시편 기자처럼 하나님으로 인하여 참을 수 없는 찬송을 터뜨리고 있는가?"

"나는 시편 기자처럼 하나님의 말씀에 대해 더욱 더 집착하고 사랑하게 되는가?"

"기나는 시편 기자처럼 그리스도의 십자가를 바라보며 고난당하신 그리스도로 인하여 찬송하고 감사하는가?"

신앙과 삶의 모든 영역에서 우리는 성경을 따라야 한다. 건축가가 설계도대로 건축물을 세우듯이, 우리는 신앙과 실천의 설계도가 되는 성경에 부합한 신앙을 형성하고 실천해야 한다. 모든 그리스도인이 이 한 가지 원칙만이라도 소중히 여기고 성실하게 지킨다면, 이 땅에 성경적 신앙이 봄날에 만발한 꽃처럼 풍성해질 것이다. 우리가 건축하는 신앙의 집은 반석 위에 세운 집과 같아서 비가 오고 창수가 나도 결코 무너지지 않을 것이며 주님의 칭찬을 듣게 될 것이다.

체크 리스트

1은 전혀 그렇지 않다. 5는 보통이다. 10은 매우 그렇다.

1. 나는 '오직 성경'이 내 신앙과 삶의 유일한 규칙임을 믿는가?

   ① ② ③ ④ ⑤ ⑥ ⑦ ⑧ ⑨ ⑩

2. 나는 신앙과 삶에 관한 모든 것을 성경에서 배우려고 하는가?

   ① ② ③ ④ ⑤ ⑥ ⑦ ⑧ ⑨ ⑩

3. 나는 성경을 읽고 묵상하는 것이 힘들어도 성경을 붙들고 끈기 있게 읽으려고 하는가?

   ① ② ③ ④ ⑤ ⑥ ⑦ ⑧ ⑨ ⑩

4. 나는 다른 서적을 읽거나 영상을 보는 것보다 성경을 더 많이 읽고 묵상하는가?

   ① ② ③ ④ ⑤ ⑥ ⑦ ⑧ ⑨ ⑩

5. 나는 어떤 것을 듣거나 읽거나 배울 때, 과연 그것이 성경에 일치하는가를 살펴보는 습관이 있는가?

   ① ② ③ ④ ⑤ ⑥ ⑦ ⑧ ⑨ ⑩

6. 나는 성경에 근거가 없거나 성경에 부합하지 않으면, 아무리 좋아 보이고 많은 사람이 따르고 유익이 많다 해도 그것을 거부하는가?

   ① ② ③ ④ ⑤ ⑥ ⑦ ⑧ ⑨ ⑩

7. 지금 내 신앙과 삶은 성경을 어느 정도 닮았는가?

   ① ② ③ ④ ⑤ ⑥ ⑦ ⑧ ⑨ ⑩

내 신앙의 발전 기록

1차 점검		일자	년	월	일
5점 이하 항목 번호					
6점 이상 항목 번호					
종합 평가					
개선점					

2차 점검		일자	년	월	일
5점 이하 항목 번호					
6점 이상 항목 번호					
종합 평가					
개선점					

독서 모임을 위한 토론 주제

주제 1. 디모데후서 3장 14~17절 말씀과 마태복음 7장 24~27절 말씀을 펼쳐 놓고 왜 성경이 우리의 신앙과 삶의 유일한 규범, 곧 설계도가 되어야 하는지 그 이유에 대해서 토론해 보자.

주제 2. 위의 두 구절 외에도 성경이 우리의 신앙과 삶의 유일한 규범이 되어야 함을 가르쳐 주는 성경 구절들을 찾아보자.

주제 3. 청교도들이 신앙을 세우고 발전시키기 위해 성경을 유일한 설계도로 삼은 모습을 보면서 특별히 배우거나 도전받거나 감명받은 것이 있다면 말해 보자.

주제 4. 청교도들이 신앙을 세우고 발전시키기 위해 성경을 유일한 설계도로 삼은 모습을 보면서, 오늘날 우리 교회가 배워야 할 점이 있다면 무엇인지 말해 보자.

주제 5. 청교도들이 성경에 대해서 세 가지의 기본 태도를 요구했다고 했는데, 지금 나는 각각의 기본 태도를 얼마나 가지고 있는지 말해 보자.

성경을 주신 하나님께 감사	
성경을 읽고 묵상하고 연구하는 것	
성경을 따라 실천하며 사는 것	

주제 6. 저자가 제시한 네 가지 적용을 읽으면서 개인적으로 '이것만큼은 꼭 내 삶에 적용해야겠다.'라고 생각한 것이 있다면 무엇인지 말해 보자.

주제 7. 저자가 제시한 적용 외에 우리가 적용할 필요가 있거나 적용하면 좋을 것이 있는지 생각해 보고 말해 보자.

BASIC 2

거듭남

Born Again

거듭남
Born Again

| 거듭난 생명을 소유하고 유지할 때 신앙의 나무는 쑥쑥 자란다 |

도도히 흐르는 강물을 생각해 보자. 어디에서 그 많은 물이 흘러와 강을 이루고 흘러가는 걸까? 하늘에서 떨어지는 빗물이 모여 강을 이룬 걸까? 그럴 리 없다. 비는 항상 내리는 것이 아니기 때문이다. 그렇다면, 그 많은 물은 어디서 왔을까? 강물이 마르지 않고 계속 흘러갈 수 있는 것은 무엇 때문일까? 수원지에서 물이 끊임없이 흘러오기 때문이다. 수원지 없는 강물은 존재할 수 없다. 수원지가 있어서 강물은 존재한다. 이런 점에서 수원지는 강이 시작되는 지점이요, 또 강을 유지해 주는 근간이라고 말할 수 있다.

이런 사실을 배경으로 하고 그리스도인의 신앙을 생각해 보자. 그리스도인의 신앙을 강물에 비유한다면, 그 강물을 형성하고 유지시켜 주는 수원지는 무엇일까? 그리스도인의 신앙은 지금도 어디에서 물을 공급받고 있는 것일까? 성경적인 신앙을 형성하고 실천하려면 기본적으로 이런 질문에 대한 정답을 알고 있어야 한다. 수원지 없는 강이 존재할 수 없고 수원지가 마르면 강도 따라 마르는 것처럼, 신앙의 수원지가 있어야 신앙이 형성되고 유지될 수 있기 때문이다. 요한복음 3장에서 예수님은 니고데모에게 말씀하셨다.

> 예수께서 대답하여 이르시되 진실로 진실로 네게 이르노니 사람이 거듭
> 나지 아니하면 하나님의 나라를 볼 수 없느니라 _요 3:3

여기에서 거듭난다는 것은 출생에 버금가는 놀라운 변화를 의미한다. 하나님의 나라를 본다는 것은 하나님의 나라를 경험하고 누리는 것을 의미한다. 그러니까 예수님의 말씀은 어떤 사람이든 출생에 버금가는 놀라운 변화를 먼저 겪지 않으면 하나님의 나라, 곧 하나님께서 절대 주권으로 통치하시는 세상에 들어가 사는 신앙의 삶은 시작될 수조차 없다는 뜻이다.

예수님의 이 말씀을 근거로 우리는 다음과 같이 주장할 수 있다. 성경적인 신앙이 출발하는 수원지는 거듭남이다. 성경적인 신앙이 지속되도록 만들어 주는 수원지도 거듭남이다. 좀 더 정확하게 말하면, 단회적인 사건을 통해서 우리 안에 이루어진 신령한 변화, 곧 출생에 버금가는 놀라운 변화, 이것을 신학적인 용어로 '거듭남', '중생', 또는 '신생'이라고 부른다. 이 놀라운 변화가 수원지가 되어 우리의 마음과 삶에 신앙의 강물이 흘러가게 된다. 반대로, 이러한 수원지가 우리에게 없으면 우리가 아무리 종교적인 일을 많이 한다 해도 거기에는 신앙의 강물이 흘러갈 수가 없다.

그렇다면, 거듭남이라는 사건을 통해서 우리 안에 일어나는 놀랍고도 신령한 변화는 구체적으로 무엇일까? 하나님의 말씀인 성경은 그 변화를 다음과 같이 구체적으로 설명한다.

> 또 새 영을 너희 속에 두고 새 마음을 너희에게 주되 너희 육신에서 굳은 마음을 제거하고 부드러운 마음을 줄 것이며 또 내 영을 너희 속에 두어 너희로 내 율례를 행하게 하리니 너희가 내 규례를 지켜 행할지라 _겔 36:26-27

여기 보면 하나님께서는 우리 속에 있던 굳은 마음을 제거해 주시고 부드러운 마음, 곧 새 마음과 새 영을 우리 속에 심어 주시겠다고 약속하신다. 그리고 그 새 마음과 새 영 때문에 우리가 하나님의 율례를 행하고 하나님의 규례를 지키게 될 것이라고도 약속하신다.

종합해 보면, 하나님은 우리를 거듭나게 하실 때 우리 마음에 위대한 변화를 일으키셔서 하나님을 향하여 완고하던 마음을 제거하시고 성령의 지배와 인도를 받는 새 마음과 새 영을 우리 안에 주시는데, 바로 이것이 신앙의 수원지가 되는 것이다. 하나님께서 우리 안에 넣어 주신 새 마음과 새 영이 우리 안에서 활발하게 활동하면, 거기에서 신앙의 강물이 풍성하게 흘러내리게 되고 그렇지 않으면 신앙의 강물은 메말라 버리는 것이다. 그럴 수밖에 없다. 그럴 수밖에 없지 않겠는가? 이런 점에서, 거듭날 때 우리에게 주어진 새 생명이 우리 신앙의 수원지라고 말할 수 있다.

수원지가 없으면 강물이 흘러갈 수 없듯이 우리의 마음에서 완고한 마음이 제거되고 살같이 부드러운 새 마음과 새 영이 심어지는 위대한 변화가 없으면 성경적인 신앙은 결코 시작될 수도 없고 유지될 수도 없다. 왜 그럴까? 사도 바울은 에베소서 2장 1~3절에서 그 이유를 다음과 같이 설명한다.

그는 허물과 죄로 죽었던 너희를 살리셨도다 그때에 너희는 그 가운데서 행하여 이 세상 풍조를 따르고 공중의 권세 잡은 자를 따랐으니 곧 지금 불순종의 아들들 가운데서 역사하는 영이라 전에는 우리도 다 그 가운데서 우리 육체의 욕심을 따라 지내며 육체와 마음의 원하는 것을 하여 다른 이들과 같이 본질상 진노의 자녀이었더니 _엡 2:1-3

여기에서 바울은 선언한다. 본래 모든 사람은 태어날 때부터 이미 허물과 죄로 죽어 있다고 말이다. 죽어 있다는 말은 하나님을 향하여 믿음과 사랑과 소망으로 살 수 없는 상태에 있다는 것을 비유적으로 표현한 것이다. 또한, 바울은 진단한다. 모든 사람은 태어날 때부터 이 세상 풍속을 따라 살고 마귀의 지배 아래서 하나님을 불순종하는 삶을 산다고 말이다. 바울의 이런 선언과 진단을 놓고 생각해 보자. 이런 상태에 있는 사람이 단 1초라도 성경적인 신앙을 소유할 수 있을까? 단 1초라도 성경적인 신앙을 실천할 수 있을까? 절대로 불가능한 일이다. 죽어 있는 시체는 눈도 깜빡일 수 없는데 어떻게 고결하고 아름다운 삶을 살 수 있겠는가? 영적으로 죽어 있는 모든 사람도 마찬가지이다.

그러므로 어떤 사람이든 하나님을 향하여 믿음과 사랑과 소망으로 살 수 있으려면, 제일 먼저 필요한 것은 죄와 허물로 죽어 있던 상태에서 건짐을 받고 물과 성령으로 거듭나는 일이다. 하나님께서 신비로운 능력과 주권으로 주시는 신령한 생명을 선물로 받아 거듭나는 일이다. 다른 말로 표현하면, 하나님의 은혜로 거듭나서 거듭난 생명이 그 사람 안에서 끊임없이 약동하는 것이다. 그래서 예수님은 니고데모에게 말씀하셨다.

> 진실로 진실로 네게 이르노니 사람이 거듭나지 아니하면 하나님의 나라를 볼 수 없느니라 / 진실로 진실로 네게 이르노니 사람이 물과 성령으로 나지 아니하면 하나님 나라에 들어갈 수 없느니라 _요 3:3, 5

물론 어떤 사람은 거듭나지 않았어도 성경을 열심히 배우고 영적인 훈련을 성실히 받은 후에 말씀을 성실하게 실천하는 삶을 살기도 한다. 종교적인 훈련을 통해서도 종교적인 삶은 얼마든지 실현 가능하기 때문이다. 하지만 그런 사람의 마음과 삶에는 신앙의 강물이 절대 흐르지 않는다. 그들에게는 신앙의 강물이 흘러가도록 만들어 주는 수원지 자체가 전혀 없기 때문이다. 그러므로 그 사람이 행하는 모든 종교적인 행위는 사람들의 눈에는 아름답고 선한 것처럼 보여도 하나님의 눈에는 죽은 시체의 억지스러운 움직임에 불과하고 고목이 바람에 흔들리는 것에 불과할 뿐이다.

참된 신앙의 삶은 우리가 물과 성령으로 거듭나고 거듭남의 효력이 우리의 마음과 삶에 있을 때 비로소 시작된다. 죄로 부패하고 완고해진 마음이 제거되고 하나님의 말씀을 기뻐하며 순종할 수 있는 새로운 마음을 얻는 순간 참된 신앙의 삶은 비로소 시작되고, 그 마음이 우리 안에서 활발하게 활동하고 더 강해질 때 참된 신앙의 삶은 성장하고 강해질 수 있다. 강물의 시작과 유지에 수원지가 결정적인 역할을 하듯 거듭남도 참된 신앙의 시작과 유지에 결정적인 역할을 한다.

| 베드로의 권면 |

베드로전서는 노(老)사도 베드로가 말세를 살아가는 그리스도인들의 신앙을 강건하게 형성해 주기 위하여 쓴 편지이다. 놀랍게도 베드로는 1장 앞부분에서부터 '거듭남'을 강조한다. 베드로는 인사말이 끝나자마자 제일 먼저 거듭남의 은혜를 상기시키면서 다음과 같이 찬송한다.

우리 주 예수 그리스도의 아버지 하나님을 찬송하리로다 그의 많으신 긍휼대로 예수 그리스도를 죽은 자 가운데서 부활하게 하심으로 말미암아 우리를 거듭나게 하사 산 소망이 있게 하시며 _벧전 1:3

이처럼 베드로는 신앙의 진보를 위하여 무엇무엇을 하라고 우리에게 권면하기 전에, 먼저 거듭남의 은혜를 바라보게 한다. 거듭날 때 받은 신령한 생명이 있다는 사실부터 바라보게 한다. 하지만, 더 놀라운 것은 22

절 이하의 말씀이다.

너희가 진리를 순종함으로 너희 영혼을 깨끗하게 하여 거짓이 없이 형제
를 사랑하기에 이르렀으니 마음으로 뜨겁게 서로 사랑하라 너희가 거듭
난 것은 썩어질 씨로 된 것이 아니요 썩지 아니할 씨로 된 것이니 살아 있
고 항상 있는 하나님의 말씀으로 되었느니라 그러므로 모든 육체는 풀과
같고 그 모든 영광은 풀의 꽃과 같으니 풀은 마르고 꽃은 떨어지되 오직
주의 말씀은 세세토록 있도다 하였으니 너희에게 전한 복음이 곧 이 말씀
이니라 그러므로 모든 악독과 모든 기만과 외식과 시기와 모든 비방하는
말을 버리고 _벧전 1:22-2:1

여기에서 베드로는 신자들에게 두 가지 명령을 한다. "마음으로 뜨겁
게 서로 사랑하라"(1:22). "모든 악독과 모든 기만과 외식과 시기와 모든
비방하는 말을 버리고"(2:1). 이 두 가지 명령은 연결되어 있다. 서로 뜨겁
게 사랑하려면 모든 악독과 기만, 외식과 시기, 그리고 모든 비방을 버려
야 하기 때문이다. 모든 악독과 기만, 외식과 시기, 그리고 모든 비방을
버리기만 해서는 충분하지 않고 서로 뜨겁게 사랑하는 데까지 나아가야
하기 때문이다.

그런데 흥미롭게도 베드로는 이 두 가지 권면을 곧바로 연결해서 말하
지 않는다. 그 중간에 거듭남의 교리를 집어넣는다. 그것도 세 절이나 할
애하여 거듭남의 은혜를 설명한다. 23절부터 25절까지의 말씀이다.

너희가 거듭난 것은 썩어질 씨로 된 것이 아니요 썩지 아니할 씨로 된 것
이니 살아 있고 항상 있는 하나님의 말씀으로 되었느니라 그러므로 모든
육체는 풀과 같고 그 모든 영광은 풀의 꽃과 같으니 풀은 마르고 꽃은 떨
어지되 오직 주의 말씀은 세세토록 있도다 하였으니 너희에게 전한 복음
이 곧 이 말씀이니라 _ 벧전 1:23-25

왜 베드로는 1장 22절의 논지에서 2장 1절로 곧바로 넘어가지 않고
중간에 세 구절이나 할애해서 거듭남에 관하여 다시 언급했을까? 왜 베
드로는 신앙의 삶에 관한 실천 사항을 말하다가 거듭남의 교리를 재차 설
명했을까? 이런 질문에 대한 정답은 2장 1절의 시작 부분에 쓰인 "그러
므로"라는 접속사에서 찾을 수 있다. "그러므로"라는 접속사는 어떤 일의
원인과 근거가 되는 것을 먼저 말한 다음에 "그러므로 이렇게 하는 것이
옳고 마땅하다."라고 말할 때 사용하는 접속사다. 따라서 여기에서 베드
로가 거듭남의 은혜를 재차 강조한 것은 거듭남의 은혜야말로 우리가 하
나님의 뜻대로 살아야 하는 원인과 근거가 되기 때문이다. 사도 베드로의
말은 다음과 같이 풀어 쓸 수 있다.

"너희는 마음으로 뜨겁게 서로 사랑하여라. 혹시 너희 중에 주님의 이 명
령을 소홀히 여길 사람이 있을까 두렵다. 그런 사람들에게 나는 말한다.
너희가 거듭났다는 사실을 기억해라. 하나님께서는 썩지 않을 씨인 그의
말씀으로 너희를 거듭나게 하셨다. 너희 속에 전에 없던 새로운 마음과
새로운 영을 부어 주셨다. 죄와 허물로 죽어 있던 너희를 그렇게 거듭나

게 하신 것은 너희에게서 선한 열매를 보기 위해서다. 그러므로 하나님의 말씀대로 순종하는 신앙의 삶을 살지 않는 사람은 거듭나게 하신 하나님의 큰 은혜를 저버리는 배은망덕한 사람이다. 그러므로 너희는 그런 사람이 되지 말고, 모든 악독과 기만, 외식과 시기와 모든 비방하는 말을 버려라."

혹은 다음과 같이 말할 수도 있겠다.

"마음으로 뜨겁게 서로 사랑하여라. 혹시 너희 중에 이 계명은 너무 무거운 것이어서 순종할 수 없다고 핑계하며 자기 감정을 따라 사는 사람들이 있을까 두렵다. 너희가 거듭났다는 사실을 기억하여라. 물론 너희 속에는 죄가 남아 있다. 그러나 너희는 살아 있고 항상 있는 하나님의 말씀으로 거듭난 사람들이다. 너희가 거듭날 때 하나님께서는 하나님의 율례와 규례를 지킬 수 있는 새 마음과 새 영을 너희 안에 심어 주셨다. 너희가 믿는 하나님의 말씀은 너희 안에서 살아 역사함으로써 너희로 하여금 죄를 이기고 하나님의 뜻대로 행할 능력을 줄 것이다. 그러므로 하나님께서 공급해 주실 은혜를 의지하며 이 계명에 순종하여라. 못하겠다고 핑계대지 말고 모든 악독과 기만, 외식과 시기와 모든 비방하는 말을 버려라."

이렇듯 성경은 물과 성령으로 거듭나야 비로서 신앙의 삶을 살 수 있다고 가르친다. 그러므로 신앙의 삶을 추구할 때, 우리에게 기본적으로 필요한 일은 우리 자신이 물과 성령으로 거듭나는 것이다. 단회적인 사건으로 경험하는 거듭날 때 받은 신령한 생명이 우리 안에서 끊임없이 활발하게 활동하고 강해지도록 해야 한다. 도시의 젖줄이 되는 강을 관리하는 공무원들이 수원지에 특별한 관심을 기울이며 그 수원지를 깨끗하고 풍부하게 유지하려고 애쓰듯이 모든 그리스도인들은 신앙의 수원지가 되는 거듭남의 은혜에 특별한 관심을 기울이고 자기 안에 그 은혜가 날로 풍성해지도록 힘써야 한다.

| 청교도들은 어땠을까? |

기독교 역사에서 신앙을 형성하고 실천하는 일과 관련하여 거듭남 또는 거듭난 생명의 중요성을 가장 잘 이해한 사람들은 17세기 청교도들이었다. 앞에서 살펴본 대로 청교도들은 신앙을 형성할 때 성경의 최고 권위를 무한히 강조하는 데서 시작하였다. 하지만 그들은 거기에서 멈추지 않았다. 그들은 어떤 사람이 제아무리 성경을 신앙의 최고 규범으로 떠받든다 해도, 만일 그 사람 자체가 영적으로 거듭나지 않았다면, 또는 그 사람이 영적으로 거듭났다 해도 영적인 생명이 활발하게 활동하고 있지 않다면, 그 사람에게서는 신앙이라는 것이 제대로 형성될 수도 실천될 수도 없다고 믿었다. 그래서 청교도들은 신앙의 형성과 실천에 있어서 중생의 필요성과 중요성을 강조하였다.

그렇다면, 청교도들은 중생을 어떻게 이해했을까? 조지 스윈녹에 따르면, 중생은 "성령께서 순전히 자신의 선한 즐거움 때문에, 그리고 자신이 영광과 택자들의 구원을 위하여, 말씀의 역사로 말미암아 사람의 전인격을 자기 자신의 형상으로 새롭게 하시는 맨 처음 역사"[18]이다. 존 플라벨 (John Flavel, 1628-1691)에 따르면, 중생은 "하나님의 성령께서 우리 영혼 안에 은혜의 여러 가지 원리들을 이식시켜 주심으로써 우리 영혼의 기질 과 성품에 일으켜 주시는 놀라운 변화"[19]이다. 청교도들에 따르면, 이렇 게 거듭날 때 우리 영혼의 기질과 성품에 하나님께서 일으켜 주시는 놀라 운 변화가 우리로 하여금 신앙을 형성하고 유지하게 만드는 수원지가 된 다. 토머스 굿윈(Thomas Goodwin, 1600-1680)의 말을 들어 보자.

> 우리가 중생할 때 영적인 삶 안에 반드시 포함되어 있고 불변하는 여러
> 가지 원들이 우리 영혼 안에 주입되는데, 이것을 통하여 우리 영혼은 영
> 적인 생명을 가진 사람이 발휘하는 여러 가지 활동을 하기에 딱 알맞은
> 능력을 구비하게 되고 성향을 갖게 되며 열심을 내게 된다.[20]

이것이 중생을 바라보는 청교도들의 기본적인 입장이었다. 이 때문에 청교도들은 오직 중생을 통과한 그리스도인만이 참된 신앙을 형성하며 실천할 수 있다고 철저히 믿었고 또 선명하게 가르쳤다. 마치 어떤 건물 에 들어가기 위해서는 반드시 출입문을 통과해야 하는 것처럼, 일단 중생 이라는 문을 통과해야만 참된 신앙의 세계에 들어가서 활동할 수 있다고 믿었던 것이다. 하지만 청교도들은 중생이 신앙으로 들어가는 출입문보 다 훨씬 더 큰 의미를 지니고 있다고 보았다. 중생할 때 받은 새로운 기질 이 이후 성화의 삶에 지속적으로 영향을 미친다고 본 것이다. 조지 스윈 녹은 다음과 같이 말했다.

중생은 하나님의 성령의 사역으로서 우리의 전인격이 하나님의 형상으로 새로워지는 첫 과정이다. 반면에 성화(sanctification)는 중생한 우리의 전인격이 끊임 없이 점진적으로 새로워짐으로써 중생을 통해서 새로워진 피조물이 날마다 죄에 대하여는 점점 더 많이 죽고 하나님께 대하여는 점점 더 많이 살아나는 것이다. 중생이 새로운 피조물의 출생이라면 성화는 은혜로 태어난 새로운 피조물이 성장하는 것이다. 우리가 중생할 때 거룩이라는 태양은 떠오르고, 성화의 과정에서 그 태양은 자기의 달려갈 길을 달려간다.[21]

중생은 그리스도인의 삶 가운데 단 한 번 경험되는 일이다. 하지만 우리가 거듭날 때 받은 신령한 생명은 우리 안에 거주하시기 시작한 성령의 여러 가지 사역을 통하여 우리의 모든 영적 삶에 끊임없이 영향을 미치게 된다. 그리고 중생할 때 우리에게 심어진 새 생명은 말그대로 생명이기 때문에 우리 안에서 강해지기도 하고 약해지기도 한다. 이런 의미에서 청교도들은 중생하는 순간 자동적으로 참된 신앙이 시작되지만, 중생할 때 우리에게 들어온 그 생명이 우리 안에서 얼마나 강하고 힘차게 활동하느냐에 따라 참된 신앙의 형성과 유지와 성장이 끊임없이 영향을 받는다고 보았다.

| 중생을 강조한 이유 |

청교도들이 신앙의 형성과 실천에 있어서 중생을 절대적인 필수 요소로 강조한 이유는 인간의 전적인 타락과 부패라는 교리 때문이다. 청교도들은 모든 사람이 허물과 죄로 죽어 있다는 성경의 증거를 정말 진지하게 받아들였다. 그렇기 때문에 어떤 행동이나 실천을 강조하기 전에 제일 먼저 중생의 절대적인 필요성을 역설하였다. 청교도들은 거듭나지 않은 인간의 상태를 표현할 때 오늘날 우리가 상상도 할 수 없는 표현들을 서슴없이 사용하였다. 토머스 보스턴(Thomas Boston, 1676-1732)과 스티븐 차녹(Stephen Charnock, 1628-1680)의 말을 순서대로 들어 보자.

> 사람은 날 때부터 전적으로 부패해 있다. 퇴비에 들어 있는 모든 것들은 퇴비 전체가 썩어 가는 것에 다들 한몫을 하고 있듯이, 거듭나지 않은 자연인도 그러하다. 거듭나지 않는 이상 자연인은 점점 더 부패해 간다. 거듭나지 않은 사람의 영혼은 몸 때문에 더 부패해지고, 몸은 영혼 때문에 더 부패해진다. 그리고 영혼의 모든 기능은 다른 기능을 점점 더 부패한 상태로 만드는 작용을 한다.[22]

> 인간은 야생 망아지로 태어난다. 그 어떤 짐승도 거듭나지 않은 사람보다 난폭하거나 잔인하지 않으며, 자신이 타고난 난폭함과 고집스러움에 머물려고 고집부리지 않는다.[23]

사람들의 이런 상태와 성향을 너무나 잘 알고 있던 청교도들은 사람들에게 자기 자신을 구원할 수 있는 능력이 전혀 없음을 강조했을 뿐만 아니라 하나님께서 열납 하실 만한 신앙을 형성하거나 실천할 수 있는 능력

또한 전혀 없다는 것도 강조하였다. 이런 강조를 할 때 청교도들은 거듭나지 않은 상태에서 행해지는 모든 종교적인 선행이나 의무 이행은 썩어서 악취가 풍기는 해골과 같다는 식의 신랄한 표현을 서슴지 않고 사용했다. 스티븐 차녹의 말을 들어 보자.

> 육체적으로 죽은 사람이 육체적으로 활동을 할 수 없듯이, 영적으로 죽은 사람은 영적으로 활동할 수 없다. 새로운 본성이 거듭남을 통해 우리에게 들어오지 않는 이상, 우리가 행하는 가장 좋아 보이는 섬김이 비록 사람의 눈에는 화려해 보이고 멋져 보여도 하나님의 눈에는 아무런 생명력도 없고 아무런 실체도 없다. 그것은 썩어서 악취를 풍기는 해골과 같을 뿐이다. 왜냐하면 죽어 있고 부패한 마음에서 비롯된 것이기 때문이다.[24]

이런 이유 때문에 청교도들은 어떤 교회에서 설교자와 회중이 참된 신앙을 형성하고 실천하려면, 먼저 중생을 정확하게 이해하고 실제로 체험하는 것이 설교자와 회중 모두에게 절대적으로 필요하며 중요하다고 믿었다. 그래서 설교자는 끊임없이 중생의 은혜와 역사를 설교하고, 회중은 그 은혜와 역사에 기초하여 자신의 영적 삶을 세워야 한다고 믿었다. 이것을 건너뛰고, 혹은 이것을 대충 하면서 다른 일에 아무리 열심을 내 봐야 소용이 없다고 믿었다. 이와 관련하여 조지 스윈녹이 남긴 아름다운 고백을 들어 보자.

> 만일 당신이 나에게 사람이 이 세상에 살면서 가장 중요하게 생각해야 할

것이 무엇이냐고 묻는다면, 사람이 모든 시간과 힘과 생각과 말과 행동을 다 투자해도 아깝지 않을 것이 무엇이냐고 묻는다면, 나는 '중생'이라고 대답할 것이다. 만일 당신이 나에게 사람이 가장 필요로 하고 가장 탁월한 것, 사람에게 가장 큰 유익과 가장 큰 기쁨과 가장 큰 행복을 가져다주는 것이 무엇이냐고 묻는다면, 그때도 나는 '중생'이라고 대답할 것이다. 즉 중생을 가지고 있는 사람은 사람이 소유해야 할 모든 것을 가지고 있는 것이다. 중생을 소유한 사람은 천국을 소유한 사람이기 때문이다. 반면에 중생을 가지고 있지 않은 사람은 아무것도 가진 게 없는 사람이다. 설령 그 사람이 온 세상을 가지고 있다고 해도 중생이 없는 것을 메울 수는 없다. 중생이 없는 것은 지옥이다.[25]

| 지성, 감정, 의지 |

중생을 강조했던 청교도들의 신앙에서 발견할 수 있는 한 가지 특징은 중생의 은혜가 죄인의 영혼에 이루어질 때 하나님께서 영혼에 들어오시는 첫 번째 관문이 '지성(the mind)'이라고 믿었다는 것이다. 청교도들은 이런 인식을 배경으로 신앙을 형성했다. 앞에서도 살펴보았지만 중생이라는 것은 영혼의 모든 기능들, 다시 말해서 지성과 감정과 의지 모두가 하나님의 은혜로 말미암아 근본적으로 변화하는 새 창조의 역사이다. 그런데 청교도들은 이러한 중생의 은혜가 어떻게 이루어지는지를 해부하는 과정에서 그러한 변화에도 일정한 순서와 질서가 있다는 것을 발견하였다. 중생의 역사가 일어날 때 성령께서 제일 먼저 일하시는 곳은 인간의 지성(mind)이며, 지성에서 참된 변화가 먼저 일어나면 그것이 감정과 의지에 영향을 미쳐서 결국 전인격이 변화하게 된다는 결론에 도달한 것이다.

그 전에도 청교도들은 영혼의 모든 기능 중에서 지성 또는 이해력이 안내자와 같은 역할을 한다고 보았다. 존 오웬의 말을 들어 보자.

> 지성 또는 이해력이라는 것은 영혼의 모든 기능 중에서 안내 역할과 길잡이 역할을 하는 기능이다. 지성 또는 이해력은 분별력, 판단력, 결정능력보다 먼저 앞서며, 의지나 감정이 도덕적인 행동을 하기 쉽고 좋게 길을 닦는 역할을 한다.[26]

그런데 거듭남의 과정을 자세히 분석해 보니 거듭남의 과정에서도 지성이 먼저 새로워지고 그렇게 새로워진 지성이 안내자로서 감정과 의지의 새로워짐을 이끌어 낸다는 것을 발견한 것이다. 조지 스윈녹의 말을 들어 보자.

> 주목해 볼 사실은 은혜 언약에서 지성이 마음보다 먼저 변화될 거라고 언급된다는 사실이다. 히브리서 10장 8, 9절을 보라. 예레미야 31장 33절을 보라. 은혜가 마음으로 흘러 들어갈 수 있는 것은 먼저 지성을 통과한 경우뿐이다.[27]

중생의 변화에서 제일 먼저 변화가 이루어지는 곳이 지성이라는 청교도들의 확신은 신앙을 형성하는 청교도들의 방법에도 지대한 영향을 미쳤다. 청교도들은 교회가 사람들의 신앙을 형성해 줄 때 최우선적으로 힘써야 할 일이 하나님의 말씀을 그들의 지성에 심어 주고 깨우쳐 주는 것이라고 보고 그 일에 우선권을 두었다. 다시 말해서, 청교도들은 교회가 사람들의 신앙을 형성해 줄 때, 감정이나 의지에 직접적으로 호소해서는 안 되고 반드시 지성의 변화를 통하여 자연스럽게 감정과 의지도 변화하는 순서를 택해야 한다고 믿고 그렇게 실천하였다. 청교도들은 이것이 가장 정상적인 신앙 형성 방법이라고 믿었다. 존 플라벨의 말을 들어 보자.

> 우리의 정서가 하나님을 사랑하고 하늘에 속한 일들을 즐거워하려면 그보다 먼저 지성에 성령의 빛이 비추어져야 한다. 이 일이 반드시 먼저 있어야 한다. 어떤 사람이든지 진리의 빛에서 더 멀리 떨어져 있을수록 경건의 온기로부터도 더 멀리 떨어지게 되어 있다.[28]

물론 언제나 청교도들의 최종 목표는 사람들의 감정과 의지까지 변화시켜 전인격이 그리스도의 형상을 닮게 하는 것이었고 모든 삶의 영역에서 경건과 신앙을 실천하는 것이었다. 하지만 청교도들은 그런 최종 목표에 도달하기 위해서는 제일 먼저 지성이 하나님의 말씀으로 채워져야 한다고 믿었다. 사실, 청교도들은 지성의 변화만으로는 신앙의 삶이 이루어질 수 없다는 사실을 잘 알고 있었다. 그리고 어떤 사람들은 지성으로만 신앙을 받아들일 뿐 절대로 감정이나 의지로 그 신앙을 소화하지도 않고 소화할 의지도 없다는 사실 또한 잘 알고 있었다. 하지만 청교도들은 지성이나 이해력이 하나님의 진리로 채워져야 비로소 정서와 의지도 제대로 작동할 수 있다는 신념을 결코 굽히지 않았다. 존 프레스턴(John Preston, 1587-1628)의 말을 들어 보자.

나는 사람이 지식을 많이 가지고 있으면서도 은혜가 전혀 없을 수 있다는 것을 부인하지 않는다. 그러나 다른 측면으로 생각할 때 사람이 가지고 있는 지식 이상으로 은혜를 소유할 수 없다는 것 또한 사실이다.[29]

신앙 형성에 대한 청교도들의 이런 접근 방식은 성경과 일치한다. 하나님의 말씀인 성경을 자세히 읽어 보라. 성경은 우리의 감정과 의지에 직접 호소하지 않는다. 성경은 우리에게 끊임없이 하나님의 말씀을 깨달으라고 촉구한다. 성경은 우리가 이해력과 지성을 총동원하여 깨달아야 할 내용으로 가득 차 있다. 예수님의 십자가 사건을 성경이 복음서에서 어떻게 기록하고 있는지 생각해 보라. 성경은 결코 우리의 감정을 자극할 만한 표현들을 거기에 사용하지 않고 담담한 어조로 십자가 사건을 기록하고 있다. 어쩌면 그렇게 담담하게 십자가의 죽음을 기록할 수 있을까 의아할 정도의 담담한 어조로 기록한다.

하지만 우리가 그런 성경의 기록을 읽고 이해하고 믿을 때, 십자가의 사건은 더 이상 담담한 기록이 아니게 된다. 성경의 담담한 기록은 우리의 지성을 통과하면서 우리의 모든 감정과 의지를 뒤흔드는 강력한 능력으로 작용하게 된다. 이런 점에서 17세기에 청교도들은 성경의 방식을 그대로 따라 가면서 신앙을 형성했고 실천했다고 말할 수 있다. 그리고 우리 시대는 이러한 청교도들의 앞선 걸음에서 배워야 할 것이 있다고 말할 수 있다.

그렇다면, 오늘날 신앙을 형성할 때 우리는 거듭남, 곧 중생에 관하여 어떤 심정, 어떤 태도를 취해야 할까? 신앙을 형성하고 실천하는 그리스도인이 꼭 기억하고 적용해야 할 몇 가지 중요한 원리를 살펴보자.

| 거듭남부터 이해하고 체험하고 가르치라 |

우리 자신의 신앙을 올바르게 세우거나 굳건하게 성장시키기 원하는가? 자녀들에게 신앙을 심어 주고 그 신앙이 자라도록 돕기를 원하는가? 교인들의 신앙을 체계적이면서도 견고한 신앙으로 세워 주기를 원하는가? 교회에 등록한 새가족들에게 올바른 신앙생활의 기초를 가르쳐 주고 싶은가? 이미 흔들리고 약해진 신앙을 다시 회복하고 싶은가? 그렇다면 성경이 말하는 거듭남의 필요성과 중요성을 충분하게 배우고, 실제로 거듭난 사람이 되라. 성경이 말하는 거듭남의 필요성과 중요성을 확실하게 가르치고, 실제로 체험하게 하라. "성경을 통독해라.", "교회에 빠지지 말아라.", "봉사해라.", "훈련받아라." 이렇게 권면하기 전에 거듭난 사람부터 되고 거듭남을 체험하라고 가르치라.

예수님께서 말씀하신 대로 중생하지 않은 사람은 하나님의 나라에 들어갈 수 없고 하나님의 나라를 볼 수도 없다. 다시 말해서 참된 신앙은 오직 거듭난 사람만이 형성하고 실천할 수 있다. 그러므로 성경적인 신앙을 형성하고 실천하려는 모든 사람은 먼저 거듭남에 대해서 충분한 이해를 가지고 있어야 한다. 거듭남이 왜 우리에게 절대적으로 필요한지를 알아야 하고, 거듭남이 우리 가운데 어떻게 일어나는지를 알아야 하며, 하나님의 은혜를 받아 실제로 거듭나야 하고, 참으로 거듭났다는 증거가 우리의 마음과 삶에 어떻게 나타나는지를 알아야 한다.

거듭남에 대한 충분한 이해도 없고 실제로 거듭나지 않은 상태에서 여러 가지 종교적 행위와 훈련을 통해 신앙을 쌓는다는 것은 참으로 위험천만한 일이다. 거듭나지 않은 상태에서도 이런저런 이유 때문에 기독교 신앙에 마음이 끌릴 수 있고, 신앙 교육을 받고 훈련을 받을 수도 있으며, 여러 모양으로 신앙을 실천하는 일도 할 수 있다. 하지만 그것은 마치 기초를 대충 닦아 놓고 그 위에 고층 건물을 올리는 것과 같다. 그것은 죽은 시체를 다시 살리지 않고 최고급 화장품을 써서 예쁘게 화장해 놓고 아름답다고 추켜세우는 것과 같다. 누가 그런 일을 칭찬하겠는가? 그런 일이 과연 누구에게 유익이 되겠는가?

그러므로 참된 신앙을 형성하고 실천하고 싶다면, 제일 먼저 당신이 정말로 거듭난 사람인지부터 진지하게 확인하도록 하라. 어떤 종교적인 체험을 가지고 거듭남의 여부를 성급히 판단하지 말고, 본인의 생각에 의지하여 거듭남의 여부를 함부로 판단하지 말고, 주변 사람들의 평가에 근거하여 거듭남의 여부를 줏대 없이 판단하지 말고, 성경에서 말하는 명확한 기준들로 당신의 거듭남을 점검하도록 하라. 특별히 요한일서는 거듭난 사람에게 어떤 증거와 열매가 있는지를 풍성하게 가르쳐 주는 내용들로 가득 채워져 있다. 그러므로 요한일서를 정독하면서 하나님께 당신의 거듭남의 여부를 가르쳐 달라고 기도해 보라.

참고로, 요한일서는 거듭난 사람에게 몇 가지 중요한 특성이 있다고 증거한다. ① 거듭난 사람은 습관적인 죄를 범하지 않는다(요일 3:9; 5:18). ② 거듭난 사람은 예수 그리스도께서 유일한 구세주이심을 믿는다(요일 5:1). ③ 거듭난 사람은 마음과 삶이 성결한 사람이다(요일 2:29). ④ 거듭난 사람은 그리스도의 모든 참된 제자들에 대하여 특별한 사랑을 발휘한다(요일 3:14). ⑤ 거듭난 사람은 세상의 의견을 자신의 법칙으로 삼지 않는다(요일 5:4). ⑥ 거듭난 사람은 자신의 영혼을 천하보다 더 귀하게 여긴다(요일 5:18).

만일 당신이 아직 거듭나지 않았다면, 종교적인 행위를 더 훌륭하게 해서 더 훌륭한 신앙인이라고 스스로 착각하거나 사람들을 기만하려 하지 말고, 정직하게 하나님 앞에 나아가 거듭남의 은혜를 구하여 그 은혜를 얻도록 하라. "보라 지금은 은혜 받을 만한 때요 보라 지금은 구원의 날이로다"(고후 6:2). 만일 자녀들이 아직 거듭나지 않았다면, 그들에게 종교적인 훈련만 자꾸 부과하지 말고 그들에게 거듭남의 필요성과 중요성을 가르쳐야 한다. 그리고 하나님께서 우리를 거듭나게 하시기를 기뻐하신다는 것을 가르쳐야 한다. 그들로 먼저 거듭남을 체험하게 하라. 그러면 그들은 하나님을 사랑하고 하나님의 말씀을 따라 경건하게 살 것이다.

| 거듭난 생명을 잘 유지하자 |

거듭날 때 하나님께서 우리에게 주신 새로운 생명, 곧 영적인 생명이 우리 안에서 지속적으로 성장하고 강건해지도록 힘쓰자. 건강을 잘 관리하는 사람이나 건강을 잘 관리하지 않는 사람이나 똑같이 생명을 가지고 있지만, 그 생명의 활발함과 강건함은 크게 다를 수 있다. 이와 같이 똑같이 거듭났지만, 거듭날 때 받은 영적인 생명을 잘 관리하며 산 신자와 그렇지 않은 신자는 똑같이 영적인 생명을 가지고 있음에도 그 생명의 활발함과 강건함이 다를 수 있다. 그러므로 우리가 거듭났다는 사실로만 만족하지 말고, 거듭날 때 받은 새 생명이 우리 안에서 지속적으로 성장하고 강건해지도록 힘써야 한다. 에스겔 36장 26-27절 말씀을 기억해 보자.

> 또 새 영을 너희 속에 두고 새 마음을 너희에게 주되 너희 육신에서 굳은 마음을 제거하고 부드러운 마음을 줄 것이며 또 내 영을 너희 속에 두어 너희로 내 율례를 행하게 하리니 너희가 내 규례를 지켜 행할지 _겔 36:26-27

그러므로 하나님의 영인 성령님이 우리 안에서 전보다 더 활발하게 활동하시게 하자. 하나님께서 주신 새 마음이 우리의 굳은 마음을 더 제거하고 우리 마음을 더 부드럽게 만들도록 하자. 하나님의 말씀을 순종하고 지키는 일에 우리 마음이 더 민첩해지고 즐거워하도록 하자. 우리의 종교적인 노력으로 그렇게 하자는 말이 아니다. 하나님께서 주신 은혜를 의지하고 그 은혜의 역사에 순종함으로 그렇게 하자는 말이다.

이 세상 사람들이 몸의 건강을 유지하고 강화하기 위해서 얼마나 많이 연구하며 얼마나 많이 애를 쓰며 얼마나 많이 운동하는지 지켜보면서 지혜를 얻자. 우리도 우리 영혼의 건강을 유지하고 강화하기 위해서 하나님의 은혜를 늘 구하고 우리가 할 수 있는 최선의 노력을 기울이자. 세상 사람들은 건강을 위해서 산다지만, 우리는 하나님께서 우리를 거듭나게 하실 때 우리에게 주신 영적인 생명을 더 강건하게 하는 데 우리의 모든 것을 걸고 살자. 이렇게 우리 삶의 방향이 나아갈 때, 우리는 신앙을 바르게 세울 수 있고 성장할 수 있다.

| 거듭남의 은혜를 항상 주목하라 |

당신이 만일 물과 성령으로 진정 거듭난 사람이라면, 신앙을 형성하고 실천하는 모든 순간에 그 모든 것이 당신을 거듭나게 하신 하나님의 놀라운 은혜 때문이라는 것을 잊지 말라. 만일 하나님께서 당신을 거듭나게 하지 않으셨다면, 거듭날 때 받은 신령한 생명이 지금 당신 안에서 활동하지 않는다면, 성경적인 신앙을 형성하거나 실천하는 일은 절대적으로 불가능했을 것임을 잊지 말라. 신앙을 형성하고 실천하는 모든 순간에 우리가 이 두 가지를 꼭 기억해야 하는 세 가지 이유가 있다.

첫째로, 거듭남의 은혜만큼 우리로 하여금 신앙의 삶을 진지하고 성실하게 실천하도록 자극하는 동기란 없기 때문이다. 물론 하나님께서 우리의 수많은 죄를 용서해 주셨다는 것도 우리로 하여금 하나님의 뜻대로 거룩한 삶을 살아야겠다는 다짐을 굳건하게 세워 준다. 또 하나님께서 우리를 의롭다고 선언해 주신 일도 우리로 하여금 그 은혜에 감사하며 의로운 삶을 살아야겠다는 다짐을 굳건하게 세워 준다. 그러나 죄와 허물로 완전히 죽어 있는 우리를 살려 주신 하나님의 은혜를 생각할 때는 그러한 결심과 각오가 더 분명하게 서게 된다. 거듭남을 통해서 우리가 하나님으로부터 죄 사함이나 칭의만 받은 것이 아니라 생명 자체를 선물로 받았다는 사실을 알면, 하나님에 대한 감사가 그만큼 깊어지고 신앙의 삶도 그만큼 강해지기 때문이다.

둘째로, 중생의 은혜를 주목해서 바라보면 신앙생활에 활력과 소망이 넘치게 된다. 많은 사람이 그리스도인의 신앙은 그저 우리 자신의 죄악됨을 인정하고 우리 자신은 아무것도 할 수 없다는 것을 고백하는 수줍은 신앙인 것처럼 착각한다. 물론 기독교 신앙에는 인간의 전적인 부패와 무능력을 인정하는 겸손한 신앙이 분명히 존재한다. 사도 바울처럼 "오호라 나는 곤고한 자로다"라고 탄식하는 요소가 없으면 그것은 복음적인 신앙이라고 할 수 없다. 하지만 참된 기독교 신앙은 그런 탄식과 겸손에서 멈추지 않는다. 오히려 하나님의 은혜와 승리를 확신하며 죄와 죽기까지 싸우고 거룩을 향해 전진하는 힘찬 신앙으로 나아간다. 왜냐하면, 우리 안에는 죄와 부패함뿐만이 아니라 하나님께서 심어 주신 거룩한 생명이 존재하고 있기 때문이다. 그래서 거듭남의 은혜를 바라보는 그리스도인은 다음과 같이 외친다.

"그렇다. 내 안에는 셀 수 없이 많은 죄와 부패함이 남아 있다. 하지만 나는 낙심하지 않는다. 내 안에는 죄보다 더 강력한 것이 있기 때문이다. 거듭날 때 하나님이 나에게 주신 새 생명이다. 지금도 성령 하나님께서 내 안에 계시면서 보존해 주시고 자라게 해 주시고 강건케 해 주시는 새 생명이다. 하나님께서는 내 죄를 용서해 주실 뿐 아니라 자신의 강력한 은혜의 능력으로 나를 거룩하게 만들어 주고 계신다. 그러므로 나는 죄와 싸울 것이고 죄를 이길 것이고 죄를 죽일 것이다.'

마치 갈렙이 자신의 연로함을 알면서도 하나님의 약속을 믿고 바라보며 "이 산지를 내게 주소서"(수 14:12)라고 외쳤던 것처럼, 거듭남의 은혜를 바라보는 그리스도인은 '더 거룩한 삶'이라는 높은 고지를 향하여 달려간다. 쓰러져도 다시 일어나고 넘어져도 다시 일어나며 전진해 가게 되어 있다. 우리에게 있는 무한한 죄악과 부패로 인하여 한없이 고개를 숙이면서도 동시에 우리에게 주어진 하나님의 신령한 생명, 비록 아직은 완전하지 않지만 완성을 향하여 나아가고 있는 우리 안에 있는 거듭난 생명때문에 힘을 얻고 순종의 길로 나아가며 죄와 싸우는 삶으로 나아가게 되어 있다.

셋째로, 거듭남의 은혜만큼 행위를 자랑하는 우리의 고질적인 질병을 막아 줄 탁월한 약이 없기 때문이다. 어떤 사람들은 자신이 특별한 운동을 하거나 특별한 음식을 먹어서 건강을 유지하는 것처럼 자랑한다. 그러나 하나님께서 그들의 목숨을 붙들어 주지 않으신다면 그런 운동이나 음식이 그들의 건강을 유지시켜 줄 수 있을까? 없다. 그런데도 사람들은 하나님이 생명의 근원이심을 모르기에 자기 행위를 자랑한다. 기독교 신앙 안에서도 많은 그리스도인이 똑같은 잘못을 범한다. 그들은 어떤 특정한 훈련 방법이나 신앙적인 노력이 자신의 경건의 근원이라도 되는 것처럼 자랑한다. 하지만 하나님께서 그들을 거듭나게 하지 않으셨다면, 하나님께서 주신 거듭난 생명이 성령 하나님에 의해서 지금도 약동하지 않는다면, 과연 그들의 신앙이 지금 그렇게 유지될 수 있을까? 없다. 그런데도 그들은 거듭남의 은혜가 신앙의 수원지인 것을 모르기에 자기의 신앙 훈련이나 노력을 자랑하는 것이다.

이와 같이 신앙을 형성하고 실천하는 동안 우리를 거듭나게 하시는 하나님의 주권적인 역사의 위대함을 주목하지 않으면, 우리도 모르는 사이에 하나님의 놀라운 은혜는 잊어버리고 우리가 행하는 어떤 훈련이나 실천이 우리의 자랑이 되거나 우리의 우상이 되어 버린다. 그렇기 때문에 중생의 은혜를 소홀히 여기는 사람들은 결국 시간이 지나면 행위를 자랑하고 행위를 내세우는 종교로 전락하고 마는 것이다. 얼마나 비참하고 악한 일인가! 그러므로 우리 모두 신앙의 삶을 실천하는 모든 과정에서 부단히 거듭남의 은혜를 바라보자.

| 먼저 지성에 하나님의 은혜를! |

거듭남의 역사 가운데 하나님의 은혜가 우리 영혼에 들어오는 출입문이 바로 '지성'이었던 것처럼, 우리의 모든 신앙 형성의 출입문도 지성이 되어야 한다는 이 원칙을 지키자. 하나님의 말씀을 우리의 이해력과 지성으로 깨닫고 더 풍부하게 소유하는 것을 신앙 형성의 최우선적인 과제로 삼자. 그러나 오해하지 말길 바란다. 감정과 의지는 신경 쓰지 말고 오직 지식만 쌓아가라는 말이 아니다. 먼저, 지성을 통해서 하나님을 알고 그 생생한 지식을 통해서 하나님을 향하여 바른 감정과 바른 의지를 갖도록 하라는 것이다. 이렇게 지성이 감정을 다스리고 의지를 다스릴 때, 우리는 올바른 신앙 인격을 형성할 수 있다.

인간 사회에서도 인격적으로 건강한 사람은 바른 지식을 구비하고 거기에 따르는 감정과 의지를 가지고 살아가는 사람이다. 기독교 신앙에서도 마찬가지다. 영적으로 건강한 사람은 감정과 의지에 푹 빠져서 멋도 모르고 여기저기 뛰어다니는 사람이 아니라 먼저 지성이 하나님의 말씀으로 채워지고 감정과 의지가 그러한 지성의 인도를 받아 질서 있게 하나님을 사랑하며 이웃을 사랑하는 사람이다. 이런 방법으로 신앙을 형성하는 것이 때로는 딱딱하게 느껴지고 때로는 금방 열매가 보이지 않아 답답하게 느껴져도 하나님의 진리가 우리의 마음 안에서 생명의 역사를 이룰 때까지 인내심을 가지고 진리의 말씀으로 우리의 이해력과 지성을 채우자.

지성을 출입문으로 삼지 않을 경우, 우리의 신앙에는 여러 가지 폐단들이 생길 수밖에 없다는 것을 늘 기억하자. 물론 사람에게는 감정과 의지라는 기능도 있어서 하나님은 때때로 감정과 의지를 먼저 건드리기도 하신다. 예를 들어, 어떤 남편이 아내를 따라 억지로 교회에 나와 예배를 드리는데, 설교 말씀은 하나도 이해하지 못하면서 찬송을 부를 때는 왠지 마음이 울컥하고 눈물이 나는 것을 참을 수 없어 조금씩 기독교 신앙에 마음을 열게 되는 경우도 있다. 아무리 좋은 설교를 들려주어도 변하지 않던 사람이 어떤 감정을 느끼면서 마음에 큰 변화와 삶의 변화를 나타내는 것을 보게 된다. 그러나 엠마오로 가던 두 제자의 경우에서와 같이 말씀에 깊이 뿌리내리지 않은 신앙은 금방 흔들리게 된다는 사실을 잊지 말자.

씨 뿌리는 비유에서 돌밭과 좋은 밭의 차이를 기억해 보라. 돌밭은 말씀을 듣고 즉시 기쁨으로 받았다. 반면에 좋은 밭은 말씀을 듣고 깨달았다. 무슨 차이가 있는가? 돌밭은 감정을 통해서 신앙을 형성했고, 좋은 밭은 지성을 통해서 신앙을 형성했다. 결과는 어떻게 되었는가? 말씀을 듣고 깨달은 좋은 밭만 30배, 60배, 100배의 결실을 맺게 되었다. 이렇듯 우리의 지성이 하나님 말씀의 능력으로 새롭게 될 때에는 언제나 우리의 감정과 의지에 적절한 변화가 일어나게 된다. 그리고 이런 변화라야 정당한 변화요 지속될 수 있는 변화이다. 물론 지성에만 호소할 경우, 감정과 의지는 변화하지 않고 메마른 지식만 쌓여 갈 수 있는 위험이 있는 것은 사실이다. 그런데 이런 위험은 단지 머리로만 하나님을 배우려고 하고 하나님의 성령을 의지하지 않는 우리의 잘못 때문이지 하나님께서 메마른 지식만 주시기 때문이 아니다. 그러므로 하나님의 은혜로 하나님을 더 깊이 알고 더 많이 알 수 있도록 노력하자. 이것이 성경적인 신앙을 형성하고 성장시키는 바른 방법이다.

체크 리스트

1. 나는 거듭남의 필요성과 중요성을 얼마나 알고 믿고 있는가?

   ① ② ③ ④ ⑤ ⑥ ⑦ ⑧ ⑨ ⑩

2. 나는 거듭난 사람만이 참된 신앙을 소유하고 실천할 수 있음을 믿는가?

   ① ② ③ ④ ⑤ ⑥ ⑦ ⑧ ⑨ ⑩

3. 나는 거듭날 때 하나님께서 우리에게 주시는 영적인 생명이 어떤 내용인지 아는가?

   ① ② ③ ④ ⑤ ⑥ ⑦ ⑧ ⑨ ⑩

4. 나는 거듭날 때 받은 영적인 생명이 이후의 모든 신앙생활에 끊임없이 영향을 미친다는 것을 아는가?

   ① ② ③ ④ ⑤ ⑥ ⑦ ⑧ ⑨ ⑩

5. 나는 세상 사람들이 건강에 무한히 신경 쓰는 것처럼, 거듭날 때 받은 영적인 생명을 건강하게 유지하기 위해서 얼마나 신경 쓰는가?

   ① ② ③ ④ ⑤ ⑥ ⑦ ⑧ ⑨ ⑩

6. 나는 지성과 감정과 의지 중에서 먼저 지성을 통해서 하나님의 말씀을 공급받아 그 은혜가 감정과 의지로 이어지는 방식으로 신앙생활을 하는가?

   ① ② ③ ④ ⑤ ⑥ ⑦ ⑧ ⑨ ⑩

7. 지금 나의 영적인 상태는 영적인 생명의 모든 기능들이 어느 정도 건강하고 어느 정도 활력이 있는가?

   ① ② ③ ④ ⑤ ⑥ ⑦ ⑧ ⑨ ⑩

내 신앙의 발전 기록

1차 점검		일자	년	월	일
5점 이하 항목 번호					
6점 이상 항목 번호					
종합 평가					
개선점					

2차 점검		일자	년	월	일
5점 이하 항목 번호					
6점 이상 항목 번호					
종합 평가					
개선점					

독서 모임을 위한 토론 주제

주제 1. 요한복음 4장 14절, 에스겔 36장 26-27절, 에베소서 2장 1-3절 말씀을 연결해 가면서 왜 거듭남 또는 거듭난 생명이 신앙을 형성하고 실천하는 일에서 절대적으로 중요한 일인지 토론해 보자.

주제 2. 위의 세 구절 외에도 거듭남 또는 거듭난 생명이 신앙을 형성하고 실천하는 일에서 절대적으로 중요한 일임을 가르쳐 주는 성경 구절들을 찾아보자.

주제 3. 청교도들이 신앙을 세우고 발전시키기 위해 거듭남 또는 거듭난 생명을 무한 강조한 것을 보면서, 특별히 개인적으로 배우거나 도전받거나 감명받은 것이 있다면 말해 보자.

주제 4. 청교도들이 신앙을 세우고 발전시키기 위해 거듭남 또는 거듭난 생명을 무한 강조한 것을 보면서 오늘날 우리 교회가 배워야 할 점이 있다면 무엇인지 말해 보자.

주제 5. 청교도들이 지성과 감정과 의지의 질서에 대해서 취하고 있었던 견해와 그 질서를 신앙의 형성과 실천에 적용한 것을 내가 가지고 있는 견해와 비교 및 적용하여 말해 보자.

주제 6. 저자가 제시한 세 가지 적용을 읽으면서 개인적으로 '이것만큼은 꼭 내 삶에 적용해야겠다.'라고 생각한 것이 있다면 무엇인지 말해 보자.

주제 7. 2장에서 배운 내용에 비추어 오늘날 교회를 위해서 우리가 특별하게 마음을 쏟아 기도할 제목들을 찾아보고, 함께 기도하자.

BASIC 3

행복한 사귐
Joyful Communion

행복한 사귐
Joyful
Communion

| 삼위일체 하나님과의 사귐이 신앙에 생기를 불어넣는다 |

구약 성경을 읽으면서 우리는 이스라엘 백성의 어처구니없는 실패를 끊임없이 본다. 그들은 홍해를 기적처럼 건너고 하나님의 구원을 대대적으로 찬송한 후에 며칠도 안 지나서 마실 물이 없다고 하나님을 원망한다. 광야에서 기껏 한다는 일이 금송아지를 만들어 놓고 그것을 하나님으로 섬기는 일이다. 구름 기둥과 불 기둥으로 하나님께서 함께하시는 것을 날마다 체험하면서도 여리고 성 앞에 도착해서 겨우 한다는 소리가 가나안 사람은 너무 강해서 이길 수 없으며 이젠 다 죽게 되었다는 말이다. 우여곡절 끝에 가나안 땅에 들어간 이후에도 그들은 끊임없이 하나님을 버리고 헛된 우상을 섬겼다.

왜 이스라엘 백성은 하나님을 향한 영적 생활에서 반복적으로 처참하게 실패했을까? 이스라엘의 영적 실패에는 여러 가지 원인이 있겠지만, 특별히 하나님께서 지목하시는 원인은 하나님을 알지 못하는 그들의 영적 무지였다. 이사야 1장 3절에서 하나님께서는 이렇게 탄식하셨다.

소는 그 임자를 알고 나귀는 그 주인의 구유를 알건마는 이스라엘은 알지

못하고 나의 백성은 깨닫지 못하는도다 하셨도다 _사 1:3

그렇다. 하나님을 알지 못하면 신앙을 세울 수도 없고 실천할 수도 없
다. 신앙의 대상이 하나님이신데 하나님을 모르면 어떻게 신앙을 세울 수
있고 유지할 수 있겠는가? 그래서 구약 성경을 보면 죄를 회개하고 거룩
한 신앙의 삶으로 돌이키는 백성들은 하나님 알기를 가장 중요한 일로 앞
세운다.

오라 우리가 여호와께로 돌아가자 여호와께서 우리를 찢으셨으나 도로 낫

게 하실 것이요 우리를 치셨으나 싸매어 주실 것임이라 여호와께서 이틀

후에 우리를 살리시며 셋째 날에 우리를 일으키시리니 우리가 그의 앞에서

살리라 그러므로 우리가 여호와를 알자 힘써 여호와를 알자 _호 6:1-3

그들의 타락이 하나님을 알지 못하는 데서 기인했고 하나님을 아는 일
이 없으면 언제든 다시 타락할 수 있음을 알았기에 하나님을 힘써 알자고
다짐한 것이다.

하나님께서도 타락한 백성에게 회개의 영을 부어 주시고 그들의 발걸
음을 거룩한 신앙의 삶으로 되돌이키실 때, 하나님을 아는 지식을 그들에
게 주시겠다고 강조하며 약속하신다. 예레미야 24장 7절에서 하나님께
서는 이렇게 말씀하셨다.

내가 여호와인 줄 아는 마음을 그들에게 주어서 그들이 전심으로 내게 돌아오게 하리니 그들은 내 백성이 되겠고 나는 그들의 하나님이 되리라 _ 렘 24:7

그렇다. 신앙의 대상이신 하나님을 올바로 알지 못하면, 참된 회개나 삶의 개혁은 불가능하다. 그러므로 신앙을 바로 세우고 크게 성장시키려는 사람은 신앙의 대상이신 하나님을 아는 일부터 시작해야 하고 강화해야 한다.

| 삼위일체 하나님 |

그런데 신앙과 삶의 유일한 규범인 성경은 성부 하나님, 성자 하나님, 성령 하나님을 모두 우리에게 가르쳐 준다. 우리가 신앙을 형성하고 실천할 수 있도록 규범으로 주어진 성경은 성부나 성자나 성령 어느 한 위격에 치중하지 않고 세 위격을 모두 우리에게 가르쳐 준다. 왜 그럴까? 하나님은 한 분이시지만 동시에 성부, 성자, 성령 하나님 세 위격으로 존재하시기 때문이다. 성부, 성자, 성령 하나님을 모두 아는 것이 우리의 신앙 형성과 실천에 꼭 필요하기 때문이다.

어떤 사람들은 구약 시대는 성부 하나님의 시대이고, 신약 시대의 초기는 성자 예수님의 시대이고, 신약 시대의 오순절 이후는 성령 하나님의 시대라고 주장한다. 이렇게 주장하는 사람들은, 지금은 오순절 이후 시대이므로 우리에게 가장 중요하고 필요한 일은 성령 하나님을 알고 체험하는 일이고 그것을 통해서 우리의 신앙을 바르고 튼튼하게 형성할 수 있다고 주장한다. 과연 그럴까? 조금만 생각해 보면 이런 주장이 얼마나 근거 없는 것이며 또 얼마나 비성경적인지 알 수 있다. 신약 성경 자체가 그리스도인의 모든 신앙의 삶을 성부, 성자, 성령 하나님 세 위격 모두와 연결시켜 설명하기 때문이다.

먼저, 세례를 생각해 보자. 세례를 집례하는 목사는 "내가 성부와 성자와 성령의 이름으로 세례를 주노라"라고 선포하면서 세례를 베푼다. 왜 "성부, 성자, 성령의 이름으로" 세례를 주는 것일까? 예수님께서 "그러므로 너희는 가서 모든 민족을 제자로 삼아 아버지와 아들과 성령의 이름으로 세례를 베풀고"(마 28:19)라고 명령하셨기 때문이다. 하지만 단지 예수님의 그러한 명령을 따라서 문구만 그렇게 사용하는 것은 아니다. 세례를 받는 사람이 예수를 믿어 구원을 받은 것은 성부 하나님과 성자 하나님과 성령 하나님의 독립적이면서도 협력적인 구원 사역 덕분이기 때문이다.

> 우리 구주 하나님의 자비와 사람 사랑하심이 나타날 때에 우리를 구원하시되 우리가 행한 바 의로운 행위로 말미암지 아니하고 오직 그의 긍휼하심을 따라 중생의 씻음과 성령의 새롭게 하심으로 하셨나니 우리 구주 예수 그리스도로 말미암아 우리에게 그 성령을 풍성히 부어 주사 우리로 그의 은혜를 힘입어 의롭다 하심을 얻어 영생의 소망을 따라 상속자가 되게 하려 하심이라 _딛 3:4-7

이번에는 강복 선언을 보자. 흔히 강복 선언에서 사용되는 성경 본문은 고린도후서 13장 13절인데 다음과 같다.

주 예수 그리스도의 은혜와 하나님의 사랑과 성령의 교통하심이 너희 무리와 함께 있을지어다 _고후 13:13

왜 신자들에게 복을 선언할 때 세 위격의 하나님을 모두 언급할까? 우리가 구원받은 것이 성부 하나님과 성자 하나님과 성령 하나님의 독립적이면서도 협력적인 사역의 덕분이었듯이 구원 이후의 모든 삶도 성부 하나님, 성자 하나님, 성령 하나님 각각의 그리고 모두의 돌봄 속에서 이루어지기 때문이다. 다시 말해서, 그리스도인의 모든 존재와 삶은 삼위일체 하나님의 세 위격 각각의 그리고 모두의 은혜와 복이 없으면 세워질 수 없고 유지될 수 없기 때문이다.

이번에는 유혹과 배교의 시대를 살아가는 신자들에게 주는 권면을 보자. 유다서 20-21절에서 유다서 저자는 하나님의 말씀을 거스르는 세상에 사는 모든 그리스도인에게 다음과 같이 권고한다.

사랑하는 자들아 너희는 너희의 지극히 거룩한 믿음 위에 자신을 세우며 성령으로 기도하며 하나님의 사랑 안에서 자신을 지키며 영생에 이르도록 우리 주 예수 그리스도의 긍휼을 기다리라 _유 20-21

배교의 물결이 거센 세상에서 신자가 어떻게 신앙을 형성하고 실천할 것인지를 한 문장으로 요약하여 가르쳐 주는 이 말씀에서도 성부, 성자, 성령 하나님이 각각 그리고 함께 언급되는 것을 볼 수 있다.

유다서 저자는 배교의 시대 속에서 신앙을 세우고 지키기 위해서는 반드시 성부 하나님의 사랑을 깊고 풍성하게 알아야 하고, 성령의 은혜와 도우심 아래서 기도해야 하며, 또한 예수 그리스도께서 우리에게 이미 베풀어 주신 무한한 긍휼을 기반으로 장차 예수 그리스도께서 가져오실 놀라운 긍휼을 알고 기다려야 한다고 말한다. 그리스도인의 삶에 이 세 가지가 모두 있어야 한다고 말한다. 다시 말해서, 그리스도인이 성부 하나님과의 관계 속에서, 성자 하나님과의 관계 속에서, 성령 하나님과의 관계 속에서 늘 살지 않으면 배교의 시대에서 신앙을 지킬 수 없다는 말이다.

이렇듯 성경은 항상 그리스도인의 모든 삶을 성부, 성자, 성령 하나님과 연결시킨다. 그리스도인의 모든 존재와 삶은 삼위일체 하나님의 세 위격 각각의 그리고 모두의 은혜와 복이 없으면 결코 세워질 수 없고 유지될 수 없기 때문이다.

| 그리스도 중심 |

그런데 사도 바울은 고린도전서 2장 2절에서 자신이 고린도 교회의 신앙을 지도했던 방식을 다음과 같이 설명한다.

내가 너희 중에서 예수 그리스도와 그가 십자가에 못 박히신 것 외에는 아무것도 알지 아니하기로 작정하였음이라 _고전 2:2

그러니까 바울은 고린도 교회의 신앙을 지도할 때 오직 예수 그리스도와 그의 십자가에 못 박히신 것에 특별히 집중했다는 말이다. 이 구절만 읽으면, 바울은 성경이 가르치고 있는 삼위일체적 신앙에서 크게 벗어나는 것처럼 보인다. 하지만 바울은 결코 삼위일체적인 신앙을 포기하면서 예수 그리스도에게만 집중하지 않았다. 고린도전서 2장 2절 앞뒤 말씀을 읽어 보면, 바울이 성부 하나님과 성령 하나님도 강조했다는 것을 알 수 있다.

> 형제들아 내가 너희에게 나아가 하나님의 증거를 전할 때에 말과 지혜의 아름다운 것으로 아니하였나니 내가 너희 중에서 예수 그리스도와 그가 십자가에 못 박히신 것 외에는 아무 것도 알지 아니하기로 작정하였음이라 내가 너희 가운데 거할 때에 약하고 두려워하고 심히 떨었노라 내 말과 내 전도함이 설득력 있는 지혜의 말로 하지 아니하고 다만 성령의 나타나심과 능력으로 하여 너희 믿음이 사람의 지혜에 있지 아니하고 다만 하나님의 능력에 있게 하려 하였노라 _고전 2:1-5

여기에서 바울은 자신이 고린도 교회의 신앙을 형성해 줄 때 특별하게 집중했던 예수 그리스도와 그의 십자가 죽음은 성부 하나님께서 선포해 주시는 증거라고 강조한다. 또 예수 그리스도와 그의 십자가 죽음은 오직 성령의 나타남과 능력으로만 효과 있게 증거될 수 있다는 사실도 강조한다. 그러니까 바울은 고린도 교회에서 성부 하나님이나 성령 하나님을 제쳐 놓고 오직 예수 그리스도와 그의 십자가에 집중했던 것이 아니었다.

다만, 삼위일체적인 신앙을 기본으로 삼고 특별히 예수 그리스도와 그의 십자가에 집중했던 것이다.

바울이 그렇게 한 것은 하나님께서 친히 명령하시는 일이기 때문이다. 마태복음 17장 5절에서 성부 하나님은 이렇게 말씀하셨다. "이는 내 사랑하는 아들이요 내 기뻐하는 자니 너희는 그의 말을 들으라." 성부 하나님께서 우리에게 명하시기를 예수 그리스도는 자신이 사랑하는 아들이고 기뻐하는 아들이니 예수 그리스도에게 집중하고 그에게서 배우라고 말씀하셨다. 물론 성부 하나님에게는 귀를 기울일 필요가 없다는 말씀은 아니다. 성령 하나님을 무시해도 된다는 말씀도 아니다. 다만, 성부 하나님을 우리에게 온전히 계시해 주시고 우리의 구원을 완성하시는 성자 예수 그리스도에게 집중하여 그의 말씀을 들으라는 것이다.

또한 바울이 그렇게 한 것은 성령 하나님께서 친히 추구하시는 일이기 때문이다. 예수 그리스도께서는 성령 하나님에 관하여 이렇게 말씀하셨다. "그가 내 영광을 나타내리니 내 것을 가지고 너희에게 알리시겠음이라"(요 16:14). 이 말씀에 따르면, 성령 하나님은 자기 자신에 관하여 말씀하시는 분이 아니라 오직 그리스도에 관하여 말씀하시는 분이시다. 성령 하나님께서는 우리로 하여금 결코 자기에게 집중하도록 만들지 않고 오직 그리스도에게 집중하도록 만드신다. 그래서 성령 하나님께서는 그리스도의 영광을 우리에게 보이시고 그리스도의 말씀을 우리에게 깨닫게 하신다.

이런 점에서 사도 바울이 모본으로 보여 준 그리스도 중심적 신앙은 결코 잘못된 것이 아니다. 성경적 신앙은 삼위일체 하나님의 세 위격 전체와 동시적으로 관계를 맺는 삼위일체적 신앙이면서도 동시에 특별히 제2위격이신 예수 그리스도에게 집중하는 신앙, 특별히 그의 죽으심에 집중하는 신앙이다. 그러므로 성경적 신앙을 세우고 유지하려는 모든 사람은 신앙의 대상이신 삼위일체 하나님을 깊이 알고 교제를 나누되 특별히 제2위격이신 예수 그리스도와 그의 죽으심에 집중해야 한다. 이것이 없으면 참된 신앙은 세워질 수 없다.

| 청교도들은 어땠을까? |

17세기 청교도들은 신앙의 대상인 삼위일체 하나님을 아는 지식과 삼위일체 하나님과의 교제가 신앙을 형성하고 유지하는 데 근본적으로 중요한 것임을 무한 강조하였다. 오늘날은 삼위일체 교리가 어려운 교리 또는 복잡한 교리 정도로 인식되고 있지만, 청교도들은 성경이 우리에게 가르쳐 주고 싶어 하는 가장 기본적이고도 중요한 진리가 바로 삼위일체 교리라고 서슴없이 말하였다. 청교도들은 이런 확신을 가지고 있었기에 우리가 성경에서 우선적으로 배워야 할 가장 중요한 교리가 삼위일체 교리라고 늘 강조했다. 존 오웬의 말을 들어 보자.

우리에게 하나님을 계시하는 일에 있어서 성경이 제일 첫째로 의도하는 것은 앞서 말한 대로 우리가 하나님을 하나님답게 경외하고 믿고 예배하고 순종하며 살아가는 것이다. 우리가 이런 일을 합당하게 준행하고 오직 한 분이신 참 하나님을 경배하고 우리 마음이 제멋대로 상상해 낸 거짓

것들을 숭배하지 않도록 하기 위하여 성경은 앞서 말한 대로 하나님은 한 분이시며 성부, 성자, 성령 삼위 하나님이시라고 선언한다.[30]

오늘날 삼위일체 교리는 신앙이 성숙하고 성장했을 때 배워야 할 교리로 분류하는 사람들이 있다. 하지만 청교도들은 정반대로 생각했다. 청교도들은 구원에 이르는 믿음을 갖는 과정에서 삼위일체 교리를 반드시 배워야 하고 그 교리에 대한 이해와 믿음을 반드시 갖추어야 구원에 이를 수 있다고 주장했다. 제임스 피셔(James Fisher, 1697-1775)는 청교도들의 이런 입장을 다음과 같이 대변해 준다.

삼위 하나님에 대한 지식과 믿음이 없으면 우리는 우리의 구속을 값 주고 사시고 그것을 우리에게 적용시켜 주시는 성부 하나님의 사랑에 대해서, 성자 하나님의 공로에 대해서, 성령 하나님의 거룩하게 하시는 능력에 대해서 무지할 것이기 때문이다. 그러므로 삼위 하나님에 대한 지식과 믿음이 없으면 결코 구원받을 수 없다. 요한복음 17장 3절에 이렇게 기록되어 있다. "영생은 곧 유일하신 참 하나님과 그의 보내신 자 예수 그리스도를 아는 것이니이다."[31]

청교도들은 삼위일체 교리에 대한 깊은 이해와 확고한 믿음이 없으면 훌륭한 그리스도인이 될 수도 없고 훌륭한 신앙의 삶을 살 수도 없다고 굳게 믿었다. 우리가 신앙하는 대상은 하나님이시므로 하나님의 본질인 삼위일체를 깊이 이해하고 확고하게 믿을수록, 신앙과 신앙적인 실천이 더욱 순수해지고 풍성해지며 강력해진다고 믿은 것이다. 토머스 왓슨과 토머스 보스턴의 말을 각각 들어 보자.

삼위일체에 대한 견고한 믿음이 없는 사람은 결코 좋은 그리스도인이 될 수 없다. 예를 들어 보자. 그리스도의 이름을 의지하지 않고 성령의 도우심을 힘입지 않는 사람이 어떻게 성부 하나님께 기도할 수 있는가? 성부 하나님께 제대로 기도할 수 없는 사람이 어찌 좋은 그리스도인이 될 수 있겠는가?[32]

삼위일체라는 이 신비는 기독교 신앙의 모든 것과 엮여 있기 때문에 삼위일체가 없으면 참된 믿음, 올바른 예배와 순종이라는 것은 결코 존재할 수 없다. 이 교리를 제거하면 믿음과 예배와 순종의 대상이 달라져 버리기 때문이다. 성경은 우리의 믿음과 예배와 순종의 대상이 누구인지 명확하게 밝히고 있는데 그것은 삼위일체 하나님이시다. 성경은 이런 하나님 외에 다른 하나님을 알지 못한다.[33]

| 삼위일체 교리에 접근하는 방식 |

청교도들은 삼위일체 교리를 접근할 때 하나님의 본질과 존재를 이해하는 차원으로만 접근하지 않았다. 삼위일체 하나님이 어떻게 각각, 그러나 함께 우리의 구원을 위해 사역하셨는지를 깊이 이해하려고 애썼다. 쉽게 말하자면, 청교도들은 한 분 하나님이 어떻게 세 위격으로 계시면서

어떻게 한 분이실 수 있는지를 이해하려고 애쓰지 않고(그것은 단순한 마음으로 믿고), 오히려 성부 하나님, 성자 하나님, 성령 하나님이 각각, 그러나 함께 우리를 위한 구원 사역을 이루셨고 또한 어떻게 우리와 교제를 나누시는지를 이해하려고 애썼다. 리처드 백스터와 토머스 굿윈의 말을 순서대로 들어 보자.

> 우리가 반드시 이해하고 믿어야 할 것은 우리와 관계가 있고 우리 안에서 역사하며 그 역사를 통해서 알려지는 삼위일체이다. 즉 우리의 창조자, 우리의 구속자, 그리고 우리의 성화자로서의 삼위일체이다.[34]

> 복음의 중요한 목적은 사람들을 이끌어 구원에 이르게 하고 삼위 하나님 안에 공통적으로 존재하는 은혜의 부요함을 높이는 것일 뿐 아니라 사람들로 하여금 삼위 하나님께서 각각 우리의 구원에 어떤 관련을 맺고 계시는지를 알게 하는 것이다.[35]

먼저, 청교도들은 성부 하나님, 성자 하나님, 성령 하나님 각각이 구속 사역 가운데서 행하는 독특한 사역과 사랑을 자세히 알리고 애썼고 모든 신자들에게 각각의 위격에 대하여 합당한 방식으로 사랑과 순종 등 영적인 반응을 반드시 보여야 한다고 가르쳤다. 토머스 굿윈의 말이다.

> 우리는 삼위 하나님 한 분 한 분이 우리에게 행하시는 특별한 긍휼과 사역을 묵상해야 하고 한 분 한 분에게 합당한 사랑과 순종으로 반응을 보

여야만 한다.[36]

청교도들은 그리스도인의 신앙에서 이것보다 더 중요한 것이 없다고 보았다. 왜냐하면 신앙의 대상이신 하나님이 서로 구별되는 성부, 성자, 성령 하나님으로 존재하시기 때문이다. 하나님께서 이런 방식으로 존재하시고 사역하신다면, 우리가 삼위 하나님을 각각 알고 또 각 위격에 합당한 방식으로 영적 반응을 보이는 것이 참된 신앙 아니겠는가!

동시에 청교도들은 죄인의 구원 사역 속에 나타난 삼위 하나님을 자세히 살펴볼 때 성부 하나님, 성자 하나님, 성령 하나님이 구원 사역 속에서 서로 연합되어 있고 사역도 함께 하신다는 점도 강조하였다. 구원 사역에 있어서 삼위 하나님 사이에 존재하는 감미로운 연합에 대해서 토머스 굿윈은 네 가지 연합으로 세분하여 설명하였다. 굿윈에 따르면, 우리의 구원 사역에서 세 위격은 네 번에 걸쳐서 위대한 연합을 이루게 된다. 첫 번째 연합은 영원 전에 이루어진 우리의 선택에 있어서다. 두 번째 연합은 그리스도의 구속 사역에 있어서다. 세 번째 연합은 우리를 참된 믿음으로 불러 주시는 일에 있어서다. 마지막 네번째 연합은 삼위일체 하나님께서 만유 안에서 영원토록 만유가 되시는 천국에서의 연합이다.

청교도들은 성부, 성자, 성령 하나님께서 감미로운 연합 가운데 우리를 함께 사랑하시고 함께 구원해 주셨다는 사실을 믿을 때 신자들의 마음에 큰 위로와 확신이 깃들 수 있다고 믿었다. 사실, 우리는 성부 하나님의 사랑이나 그리스도의 은혜나 성령의 교통하심 가운데 어느 한 가지도 받을 만한 자격이 없는 사람들이다. 그런데 성경은 이 세 가지가 모두 우리의 것이라고 선언한다. 그러니 어떤 신자든 이것을 믿으면 삼위일체 하나님을 어찌 사랑하지 않을 수 있겠는가! 자신이 얻은 구원의 안전함과 확실함을 어찌 깨닫지 못할 수 있겠는가! 그래서 청교도들은 신앙을 바르게 세우려는 신자가 이것을 알고 믿는 것이 매우 중요하다고 보았다. 토머스 맨톤(Thomas Manton, 1620-1677)은 고린도후서 13장 13절을 설명하면서 이렇게 외쳤다.

우리에게는 우리를 사랑해 주시는 하나님이 계시고, 우리를 구속해 주시는 그리스도가 계시며, 모든 구원을 우리 영혼에 적용시켜 주시는 성령님이 계신다. 은혜, 사랑, 교통! 선택, 공로, 실제 은혜! 이것은 얼마나 놀라운 세 배의 축복인가! 이것은 우리가 믿어야 할 신비일 뿐만 아니라 실제로 경험할 수 있는 은혜이다.[37]

이렇게 삼위일체의 연합의 관점에서 구원 사역을 바라봄으로써 청교도들은 삼위 하나님 모두를 신앙의 대상으로 경배하고 사랑하고 교통하며 섬겨야 할 당위성을 강조하였다. 리처드 십스(Richard Sibbes, 1577-1635)는 이렇게 말하였다.

삼위일체 가운데 어느 한 위격을 생각할 때마다 우리는 다른 두 위격을 제외시키지 말아야 한다. 오히려 모든 위격을 늘 함께 생각해야 한다. 이렇게 묵상하는 것은 우리에게 큰 위로가 된다. 왜냐하면 구원이라는 위대한 사역 속에서 세 위격은 한 분도 예외 없이 감미로운 연합을 이루기 때

문이다.[38]

어느 누가 이 말에 이의를 제기하겠는가! 삼위 하나님의 연합을 통한 구원을 경험한 사람이라면, 아무도 그렇게 하지 못할 것이다. 이와 관련하여 사무엘 러더퍼드(Samuel Rutherford, 1600-1661)는 참으로 아름다운 고백을 남겼다.

> 내가 삼위 하나님 가운데 어떤 위격을 제일 사랑하는지 나는 알지 못한다. 그러나 내가 아는 것이 있다. 내가 삼위 하나님 한 분 한 분을 모두 사랑한다는 것이요, 내가 삼위 하나님 한 분 한 분을 필요로 한다는 사실이다.[39]

이러한 연합의 관점에서 삼위 하나님께서 우리 같은 죄인을 구원하시기 위하여 공동으로 사역하신 일을 생각할 때, 우리의 마음은 삼위 하나님 모두에 대하여 뜨거운 감사로 충만해지고 우리가 받은 구원의 선물이 얼마나 복되고 안전한지를 알게 되므로 춤추듯 기뻐하게 되며 우리의 모든 것을 다 드려 하나님을 섬기고자 하는 각오를 확고히 세우게 된다. 또 독특함의 관점에서 성부, 성자, 성령 하나님께서 각각 행하신 일을 보면서 우리는 각각의 위격에 어떻게 영적으로 반응을 해야 하는지 구체적으로 알게 되므로 우리의 신앙의 삶은 깊이를 더하게 된다. 이런 점에서 청교도들에게 있어 삼위일체의 교리는 그저 단순한 교리가 아니었다. 그것은 신앙의 불이 활활 타오를 수 있도록 불을 지펴 주는 연료와 같았다.

| 그리스도 중심적인 신앙 |

놀랍게도 청교도들은 삼위일체적 하나님에 대한 신앙을 강조하면서도 동시에 제2위격인 예수 그리스도를 특별히 강조하였다. 한 가지 단적인 예를 보자. 존 오웬은 성부, 성자, 성령 하나님과의 교제에 관하여 책을 썼는데 이 책은 청교도들의 삼위일체적 신앙을 엿볼 수 있는 가장 대표적인 책이다. 그런데 이 책에서 오웬은 제2위격인 그리스도와의 교통에 제일 많은 분량을 할애하였다. 삼위일체 하나님을 향한 신앙을 강조하는 책을 쓰면서도 제2위격인 예수 그리스도를 설명하는 데 가장 많은 비중을 둔 것이다. 하지만 이것은 오웬만의 관점이 아니었다. 대부분의 청교도들이 오웬과 동일한 관점을 가지고 있었다. 존 플라벨은 그 이유를 다음과 같이 제시하였다.

> 첫째, 예수 그리스도를 아는 지식은 모든 성경의 핵심이요 골자이다. 또 그것은 하나님의 모든 계시의 목적이요 중심이다. 그래서 신구약 성경은 그리스도 안에서 서로 만난다. 둘째, 예수 그리스도를 아는 지식은 가장 근본적인 지식이다. 건물의 기초는 보이지 않지만 건물을 지탱해 주는 가장 큰 힘이 되는데, 그리스도를 아는 지식도 그러하다. 그리스도를 아는 지식은 모든 은혜와 모든 의무 이행과 모든 위로와 행복에 토대가 된다.[40]

얼핏 보면, 청교도들이 예수 그리스도를 특별히 강조한 것은 삼위 하나님 모두가 신앙의 대상이라는 청교도들의 확신과 충돌하는 것처럼 보

인다. 그러나 청교도들이 볼 때 이 두 가지는 결코 모순이 아니었다. 청교
도들이 볼 때, 이 두 가지는 기독교 신앙을 떠받치는 핵심 기둥이었다. 토
머스 맨톤은 이렇게 말하였다.

> 기독교 신앙에는 두 가지 큰 신비가 있다. 한 가지는 삼위일체의 교리이
> 고 다른 한 가지는 하나님의 아들의 중보이다.[41]

두 개의 건물을 함께 받쳐 줌으로써 그 건물을 튼튼하고 안전하게 세
우는 것처럼, 삼위일체 교리를 강조하면서도 예수 그리스에게 특별히 집
중하는 일은 기독교 신앙을 더 튼튼하고 안전하게 만드는 것이었다. 이런
점에서 청교도들의 그리스도 중심적 신앙은 삼위일체적 신앙에서의 이탈
이 결코 아니었다.

| 십자가 중심성 |

한 걸음 더 나아가, 청교도들은 그리스도의 십자가에 집중하였다. 청
교도들에게 있어서 그리스도의 십자가는 구원의 길일 뿐 아니라 신앙의
삶에 생명을 불어넣어 주는 도구였다. 청교도들은 우리 안에 내주하는 죄
들을 죽이고 거룩하신 하나님 앞에서 거룩한 삶을 살아가도록 만드는 가
장 큰 영적인 힘이 그리스도의 십자가에서 온다고 믿었다. 청교도들의 이
런 확신을 가장 잘 표현한 사람은 존 오웬이었다. 오웬은 이렇게 말했다.

우리 안에 있는 죄를 죽이는 일에 있어서 우리가 그리스도를 닮을 수 있도록 만들어 주는 힘은 그리스도의 죽으심에서 비롯된다. 우리가 그리스도의 죽으심을 합당한 방식과 믿음으로 받아들일 때 그런 능력을 그리스도의 십자가에서 공급받게 된다.[42]

토머스 브룩스는 오웬이 말한 내용을 좀 더 자세하게, 그리고 구체적으로 말하였는데, 그의 말도 들어 보자.

고난받으시는 그리스도 안에는 우리를 완전하게 채워 줄 수 있고 만족시켜 줄 수 있는 충분한 것이 있다. 그리스도 안에는 가장 큰 가치와 부요함이 있다. 생각해 보라. 여러 개의 은 조각들이 많은 가치를 가지고 있다 할지라도 금 한 조각이면 그 가치가 나온다. 마찬가지로 피조물들 속에도 탁월함이 많이 있지만, 그것들은 모두 사소한 것들이며 피 흘리시며 죽어 가시는 그리스도 한 분 안에서 발견되는 것들이다. 하늘과 땅에 퍼져 있는 하나님의 모든 속성들은 십자가에서 고난받으신 그리스도 안에 집약되어 있다. … 하나님의 백성들이 이 땅에서 겪는 모든 고난과 모든 궁핍과 모든 가난, 모든 곤경과 모든 필요에 딱 들어맞는 것이 십자가에 못 박혀 죽으신 그리스도 예수 안에 있다. 예수 그리스도는 그들을 배부르게 할 떡이요, 그들을 가려 주고 치장해 주는 옷이요, 그들을 고쳐 주는 의사요, 그들에게 지혜를 주는 조언자요, 그들을 보호해 주는 선장이요, 그들을 다스리는 왕이요, 그들을 가르치는 선지자요, 그들을 위해 속죄하는 제사장이요, 그들을 보호하는 남편이요, 그들을 돌보는 아버지요, 어려울 때 힘이 되는 형제요, 그들을 지탱해 주는 힘이요, 그들을 이끌어 주는 머리요, 그들을 부요케 하는 보물이요, 그들에게 빛을 비춰 주는 태양이며, 그들을 깨끗이 씻어 주는 샘이다. 그러므로 이런 그리스도 말고 그리스도인이 달리 무엇을 더 소원할까? 이 땅에서든 영원한 세상에서든 그리스도인을 만족케 하고 구원하고 거룩하게 만들고 행복하게 만드는 데는 십자가에 달리신 그리스도 외에는 달리 소원할 게 없다.[43]

이런 이유 때문에 청교도들은 특별히 그리스도의 십자가 죽으심에 지속적으로 믿음을 행사함으로써 신앙을 형성해야 한다고 강조했다. 존 오웬은 성경적인 신앙을 형성하는 가장 좋은 방법은 믿음을 행사하되 "특별히 그리스도의 죽으심, 피, 그리고 십자가에 믿음을 행사하는 것이다. 다시 말해서 십자가에 못 박히시고 죽임을 당하신 그리스도를 믿는 일이다."[44]라고 분명하게 말하였다. 그래서 청교도 설교자들은 강단에서 십자가에 달려 죽으신 그리스도를 다른 그 어떤 것보다도 더욱 드높였다. 그리고 성도들에게 오직 믿음으로 그리스도를 더 굳게 붙들라고, 그것이 구원의 길일 뿐 아니라 구원 이후에 신앙의 삶을 제대로 능력 있게 살아갈 수 있는 유일한 길이라고 강조했다.

그래서 청교도들은 대속의 십자가와 믿음으로 그리스도를 붙드는 일에 집중하지 않고 오히려 여러 가지 신앙 훈련과 그리스도를 본받는 삶을 통해서 신앙을 형성하려고 애쓰는 사람들을 크게 경계했다. 심지어, 리처드 십스같이 온화하고 부드러운 설교자도 그런 사람들을 일컬어 '이단'이라는 표현을 서슴지 않고 사용했다. 십스의 말을 들어 보자.

그리스도의 삶에서나 죽음에서나, 그리스도를 인내심과 거룩의 모본으로만 보고 또 그런 식으로만 그리스도가 우리에게 유익을 준다고 생각하는 얄팍한 이단들이 있다. 그러나 사랑하는 여러분이여, 절대 그렇지 않다. 우리가 그리스도로부터 받게 되는 가장 중요한 위로는 그리스도의 대속을 통해서 온다. 제일 먼저 은혜가 있어야 하고, 그런 후에 하나님과 맺어진 화합 속에서 평강이 있어야 한다. 버나드(Bernard)는 감미롭게 말하였다. "나는 겸손과 인내심과 자기 부인의 모본으로 그리스도를 진정 따르고 싶다. 또 그리스도께서 나를 사랑하시는 것만큼 나도 그리스도를 사랑하고 싶다. 그러나 그보다 먼저 나는 유월절 희생양을 먹어야 한다. 다시 말해서, 내 죄를 위하여 죽으신 그리스도를 먹는 일이 더 중요하다." 참된 그리스도인이라면 누구나 그리스도의 순종과 겸손과 인내를 본받고 싶어한다. 참된 그리스도인이라면 누구나 자신이 사랑하는 구주를 닮고 싶어한다. 나를 위하여 그렇게 많은 일을 해 주신 주님 외에 내가 달리 누구를 더 본받고 싶어하겠는가? 그러나 내가 그리스도로부터 받는 가장 주된 위로는 주님의 몸을 먹고 주님의 피를 마시는 것을 통해서 온다. 내 영혼은 다른 무엇보다도 그리스도의 죽으심, 곧 내 죄를 대속하시는 그리스도의 죽으심을 통해서 영적인 자양분을 얻고 배부르게 된다.[45]

어떤 사람들은 '청교도'라고 하면 거룩한 삶을 산다고 몸부림치면서 삶의 규칙들을 필요 이상으로 많이 만들어 놓고 그것으로 사람들을 옭아맨 딱딱하고 경직된 율법주의자들을 연상한다. 그러나 실제로 살펴보면 청교도들은 그런 사람들이 아니었다. 청교도들은 인간의 종교적인 모든 노력이 배설물과 같다는 것을 철저히 인식한 사람들이었고, 오직 예수 그리스도의 십자가 앞에 나아가 죄인들을 위하여 죽어 주신 예수 그리스도의 사랑에 눈물을 흘리며 그 사랑에 감복하여 사랑의 노예로 기쁘게 주님을 섬기며 따르는 그리스도인들이었다. 또한 그리스도의 대속으로 말미암아 누리게 된 성부 하나님과의 교제와 성령 하나님과의 신비로운 교제를 목숨처럼 소중히 여기고 삼위일체 하나님과 날마다 인격적이고도 신비로운 교통을 누리는 그리스도인들이었다. 성경적인 신앙을 바르게 형성하길 원한다면, 청교도들이 걸었던 이 길을 따라 걸어야 한다.

그렇다면, 이런 현실에 살고 있는 우리가 신앙을 형성할 때 성경의 가르침과 교회 역사의 교훈을 어떻게 적용할 수 있을까?

| 신앙의 대상을 분명히 하고 확실하게 알라 |

참된 신앙을 형성하고 실천하려면, 제일 먼저 신앙의 대상인 하나님을 정말 바르게, 깊이 있게, 그리고 풍성하게 아는 일에 힘써야 한다. 그리스도인의 신앙이라는 것은 한마디로 하나님 앞에서 영적으로 살아가는 것인데, 하나님을 제대로 알지 못하면 어떻게 올바른 신앙을 형성하고 살아갈 수 있겠는가? 그러므로 성경을 신앙 형성의 유일한 규범으로 삼고 거듭남을 신앙의 수원지로 삼는 것 다음으로 가장 중요한 것은 신앙의 대상이신 하나님을 정말 바르게, 깊이 있게, 그리고 풍성하게 아는 것이다.

그런데 하나님을 알아 간다고 할 때는 반드시 삼위일체 하나님을 아는 것이 되어야 한다. 다시 말해서, 성부 하나님이나 성자 하나님이나 성령 하나님 가운데 어느 한 위격이나 두 위격을 깊이 아는 것으로는 안 된다는 말이다. 그러므로 "내 삶의 최우선적인 목표는 하나님을 알아 가는 것이다."라고 막연하게 생각하거나 말하지 말고, "내 삶의 최우선적인 목표는 삼위일체 하나님, 곧 성부, 성자, 성령 하나님을 모두 알아 가는 것이다."라고 명확하게 생각하고 말해야 한다. 그리고 실제로 우리의 삶 속에서 그렇게 삼위일체 하나님을 알아 가려는 노력을 기울여야 한다.

흔히 삼위일체 하나님을 안다고 하면, 한 분 하나님이 어떻게 세 위격으로 존재하실 수 있고 또 세 위격이 어떻게 한 분이 될 수 있는지, 그 존재의 신비를 아는 것이라고들 생각하는데, 결코 그렇지 않다. 삼위일체 하나님을 아는 것은 거기에서 멈추지 않는다. 삼위일체 하나님을 안다는 것은 세 위격으로 존재하시는 한 분 하나님이 우리의 구원과 구원 이후의 삶에 어떻게 역사하시고 또 얼마나 놀라운 은혜를 베풀어 주시는가를 성경적으로 그리고 체험적으로 아는 것이다. 그러므로 이런 내용으로 삼위일체 하나님을 알아 가는 것이 우리 삶의 최우선적인 목표가 되어야 한다.

삼위일체 하나님을 바르게 알지 못하고 신앙을 형성할 경우, 그 신앙은 연약한 신앙이 될 수밖에 없을 뿐 아니라 잘못된 신앙, 비성경적 신앙이 될 수밖에 없다. 제임스 패커(James I. Packer, 1926-2020)의 경고를 들어 보자.

> 건전한 신앙은 철저하게 삼위일체적일 필요가 있다. 우리는 하나님과 교제를 나눌 때 반드시 삼위 하나님의 세 위격 모두에게, 그리고 각각의 위격이 우리를 죄에서 구원하시고 우리의 파괴된 인간성을 회복시키고, 마

침내 우리를 하나님의 영광으로 인도하는 데 있어서 감당하시는 각 부분에 대해서 합당하게 반응하는 법을 알아야 한다. 가령, 우리가 성자 하나님을 무시한다고 하자. 성자 하나님의 중보, 대속의 피, 하늘에서 우리를 위해 간구하시는 일에 집중하지 못한다고 하자. 이러면 우리는 타락한 인간이 본능적으로 좋아하는 율법주의에 빠지게 될 것이고 인간의 행위를 가지고 무엇을 해 보려고 하는 지루한 종교에 빠지게 될 것이다. (중략) 가령, 우리가 성령 하나님을 무시한다고 생각해 보자. 성령 하나님께서 창조해 내시는 그리스도와의 교제, 성령 하나님께서 만들어 내시는 본성의 갱신, 성령 하나님께서 불러 일으켜 주시는 확신과 기쁨 등에 집중하지 않는다고 생각해 보자. 이러면 우리는 메마른 정통이나 껍데기뿐인 형식주의에 빠지게 될 것이다. 아무것도 기대하지 않고 관습에 깊이 빠져서 똑같은 일을 반복하다가 결국에는 아무런 생명력도 유지하지 못하고 마치 무덤처럼 되어 버리는 신앙생활로 전락하게 될 것이다. (중략) 이번에는 성부 하나님을 무시한다고 생각해 보자. 성부 하나님께서 명하시는 일들과 성부 하나님께서 부과해 주시는 훈련들에 집중하지 않는다고 생각해 보자. 이러면 우리는 하나님의 교회 안에서 지나치게 감상적이고 뭔가 중심이 없고 제멋대로이며 불안정하고 게으르고 버릇없는 어린아이처럼 되고 말 것이다.[46]

| 주기적으로 자가 점검을 하자 |

우리가 과연 삼위일체 하나님을 얼마나 알고 있으며, 우리의 신앙이

삼위일체 하나님을 아는 지식에 어느 정도 뿌리를 내리고 있는지 주기적으로 점검하자. 우리는 길을 잃고 헤맬 때가 많다. 한때는 바른 길을 걷던 사람도 그 길에서 벗어나 딴 길로 가기도 한다. 오늘날처럼 신앙의 외풍이 심한 시대에서는 우리도 모르는 사이에 곁길로 새기가 쉽다. 그러므로 주기적으로 우리 자신의 신앙을 점검하는 일이 필요하다. 1년에 한 번이든 6개월에 한 번이든 3개월에 한 번이든 좋다. 주기적으로 우리가 삼위일체 하나님에 관하여 성경적인 지식과 체험적인 지식을 얼마나 가지고 있는지 진지하게 점검해 보자. 우리가 삼위 하나님의 각 위격을 얼마나 알고 얼마나 사랑하며 얼마나 의지하는지 진지하게 점검해 보자. 다음과 같은 몇 가지 질문을 검사 용도로 사용해도 좋을 것이다.

① 나는 하나님께서 오직 한 분이시지만 세 위격으로 존재하신다는 사실을 믿는가?

② 나는 성부 하나님께서 나의 구원과 구원 이후의 삶에 어떻게 역사하고 계시는지, 또 얼마나 많은 은혜를 베풀어 주시는지 자세히 알고 있는가?

③ 나는 성자 하나님께서 나의 구원과 구원 이후의 삶에 어떻게 역사하고 계시는지, 또 얼마나 많은 은혜를 베풀어 주시는지 자세히 알고 있는가?

④ 성령 하나님께서 나의 구원과 구원 이후의 삶에 어떻게 역사하고 계시는지, 또 얼마나 많은 은혜를 베풀어 주시는지 자세히 알고 있는가?

⑤ 이런 지식이 종합적으로 내게 성부, 성자, 성령 하나님 한 분 한 분에 대한 진실하고 깊은 사랑과 감사와 경외의 심정을 새겨 주었는가?

⑥ 나는 항상 삼위 하나님의 임재 앞에 살며 무엇을 하든 어디에 있든 성부, 성자, 성령 하나님을 각각 의식하며 한 분 한 분에게 반응하며 살아가는가?

⑦ 나는 성부, 성자, 성령 하나님 한 분 한 분에게 어떻게 반응하며 순종해야 하는지를 바르게 알고 행하는가?

| 그리스도와 그의 십자가를 중심에 놓자 |

삼위 하나님 한 분 한 분과 끊임없이 깊이 있게 교통하면서 동시에 제 2위격이신 예수 그리스도, 특별히 십자가에 달려 죽으시는 예수 그리스도에게 집중하자. 사도 바울은 "내가 너희 중에서 예수 그리스도와 그가 십자가에 못 박히신 것 외에는 아무것도 알지 아니하기로 작정하였음이라"(고전 2:2)라고 외치며 살았다. 우리도 다음과 같이 외치면서 살자. "나는 내 신앙생활 속에서 예수 그리스도와 그가 십자가에 못 박히신 것 외에는 아무것도 알지 아니하기로 작정하였다." 물론 우리는 성부, 성자, 성령 삼위 하나님 한 분 한 분을 모두 소중하게 여기고 의지하고 교제해야 한다. 하지만 특별히 십자가에 달리신 예수 그리스도에게 더 주목해야 한다. 성부 하나님과 성령 하나님이 우리가 그렇게 하기를 원하시기 때문이고, 예수 그리스도를 깊이 알고 그 은혜를 풍성히 경험할수록 성부 하나님과의 교통도, 성령 하나님과의 교통도 풍성해지기 때문이다.

노사도 베드로가 유언처럼 남긴 말, "오직 우리 주 곧 구주 예수 그리스도의 은혜와 그를 아는 지식에서 자라 가라"(벧후 3:18)라는 말은 괜히 나온 말이 아니다. 우리의 지나온 신앙생활의 궤적을 보라. 언제 우리의 마음은 죄를 가장 깊이 회개하였던가? 언제 우리의 마음은 세상이 소중히 여기는 모든 것들을 배설물처럼 여기게 되었던가? 언제 우리의 마음은 거룩한 삶을 살고자 하는 열망으로 가득 찼던가? 언제 우리는 성부 하나님을 향하여 가장 뜨거운 감사의 마음을 품게 되었던가? 언제 우리의 마음은 그리스도를 닮고 싶은 순수한 열망으로 가장 뜨거워졌던가? 언제 우리는 성령의 도우심과 능력이 절대적으로 필요하다는 것을 절박하게 느끼게 되었던가? 언제 우리의 마음과 삶에 성령의 열매가 가장 풍성하게 열매를 맺었던가?

십자가에 달려 죽으신 예수 그리스도의 사랑을 바라보며 우리의 눈이 눈물로 젖어 있던 바로 그때, 영원히 죽어야 마땅한 죄인인 우리를 위하여 죄 없는 하나님의 아들 예수 그리스도께서 십자가에서 피 흘리며 죽어가시는 그 모습을 믿음의 눈으로 바라보았을 바로 그때였다. 그때처럼 순수하게 죄를 회개하고, 그때처럼 순수하게 믿음으로 예수 그리스도를 붙들고, 또 그때처럼 순수하게 예수님을 따라 살기로 결심한 적이 없었다. 그 눈물이 마르지 않고 그때 느꼈던 사랑의 온기가 마음에 뜨겁게 남아 있는 동안에는, 별 다른 외부 자극이 없어도 바울이 십자가에서 느끼게 된 "그리스도의 사랑이 우리를 강권하시는도다"(고후 5:14)라고 고백한 것처럼, 십자가의 사랑이 우리로 하여금 그리스도를 위하여 살지 않으면 견딜 수 없도록 강력한 힘으로 작용했다.

아, 십자가에서 처음 발견하게 된 주님의 사랑의 힘은 얼마나 큰지! 그때는 지금처럼 성경을 많이 알았던 것도 아니고, 지금처럼 기도를 많이 쌓은 것도 아니고, 지금처럼 다양한 신앙 훈련을 수행한 것도 아니었지만, 십자가의 사랑을 뜨겁게 느끼던 그때, 바로 그때 우리는 하나님 앞에서 가장 순수했고 세상 앞에서 가장 담대했으며 죄 앞에서 가장 민감하였다. 그때는 특별한 기도의 방법을 사용하지 않아도 언제든 우리가 주님을 부르면 주님이 바로 옆에 계신 것을 느낄 수 있었고, 그때는 특별한 묵상의 방법을 사용하지 않았어도 우리의 생각은 주님을 향하여 꼬리에 꼬리를 물고 이어졌다. 그렇게 우리가 십자가의 사랑 하나에 포로가 되어 있을 때 우리는 영적으로 가장 튼튼했고 건실했으며 행복했다.

많은 사람들이 구원을 얻기 위해서는 그리스도의 십자가를 뚫어지게 바라보지만, 더 깊은 신앙의 삶을 위해서는 그리스도의 십자가를 단지 곁눈질로만 바라본다. 십자가는 곁눈 질로 바라보면서 뭔가 더 신령한 영적 훈련들을 수행함으로써 더 깊은 신앙으로 들어가려고 몸부림친다. 한때는 자기 스스로 아무것도 할 수 없고 한 발자국도 주님 앞으로 가까이 갈 수 없음을 고백하며 빈 손으로 십자가만 바라보던 많은 사람들이 무슨 영문인지 이제는 특별한 신앙 훈련을 수행함으로써 하나님께 가까이 나아갈 수 있는 것처럼 행동한다. 처음 구원을 얻었던 그때처럼 빈 손으로 그리스도의 십자가 아래 서서 피 흘려 죽어 가시는 그리스도를 바라보며 그에게서 참된 거룩의 동기와 능력이 되는 사랑을 공급받고자 믿음으로 그를 바라보는 사람은 많지 않다. 참으로 안타까운 일이다.

성경은 이렇게 말한다. "보라 하나님의 어린 양이로다"(요 1:36). "땅의 모든 끝이여 내게로 돌이켜 구원을 받으라 나는 하나님이라 다른 이가 없느니라"(사 45:22). "믿음의 주요 또 온전하게 하시는 이인 예수를 바라보자"(히 12:2). 그렇다. 예수 그리스도를 믿음으로 바라보는 것은 구원의 길이요 날마다 우리의 신앙을 회복시키고 강하게 만들어 주는 최고의 비결이다. 그러므로 우리의 신앙이 메말라 있다고 느낄 때, 더 깊은 신앙으로 나아가고 싶지만 발이 땅에 달라붙은 듯한 발자국도 앞으로 나아가지 못할 때, 우리가 주목해서 바라보아야 할 것은 다른 것이 아니다. 우리가 해야 할 일도 다른 일이 아니다. 예수 그리스도, 특별히 십자가에 죽으시는 예수 그리스도에게 집중하는 것이다. 옥타비우스 윈즐로의 말을 들어 보자.

십자가 아래야말로 천국에 가장 가까운 장소요, 천국의 가장 귀한 복들이 유일하게 발견되는 곳이며, 그곳에서 퍼져 나오는 따뜻한 햇볕 아래서 성령의 거룩한 열매들이 무르익는 곳이며, 그곳의 신성한 그늘 아래서 가장 달콤한 휴식을 얻을 수 있는 곳이며, 성령의 직접적인 가르침 아래 있을 때보다도 오히려 십자가 아래 있을 때 믿는 영혼이 그리스도와 가장 친밀한 교제를 누리게 되고 하나님께 더 가까이 나아가게 된다는 것을 확신합니다.[47]

사람의 마음에 하나님을 향한 사랑이라는 불꽃을 활활 타오르게 만들 수 있는 불쏘시개로는 십자가의 제단에서 가져오는 불쏘시개가 최고입니다. 이것 외의 다른 불쏘시개로는 하나님을 향한 사랑의 불을 제대로 지필 수 없기 때문입니다. 사랑하는 여러분, 마음이 뜨거워지기를 바랍니까? 여러분의 마음이 아무리 어둡고 냉랭할지라도 그 마음을 갈보리의 십자가로 가져가십시오. 십자가에서 드러난 하나님의 사랑의 놀라운 광경을 깊이 생각하다 보면 여러분의 마음은 사랑으로 불타오르고 여러분의 입술은 찬양으로 가득 찰 것입니다. 하나님과 그리스도와 다른 성도들을 향한 우리의 사랑은 우리가 얼마나 겟세마네 동산을 자주 걷고 갈보리 언덕에 자주 가는지에 비례합니다. "주께서 너희 마음을 인도하여 하나님의 사랑에 들어가게 하시기를 원하노라"(살후 3:5 참고).[48]

| 신앙을 판단하는 잣대로 삼아라 |

기독교 신앙이라고 불리는 여러 가지 종류의 신앙을 판단할 때, 이것을 중요한 기준으로 삼아라. 성경적인 신앙, 올바른 신앙, 복음적인 신앙은 삼위일체적 신앙이며, 동시에 그리스도 중심적, 십자가 중심적인 신앙이다. 우리는 삼위일체 하나님 모두를 우리에게 강조하지 않고 설명하지 않는 모든 종류의 기독교 신앙을 경계해야 한다. 특별히 예수 그리스도 중심적이지 않고 십자가 중심적이지 않은 모든 종류의 기독교 신앙을 경계해야 한다. 아무리 좋게 보여도 그런 신앙은 성경적인 신앙이 아니며 우리를 결코 올바른 신앙으로 인도하지 않기 때문이다.

앞에서 우리는 삼위일체적 신앙이란 단순히 하나님이 세 위격으로 존재하신다는 것을 인정하는 차원에서 멈추지 않고, 각각의 위격이 우리의 구원과 구원 이후의 삶에 어떻게 역사하시고 어떻게 우리와 교통하시는지를 알아 각각의 위격에 사랑과 경외의 심정으로 반응하는 것이라고 정의한 바 있다. 또한 그리스도 중심적, 십자가 중심적 신앙이란 그리스도께서 죄인들의 구원을 위하여 십자가에서 대속의 죽음을 죽어 주신 그 사랑과 은혜를 무한히 강조하고 그것을 동기와 추진력으로 삼아 그리스도를 사랑하고 섬기는 신앙의 삶을 무한히 강조하는 신앙이라고 정의한 바 있다. 그러므로 이런 구체적인 내용을 충분하게 제공하지 않거나 아예 결여한 채 신앙 훈련의 방법이나 다른 것들을 강조하는 신앙을 주의해야 한다. 왜냐하면 이러한 신앙은 겉으로는 삼위일체, 그리스도, 십자가를 소중하게 여기는 것처럼 보여도, 실제로는 그 구체적인 내용을 결여한 채 시늉만 내는 그릇된 신앙이기 때문이다.

체크 리스트

1. 나는 삼위일체 하나님이 신앙의 대상임을 믿는가?
   ① ② ③ ④ ⑤ ⑥ ⑦ ⑧ ⑨ ⑩

2. 나는 성부, 성자, 성령 하나님을 각각 우리의 구원을 위해 어떤 일을 감당하셨고 어떤 은혜를 우리에게 주시는지 잘 아는가?
   ① ② ③ ④ ⑤ ⑥ ⑦ ⑧ ⑨ ⑩

3. 나는 성부, 성자, 성령 하나님이 우리의 구원을 위해 어떻게 함께 일하셨고 어떤 은혜를 함께 주시는지 잘 아는가?
   ① ② ③ ④ ⑤ ⑥ ⑦ ⑧ ⑨ ⑩

4. 나는 성부, 성자, 성령 하나님과 교제하는 삶에 관하여 잘 아는가?
   ① ② ③ ④ ⑤ ⑥ ⑦ ⑧ ⑨ ⑩

5. 나는 성부, 성자, 성령 하나님을 동시에 교제하는 삶의 행복과 유익을 경험하고 성부, 성자, 성령 하나님을 기뻐하고 있는가?
   ① ② ③ ④ ⑤ ⑥ ⑦ ⑧ ⑨ ⑩

6. 나는 그리스도와 그의 십자가를 내 신앙의 중심에 놓고 있는가?
   ① ② ③ ④ ⑤ ⑥ ⑦ ⑧ ⑨ ⑩

7. 나는 그리스도를 바라보고 그의 십자가를 바라보면서 영적으로 회복되고 새로워지고 강건해지는 것을 경험하고 있는가?
   ① ② ③ ④ ⑤ ⑥ ⑦ ⑧ ⑨ ⑩

내 신앙의 발전 기록

1차 점검		일자	년 월 일
5점 이하 항목 번호			
6점 이상 항목 번호			
종합 평가			
개선점			

2차 점검		일자	년 월 일
5점 이하 항목 번호			
6점 이상 항목 번호			
종합 평가			
개선점			

독서 모임을 위한 토론 주제

주제 1. 디도서 3장 4~6절, 교회에서 세례를 베풀 때 사용하는 성경 구절, 예배 끝에 강복 선언할 때 사용하는 성경 구절을 읽고 우리의 구원과 구원 이후의 삶이 성부, 성자, 성령, 삼위일체 하나님과 어떤 관계에 있는지를 토론해 보자.

주제 2. 위의 구절들 외에도 성경이 우리의 구원과 구원 이후의 삶을 성부, 성자, 성령, 삼위일체 하나님과 연결시키는 다른 성경 구절들을 찾아보자.

주제 3. 청교도들이 신앙을 세우고 발전시키기 위해 신앙의 대상인 삼위일체 하나님을 알고 믿는 것을 강조하면서도 그리스도 중심적인 신앙을 세우려고 애쓴 모습을 볼 때, 특별히 개인적으로 배우거나 도전받거나 감명받은 것이 있다면 말해 보자.

주제 4. 청교도들이 신앙을 세우고 발전시키기 위해 삼위일체적이면서도 그리스도 중심적이려고 애쓴 모습을 보면서, 오늘날 우리 교회가 배워야 할 점이 있다면 무엇인지 말해 보자.

주제 5. 삼위일체 하나님 모두를 대상으로 하지 않는 신앙이 나중에 어떻게 왜곡되고 어떤 문제를 만들어 내는지 토론해 보자.

성부 하나님을 소홀히 하는 신앙	
성자 하나님을 소홀히 하는 신앙	
성령 하나님을 소홀히 하는 신앙	

주제 6. 저자가 제시한 네 가지 적용을 읽으면서 개인적으로 '이것만큼은 꼭 내 삶에 적용해야겠다.'라고 생각한 것이 있다면 무엇인지 말해 보자.

주제 7. 저자가 제시한 적용 외에 우리가 적용할 필요가 있거나 적용하면 좋을 것이 있는지 생각해 보고 말해 보자.

BASIC 4

솔로 행진
Solo Progress

| **매일 홀로 행하는 경건의 삶이 영혼을 튼튼하게 한다** |

성경은 삼위일체 하나님과 우리의 관계를 설명할 때 여러 비유를 사용한다. 목자와 양의 관계, 신랑과 신부의 관계, 주인과 종의 관계, 나무와 가지의 관계, 머리와 몸의 관계 등이다. 그중에서 참된 신앙 형성과 관련하여 우리가 중요하게 생각해야 할 두 가지 비유가 있다. 포도나무와 가지의 비유와 목지와 양의 비유다. 왜 이 두 가지 비유가 특별히 중요한 것일까? 이 두 가지 비유는 동전의 양면처럼 신앙을 형성하는 일에 있어서 우리가 꼭 함께 가지고 있어야 하는 두 가지 태도를 잘 가르쳐 준다.

먼저, 포도나무와 가지의 비유를 보자. 요한복음 15장 5절에서 예수님께서는 자기 자신을 포도나무에, 우리를 가지에 비유하셨다. "나는 포도나무요 너희는 가지라 그가 내 안에, 내가 그 안에 거하면 사람이 열매를 많이 맺나니 나를 떠나서는 너희가 아무것도 할 수 없음이라." 나뭇가지에는 예쁜 꽃도 피고 맛난 열매도 맺지만 사실 그 모든 일은 나뭇가지가 스스로 하는 일이 아니다. 나뭇가지를 나무에서 잘라내 보라. 나뭇가지는 금세 말라 비틀어질 것이다. 그렇다면, 그런 나뭇가지가 예쁜 꽃들을 만발하고 맛난 열매를 주렁주렁 맺을 수 있는 힘은 어디서 온 것일까? 나무다. 나무가 뿌리로부터 양분을 끌어올려 수액을 통하여 나뭇가지에 생명력을 공급했기 때문이다.

성경은 우리 주님과 우리의 관계가 마치 이와 같다고 가르친다. 예수님은 신앙에 필요한 모든 생명력을 공급해 주는 나무와 같고, 우리는 혼자서는 자기 몸도 가눌 수 없는 가지에 불과하다. 그런데 나무이신 주님께서 우리에게 자신의 생명을 끊임없이 공급해 주시기 때문에 그 생명이 우리 안에서 신앙을 형성하고 신앙의 열매를 맺는 것이다. 그러므로 이 비유를 통해서 성경이 우리에게 가르쳐 주는 교훈은 신앙 형성과 관련하여 우리가 스스로 할 수 있는 일이 하나도 없으니 온전히 주님만 의지하라는 것이다.

내 안에 거하라 나도 너희 안에 거하리라 가지가 포도나무에 붙어 있지 아니하면 스스로 열매를 맺을 수 없음 같이 너희도 내 안에 있지 아니하면 그러하리라 _요 15:4

이번에는 목자와 양의 비유를 보자. 요한복음 10장에서 예수님은 이렇게 말씀하셨다. "나는 선한 목자라 선한 목자는 양들을 위하여 목숨을 버리거니와"(11절). 우리가 아는 것처럼 양은 어리석고 눈이 어둡고 힘도 약해서 스스로 먹을 것을 찾을 수도 없고 늑대와 이리로부터 자신을 지킬 수 없다. 양은 거의 모든 것을 목자에게 의존한다. 양이 목자를 떠나서 자기 스스로 무엇을 해 보겠다고 나설 경우, 그 양은 길 잃은 양이 될 것이며 늑대나 이리의 먹이가 될 것이다. 이런 점에서 예수님께서 우리를 양으로 비유하셨을 때, 예수님께서 가르치시는 내용은 확실하다. 우리가 스스로 할 수 있는 일은 하나도 없다는 것을 다시 한번 알려 주시는 것이다.

그런데 이 비유에서 예수님은 포도나무와 가지의 비유에서는 볼 수 없었던 교훈을 가르쳐 주신다. 신자로서 우리가 마땅히 해야 할 일이 있다는 것이다. 목자가 어떻게 양을 돌보는지 생각해 보자. 목자는 양을 돌보지만 양에게 먹을 것을 떠먹여 주지는 않는다. 목자가 꼴이 있는 곳으로 양 떼를 이끌면 양이 목자를 따라가서 꼴을 먹어야 한다. 또 목자는 양을 인도하지만 양의 목에 끈을 매고 질질 끌고 가지 않는다. 양이 목자의 음성에 귀를 기울여 가면서 제 발로 목자를 따라가야 한다. 이렇듯 양에게는 적극적으로 해야 할 일이 있다. 목자와 양의 비유를 통해서 예수님께서는 이것을 가르쳐 주신다.

| 우리가 기본적으로 해야 할 일 |

그렇다면, 그리스도를 따르는 한 마리의 양으로서 우리가 신앙을 형성하고 유지하며 성장시키기 위해 개인적으로 해야 할 일은 무엇일까? 특별한 위기의 순간뿐 아니라 평범한 일상 생활 속에서 우리가 신앙을 위하여 기본적으로 해야 할 일은 무엇일까? 성경은 크게 세 가지를 말한다

첫 번째 일은 성경을 읽고 연구하는 것이다. "갓난아기들같이 순전하고 신령한 젖을 사모하라 이는 그로 말미암아 너희로 구원에 이르도록 자

라게 하려 함이라"(벧전 2:2). 갓난아이가 날마다 시간마다 엄마의 젖가슴에서 나오는 젖을 사모하며 젖을 빠는 것처럼, 모든 그리스도인도 갓난아이들처럼 하나님의 신령한 말씀을 사모하며 그 말씀을 읽고 연구해야 한다는 말이다. 갓난아이가 아무리 튼튼하게 태어났어도 엄마의 젖을 매일 먹지 않으면 결코 건강하게 자랄 수 없는 것처럼 날마다 말씀을 읽고 연구하는 일이 없이는 신앙 형성이나 영적 성장은 불가능하다.

두 번째 일은 묵상하는 것이다. 성경은 우리가 성경을 읽어야 하는 것은 물론이고 읽은 내용을 깊이 묵상하는 것이 필요하다는 것을 가르친다. 하나님은 여호수아에게 이렇게 명하셨다. "이 율법책을 네 입에서 떠나지 말게 하며 주야로 그것을 묵상하여 그 안에 기록된 대로 다 지켜 행하라 그리하면 네 길이 평탄하게 될 것이며 네가 형통하리라"(수 1:8). 다시 말해서, 하나님의 말씀을 읽는 일에 묵상하는 일이 함께 있어야 할 것을 말씀하신 것이다. "오직 그 말씀이 네게 매우 가까워서 네 입에 있으며 네 마음에 있은즉 네가 이를 행할 수 있느니라"(신 30:14). 단순히 말씀을 읽고 연구하는 정도가 아니라 그 말씀을 묵상할 때 거기에 기록된 대로 다 지켜 행할 수 있는 준비가 된다고 말씀하신 것이다. 그러므로 묵상은 우리의 신앙 형성과 실천을 위해서 성경 읽기와 함께 우리가 반드시 행해야 하는 기본적인 의무라고 할 수 있다.

세 번째 일은 기도하는 것이다. 성경은 쉬지 말고 기도하라고 말한다. 기도하지 않아도 되는 시간은 없다고 강조한다. 또 성경은 모든 일에 기도로 하나님께 나아가라고 말한다. 기도하지 않아도 될 영역은 없다고 강조한다. 또 성경은 정신을 차리고 깨어 있어서 기도하라고 말한다. 기도

할 때 우리의 모든 존재가 깨어서 기도해야 한다고 강조한다. 또 성경은 기도 외에는 아무런 능력도 발휘할 수 없다고 말한다. 하나님의 능력이 우리를 통해서 드러나는 것은 기도를 통해서라고 강조한다. 또 성경은 기도를 통해서 우리를 시험에서 보호할 수 있다고 말한다. 영적인 전쟁에서 우리 자신을 지키는 무기가 기도라고 강조한다.

기도를 계속하고 기도에 감사함으로 깨어 있으라 _골 4:2

사랑하는 자들아 너희는 너희의 지극히 거룩한 믿음 위에 자신을 세우며 성령으로 기도하며 _유 1:20

아무것도 염려하지 말고 다만 모든 일에 기도와 간구로, 너희 구할 것을 감사함으로 하나님께 아뢰라 _빌 4:6

이러므로 너희는 장차 올 이 모든 일을 능히 피하고 인자 앞에 서도록 항상 기도하며 깨어 있으라 하시니라 _눅 21:36

만물의 마지막이 가까이 왔으니 그러므로 너희는 정신을 차리고 근신하여 기도하라 _벧전 4:7

지금까지 살펴본 것처럼, 성경이 그리스도인의 신앙 형성과 실천을 위해 날마다 개인적으로 해야 할 가장 기본적인 일로 강조하는 것은 성경 읽기와 묵상과 기도, 이렇게 세 가지이다. 우리는 이 세 가지를 적극적으로 함으로써 목자이신 그리스도의 사랑과 돌봄을 누리게 되고 또 목자이신 그리스도를 바르게 따를 수 있다. 그러는 가운데 우리의 신앙은 올바르게 자라고 강해질 수 있다.

| 청교도들은 어땠을까? |

17세기 청교도들은 그리스도인의 신앙을 형성하고 유지하는 기본적인 방법으로서 이 세 가지를 무한 강조하였고 철저하게 실천하였다. 청교도들은 우리가 포도나무의 가지처럼 믿음과 순종으로 예수 그리스도에게 붙어 있으면 예수 그리스도에게서 은혜가 흘러와서 열매 맺는 삶이 가능해진다고도 믿었지만, 우리가 양처럼 적극적으로 목자를 따르는 삶을 살아야 한다는 것도 중요하게 여겼다. 청교도들은 이 세 가지를 일컬어 '은혜의 방편'이라고 불렀는데 하나님께서 우리에게 은혜를 베풀어 주시는 방법 또는 통로라는 뜻이다. 청교도들은 하나님께서 다른 방법이 아니라 자신이 택하신 은혜의 방편을 통해서 사람에게 믿음을 심어 주시고, 그 믿음이 자랄 때도 은혜의 방편을 통해서 그 일을 이루신다고 믿었다. 월터 마셜(Walter Marshall, 1628-1680)의 말을 들어 보자.

예수 그리스도에 대한 참되고 살아 있는 믿음만 있으면, 하나님의 은혜를 통하여 우리의 칭의와 성화와 영원한 구원을 위하여 이 세상에서 필요한 만큼 그리스도와 그의 충만함을 얼마든지 받을 수 있다. 그러나 그러한

믿음을 잉태하고 유지하고 성장시킬 수 있도록 하나님께서는 여러 가지 방편을 지정해 주셨다.[49]

하나님께서 지정해 주신 방편은 성경 읽기, 묵상, 그리고 기도이다. 청교도들은 우리가 이 세 가지를 적극적으로 행할 때 성경적인 신앙이 우리 안에 올바르게 형성되고 또한 자란다고 믿었다. 인간 관계를 생각해 보자. 우리가 어떤 사람을 만났는데, 그 사람과 좋은 관계를 맺기 위해서 해야 할 일을 전혀 하지 않는데도 그 사람과 우리 사이에 좋은 관계가 형성되겠는가? 그 사람과 우리가 좋은 관계를 맺게 되었다고 해서, 우리가 그 관계를 위해 해야 할 일을 적극적으로 하지 않는데도 그 관계가 잘 유지되겠는가? 청교도들은 하나님과의 영적인 관계도 마찬가지라고 믿었다. 조지 스윈녹의 말은 의미심장하다.

우리의 신앙생활, 우리에게 있는 하늘의 불꽃은 마치 볏짚으로 지핀 불과 같아서 끊임없이 불을 지펴 주고 연료를 공급해 주지 않으면 금세 꺼지고 만다.[50]

그래서 청교도들은 이 세 가지 신앙 형성의 방법을 매일 사용해야 한다고 믿었다. 우리의 몸이 날마다 기력을 얻고 활동할 수 있기 위해서는 날마다 음식을 섭취하여 필요한 영양분을 얻어야 하듯이, 우리 영혼이 날마다 기력을 얻고 신앙을 형성하며 실천하기 위해서는 날마다 성경 읽기와 묵상, 그리고 기도를 통하여 신령한 힘을 얻어야 한다고 믿었다. 청교도들이 신앙생활 지침서로 사용했던 루이스 베일리(Lewis Bayly)의 *The Practice of Piety*[경건의 실천; 국내에서는 《청교도에게 배우는 경건》(생명의말씀사)으로 출간되었다.]을 보면, 베일리는 모든 신자가 이 세 가지 중요한 신앙의 방법을 최소한 하루에 두 번은 꼭 실천해야 한다고 주장한다.[51]

청교도들에게 있어서 이 세 가지 신앙의 방법은 항상 함께 있어야 하는 세트 메뉴와 같았다. 청교도들은 삼겹줄이 잘 끊어지지 않는 것처럼 이 세 가지 은혜의 방편이 함께 있을 때 그리스도인의 신앙은 튼튼하게 세워지고 잘 흔들리지 않을 수 있다고 믿었다. 그래서 루이스 베일리는 아침 경건과 저녁 경건에 대한 지침을 줄 때 반드시 이 세 가지를 함께 이행하라고 권면한다.

> 믿음이 기도의 영혼인 것처럼, 성경 읽기와 하나님 말씀에 대한 묵상은 기도의 부모들이다. 그러므로 아침에 기도하기 전에 먼저 하나님의 말씀을 한 장 읽고 그다음에는 그 말씀을 가지고 잠시 묵상하도록 하라.[52]

하지만 청교도들은 이 세 가지 은혜의 방편을 중요하게 강조하면서도 예수 그리스도에 대한 순전한 믿음이 더 근본적이며 더 우선적이라는 사실을 놓치지 않고 강조했다. 청교도들이 볼 때, 은혜의 방편은 우리로 하여금 믿음 안에서 예수 그리스도와 더 깊고 풍성한 교통을 나누도록 도와주는 통로에 불과하였다. 이런 이유 때문에 청교도들은 은혜의 방편을 활용함에 있어서 어떤 기술이나 방법보다 예수 그리스도를 신뢰하는 '믿음'

을 가장 중요한 것으로 보았고, 은혜의 방편이 되는 성경 읽기와 묵상과 기도를 무한히 강조하면서도 그것을 우상화하는 일을 늘 경계하였다. 월터 마셜은 의미심장한 말을 남겼다.

우리는 은혜의 방편을 믿음의 삶을 시작하고 유지하고 성장시키는 일에 보조 재료로 사용해야 하며, 믿음에 부수적인 도구로 사용해야 한다. 가장 우선적인 도구는 믿음이다. 믿음을 통하여 우리 영혼은 그리스도를 영접하게 되며 그리스도에 의하여 모든 거룩함 속에서 행하게 된다. (중략) 우리는 은혜의 방편 중에 어느 한 가지라도 우상화시켜서는 안 된다. 교황주의자들이 하는 것처럼 그것들 자체를 신뢰함으로써 그리스도의 자리에 놓아서는 안 된다. 다시 말해서, 그것들 자체가 우리 영혼에 은혜를 끼칠 수 있는 것처럼 행동해서는 안 된다.[53]

| 성경 읽기 |

청교도들에게 있어서 신앙 형성의 방법으로 가장 기초적이면서 가장 중요한 것은 단연코 성경 읽기였다. 하지만 청교도들의 성경 읽기는 단순한 읽기가 아니었다. 청교도들은 모든 신자가 성경을 '연구'해야 한다고 말했다. 마치 광부가 광석을 찾아 땅을 파고 내려가듯 혼신의 힘을 기울여 성경을 읽고 연구해야 한다고 강조했다. 토머스 보스턴의 말을 들어보자.

성경을 단순히 읽지만 말고 깊이 파고 들어 연구하라. 성경에 담긴 하나님의 마음을 알기 위하여 그리고 그것을 당신의 삶 속에서 실천할 수 있도록 성경을 연구하라. 수박 겉핥기식으로 성경을 읽지 말라. 당신의 마음과 삶에 철저히 적용하면서, 혼신의 힘을 다 기울여서, 그리고 부지런히 읽어라. 가능한 모든 방법을 다 동원하여 성경을 읽고 거기에 기록된 뜻을 이해하도록 하라. 표피적인 지식에 머물지 말고 깊이 파고 들어 거기에 숨겨진 보화를 찾아내도록 하라.[54]

청교도들은 신앙 형성을 위하여 성경보다 더 좋은 책은 없다고 철저하게 믿었다. 오직 성경만이 하나님의 감동으로 기록되었고 성령께서 그것을 친히 가르치시기 때문이다. 청교도들은 성경에 다음과 같은 별명을 붙였다. '우리 영혼을 비추어 주는 거울', '사탄을 대항하여 싸울 수 있도록 무기를 제공해 주는 영적인 탄약고', '영혼의 질병을 치료해 주는 만병 통치약', '고뇌의 시간에 위로를 주는 최고의 약', '죄의 오염으로부터 영혼을 지켜 주는 거룩한 해독제' 등등. 리처드 백스터는 이렇게 말했다.

성경에는 다른 어떤 책에서보다 하나님의 성령의 더 탁월한 나타남이 있다. 그렇기 때문에 성경은 우리에게 성령의 은혜를 전달해 주고 우리 안에 성경 말씀을 새겨 줌으로써 우리를 더 신령하게 만드는 데 다른 어떤 책보다 더 강력한 힘과 합당함을 가지고 있다. 성경에는 하나님의 흔적이 더 많기 때문에 성경은 우리를 하나님과 더 친밀하게 만들어 주고 우리를 하나님께로 더 가까이 인도해 주며 우리 안에 더 깊은 경외심과 진지함과 신앙심을 심어 준다. 그러므로 다른 어떤 책보다 성경을 마음으로 가장 크게 사랑하며 가장 자주 손에 들고 읽어라.[55]

그렇다면, 청교도들은 하루에 성경을 몇 장이나 읽었을까? 루이스 베일리는 청교도 신앙 훈련의 교과서와 같았던 *The Practice of Piety*(경건의 실천)라는 책에서 모든 성도들에게 매일 세 장씩 성경을 읽을 것을 권면하였다. 최소한 아침에 한 장, 점심에 한 장, 그리고 저녁에 한 장을 읽어야 한다고 권면하였다.

이해력을 가지고서 성경 한 장을 읽고 적용을 하고 묵상하는 것이 의미나 목적도 파악하지 않고서 읽는 것, 또는 읽는 것을 그대 자신에게 전혀 적용시키지 않으면서 다섯 장 대충 훑어 읽는 것보다 그대의 영혼을 더 배부르게 하고 편안하게 해 줄 것이다. 만약 이런 방식으로 그대가 매일 세 장씩- 한 장은 아침에, 한 장은 점심에, 한 장은 저녁에(시편은 한 장이 아니라 하루에 세 장씩)- 읽어 간다면 그대는 일년에 모든 정경(正經)을 여섯 장만 남겨 두고 완독하게 될 것이다. 그 나머지 여섯 장은 그해 제일 마지막 날 읽어야 하는 분량에 끼워서 읽으면 된다. 성경을 차례대로 읽는 것은 그대가 성경의 역사와 목적 두 가지를 다 이해하는 데 더 많은 도움이 될 것이다.[56]

그렇다면, 청교도들은 성경을 어떤 식으로 읽고 연구하였을까? 청교도들은 당장 급한 현실적인 문제에 대한 답을 찾기 위해서 성경을 연구하지 않았다. 또는 윤리적으로 옳고 그른 것을 배워서 선한 인격을 개발하려고 성경을 연구하지도 않았다. 청교도들은 하나님 앞에서 우리의 죄를 발견하는 것과 그럼에도 불구하고 하나님께서 그리스도 안에서 우리에게 은혜를 베푸신다는 복음의 놀라운 소식을 발견하는 것을 성경 연구의 궁극적 목표로 삼았다. 베일리는 이렇게 말하였다.

> 한마디로 말해서, 그대가 성경에서 읽는 모든 것을 다음 두 가지 주제 중 하나에 적용시켜라. 즉 그대의 믿음을 굳건하게 만드는 것과 그대의 회개를 증대시키는 것. 어떤 탁월한 철학자의 삶의 요점이 '인내와 절제'였던 것처럼, '믿음과 회개'는 진정한 그리스도인의 신앙 전체의 요점이다.[57]

마지막으로, 청교도들은 개인적인 성경 연구를 지극히 중요하게 여겼지만, 개인적인 성경 연구가 교회의 공적인 설교를 대신할 수 없다는 점을 분명히 하였다. 헨리 스쿠더(Henry Scudder, 1585-1652)는 *Christian's Daily Walk*(그리스도인의 매일 생활 지침)이라는 신앙생활 지침서를 저술하였는데, 청교도들 사이에서 신앙생활의 교과서로 널리 사랑받았던 이 책에서 스쿠더는 공적인 설교를 등한히 하고 개인적인 성경 연구에 치우치는 사람들을 다음과 같이 강하게 질책하였다.

> 개인적으로 성경을 읽기 위하여, 또는 개인적으로 기도하기 위하여(잠 28:9), 또는 개인적으로 유익하다고 생각되는 다른 의무를 위하여, 또는 공적인 집회에서 선포되는 말씀 듣는 일을 소홀히 하거나 무시할 경우,

그런 성경 읽기나 다른 개인적인 의무에서는 그 어떤 복도 기대할 수 없다. 오히려 저주만 기대할 수 있을 뿐이다.[58]

오해하지 말라. 스쿠더의 이 강력한 경고는 개인적인 성경 연구를 폄하하는 말이 결코 아니었다. 오히려 개인적인 성경 연구가 중요한 만큼 교회의 공적인 설교도 중요하다는 청교도들의 확신을 표현한 것이다. 그러므로 스쿠더의 이 강력한 경고를 보면서 우리는 청교도들이 개인적인 성경 연구를 지극히 중요하게 생각하였지만 그렇다고 해서 교회를 통하여 공적으로 선포되는 말씀을 결코 무시하거나 소홀히 하지 않았다는 것을 알 수 있다. 청교도들은 이 두 가지를 함께 소중히 여겼다.

| 청교도들의 묵상 |

청교도들은 성경 연구 다음으로 묵상도 강조하였다. 우리에게 성경을 읽고 기도하라고 명하신 하나님께서 우리에게 묵상도 명하셨다는 점을 강조하였다. 묵상에 관한 책으로 유명해진 청교도 에드먼드 칼라미(Edmund Calamy, 1671-1732)는 다음과 같이 말하였다.

거룩하고 천상적인 일들을 묵상하는 것은 하나님께서 자신의 모든 백성들에게 요구하시는 일이다. 당신에게 기도하라고 명하시는 바로 그 하나님께서는 당신에게 기도만 하지 말고 묵상도 함께 하라고 명하신다. 당신에게 설교를 들으라고 명하시는 바로 그 하나님께서 당신에게 들은 설교

를 묵상하라고도 명하신다.[59]

청교도들에게서 묵상은 성경 연구와 기도 사이에 끼어 있는 디딤돌과 같았다. 토머스 맨톤은 이렇게 말하였다.

묵상은 말씀과 기도의 중간에 있는 의무라고 할 수 있다. 또 묵상은 말씀과 기도 양쪽에 모두 관련이 있다. 말씀은 묵상을 지펴 주고 묵상은 기도를 지펴 준다. 말씀을 들어야 오류에 빠지지 않을 수 있고, 묵상을 해야 메마르지 않을 수 있다.[60]

그렇기 때문에 청교도들은 묵상이 없으면 다른 의무들은 아무런 유익도 줄 수 없음을 강조하였다. 헨리 스쿠더의 말을 들어 보자.

묵상을 하지 않으면 영적으로 아무리 좋은 음식을 먹어도 그것은 우리의 마음 깊숙한 곳까지 내려가지 못하고 단순히 머리를 지나쳐 완전히 사라지거나 전혀 소화되지 않은 날음식처럼 되어 버린다. 날음식들은 되새김질을 통해서 소화하기 쉽게 만들어지지 않으면 되새김질하는 피조물들에게도 아무런 양식도 되지 못한다. 그리스도인의 묵상은 되새김질과 같다. 구원에 이르도록 우리를 도와주는 모든 외적인 방편들은 묵상을 통해 완전하게 숙고되어 마음에 쌓이지 않으면 거의 아무런 유익도 주지 못한다.[61]

이런 점에서 청교도들은, 영적으로 가장 강력한 그리스도인은 다른 것이 아니라 묵상을 통해서 만들어진다고 확신했다. 토머스 브룩스는 다음과 같이 말하였다.

가장 탁월하고 가장 감미롭고 가장 지혜롭고 가장 강력한 그리스도인은 가장 많이 읽는 사람이 아니라 가장 많이 묵상하는 사람이다.[62]

에드먼드 칼라미는 좀 더 강력하고 자세하게 말하였다.

묵상은 단순히 여러 가지 의무 중에 한 가지 의무가 아니다. 묵상은 다른 모든 의무들의 본질이요 정수이다. 묵상이라는 의무를 실천하지 않으면 아무리 많은 의무를 실천한다 해도 그것들은 우리의 영혼에 아무런 인상도 남기지 못하게 되어 있다. 이런 점에서 묵상은 기독교 신앙의 생명이요 영혼이라고 말할 수 있다. 묵상하지 않는 그리스도인은 살아 있다고 하나 사실은 죽어 있는 그리스도인에 불과하다.[63]

그렇다면, 청교도들은 어떤 식으로 묵상했을까? 첫째, 청교도들은 묵상의 모든 과정에서 성경을 철저히 중심으로 삼았다. 윌리엄 브릿지 (William Bridge, 1600-1670)는 다음과 같이 말하였다.

성경에 기록되지 않은 것은 절대로 당신의 묵상 가운데 들어오지 않도록 주의하라.[64]

하지만 그렇다고 해서 청교도들이 성경만 붙들고 묵상했던 것은 아니다. 청교도들은 성경 외에도 하나님의 신성과 능력을 보여 주는 자연이라는 책과 우리의 죄를 보여 주고 책망해 주는 양심이라는 책도 묵상 과정에서 적극 활용하였다.[65] 하지만 이 두 가지 책은 성경의 진리를 다양한 측면에서 묵상하도록 도와주는 보조 교재일 뿐이다.[66]

둘째, 청교도들은 묵상할 때 사람의 적극적인 역할을 강조했다. 청교도들에게서 묵상은 생각을 비우고 소극적으로 가만히 있는 무위(無爲)가 아니었다. 아무 생각도 안 하고 그저 가만히 있으면서 성령께서 집어넣어 주시는 어떤 것을 받기만 하는 것도 아니었다. 청교도들은 인간 영혼의 모든 기능들이 묵상의 모든 단계에 적극적으로 개입하고 활동해야 한다고 믿었다. 이런 점에서 청교도들이 볼 때 묵상은 인간의 모든 인격과 영혼의 모든 기능이 활발하게, 적극적으로 참여하는 격렬한 운동과 같은 것이었다.

청교도들은 묵상이라는 격렬한 운동에서 주도적인 역할을 하는 것은 '지성' 또는 '이해력'이라고 보았다. 이것 역시 청교도들의 묵상을 이해하는 데 굉장히 중요한 요소이다. 윌리엄 베이츠(William Bates, 1625-1699)는 묵상을 이렇게 정리하였다.

묵상은 이해력의 격렬한 작용이다. 묵상에서는 이해력이 주도적인 기능이기 때문이다.[67]

토머스 후커(Thomas Hooker, 1586-1647)도 묵상을 다음과 같이 정의하였다.

> 묵상은 우리의 지성을 진지하게 집중시켜서 진리를 찾아내고 그것을 우
> 리 마음에 효과적으로 자리잡게 하는 것이다.[68]

이렇듯 청교도들은 묵상이 지성 또는 이해력으로부터 시작해야 하고 그것에 의해서 철저히 주도되어야 한다고 주장하였다. 앞에서 신앙의 수원지가 되는 중생을 살펴볼 때, 청교도들이 지성 또는 이해력을 신앙의 은혜가 우리 영혼에 들어오는 첫 관문으로 삼는다는 점을 살펴본 적이 있다. 청교도들의 이 원리는 묵상에서도 그대로 적용되었다.

그렇다고 해서 청교도들이 감정과 의지를 묵상에서 소홀히 여긴 것은 결코 아니다. 청교도들은, 참된 묵상은 반드시 감정과 의지에도 영향을 미쳐야 하는 것이라고 생각하였다. 제임스 어셔(James Ussher, 1581-1656)는 이렇게 말하였다.

> 묵상은 영혼의 두 가지 기능으로 구성되어 있다. 첫째는 이해력이다. 이
> 것은 기억력이라고 불러도 무방하다. 둘째는 의지이다. 이것은 감정이라
> 고 불러도 무방하다.[69]

윌리엄 브릿지도 같은 말을 했다.

> 묵상은 지식에 위대한 도움인 것처럼 기억력에도 위대한 친구이다. … 묵

상은 기억력에 위대한 친구인 것처럼 따뜻한 마음에게도 친구이다. 묵상은 마음을 따뜻하게 하는 작업이기 때문이다.[70]

리처드 백스터는 청교도들이 어떤 식으로 묵상의 과정을 분석했는지 한 문장으로 잘 요약해 주었다.

이해력이 진리를 받아들이게 되면 그것들을 기억력 속에 저장하게 된다. 이렇게 저장된 진리를 숙고하게 되면 그 진리는 우리의 정서에 전달된다.[71]

백스터의 말을 오해하지 말아야 한다. 마치 지성 또는 이해력은 처음에 묵상의 문만 열어 주고 그다음부터는 감정이나 의지가 모든 묵상을 끌고 간다는 말이 아니다. 청교도들은 그렇게 생각하지 않았다. 청교도들은 처음에 묵상의 문을 열어 준 지성 또는 이해력이 묵상이 끝나는 순간까지 묵상을 주도해야 한다고 믿었다. 이런 점에서 해리슨 메세롤(Harrison T. Meserole)이라는 학자는 청교도 묵상의 시스템을 다음과 같이 정확하게 요약해 주었다.

청교도 묵상은 어떤 개인이 하나님과 맺고 있는 관계에 대한 지적인 숙고로부터 출발한다. 그 개인의 이해력의 기능은 기억력의 도움을 받아 그 사람을 하나님께로 더 가까이 이끌어 준다. 동시에 그 사람의 의지는 그 사람의 정서에 영향을 주게 되고 마침내 그 사람의 모든 부분이 다 묵상

에 참여하게 된다.[72]

셋째로, 청교도들에게 있어서 묵상은 그리스도인의 매일 생활과 긴밀하게 연결되어 있었다. 청교도들은 손에 성경책을 들고 있을 때나 책상에 앉아서 성경을 읽을 때만 묵상하는 사람들이 아니었다. 청교도들은 묵상할 재료만 있고 기회가 되면 그동안 마음에 쌓아 놓은 하나님의 진리를 끌어올려서 묵상하는 실천적인 삶을 살았다. 예를 들어, 베일리는 아침에 잠자리에서 일어나는 순간도 그냥 흘려보내지 말고 다음과 같이 여섯 가지 내용을 묵상하라고 권면한다.

1. 눈을 뜰 때, 부활의 날에 관하여 묵상하라

전능하신 하나님께서는 오늘 아침 육체의 잠을 자고 있던 그대를 잠자리에서 깨우신 것처럼, 죽은 자가 다시 살아나는 날에 사망의 잠을 자고 있는 그대의 몸을 무덤에서 쉽게 일으켜 세우실 것이다. 믿음의 눈으로 장래의 영광스러운 광채를 미리 보기 위하여 애쓰라.

2. 지난 밤에 하나님께서 그대를 보호하셨음을 묵상하라

하나님께서 결코 주무시지도 않는 자신의 섭리 속에서 그대와 그대의 소유를 지켜 주지 않으셨더라면, 그리고 그의 거룩하고 복된 천사들로 그대를 보호해 주지 않으셨더라면 그 악한 영이 어떠한 해를 그대에게 끼쳤을지도 모르는 일이다.

3. 자명종 소리를 들을 때, 마지막 날 나팔소리를 기억하라

닭 우는 소리를 듣거든, 베드로를 기억하고 그대를 죽은 자들 가운데서 일으켜 세울 마지막 날의 나팔소리를 회상하라. 그리고 만약 그 나팔소리가 지금 울린다면 그대가 어떻게 될 것인지 깊이 생각해 보라. 그리고 마지막 날의 나팔소리가 울릴 때, 그대가 되어 있고 싶은 사람이 되도록 하라.

4. 그대가 하나님의 엄위하신 임재 앞에 있음을 묵상하라

전능하신 하나님께서 그대의 침대 주위에 계시며, 그대의 눕고 일어나는 것을 보고 계시며, 그대의 생각을 통촉하시며, 그대의 모든 행위를 익히 아신다는 것을 기억하라. 그러므로 하나님의 엄위하신 임재 앞에 있는 것처럼, 그리고 하나님의 거룩한 천사들이 보는 앞에서 하는 것처럼 모든 행동을 하라.

5. 옷을 입을 때 그대의 영적 수치(羞恥)와 그리스도의 의의 옷을 묵상하라

그대가 옷을 입고 있는 동안에, 옷이라는 것은 원래 범죄의 결과인 수치를 가리기 위해 주어진 것이었음을 기억하라. 그대의 옷이 그대의 수치를 가리워 주고 추위로부터 몸을 보호해 주는 역할을 하는 것처럼, 그대는 그리스도의 의의 혼례복으로 그대의 영혼을 입히는 일을 신중하게 해야 한다는 것을 묵상하라.

6. 매일 아침 하나님의 자비가 얼마나 새로운가 묵상하라

매일 아침마다 하나님의 자비가 그대에게 얼마나 새로운지 깊이 생각하라. 하나님의 자비는 그대에게 새로운 생명을 주시고 쉬지 않고 달려온 해를 다시 떠오르게 하여 그대에게 빛을 비춰게 하신다. 그렇다면, 이렇게 영광스러운 빛이 헛되지 않도록 하라.

| 청교도들의 기도 |

청교도들은 신앙 형성의 세 번째 방법으로 기도도 강조하였다. 청교도들에게 있어서 기도는 성경 연구와 묵상을 정리하는 마지막 단계요 최고 절정의 단계였다. 다시 말해서, 성경 연구를 통해 발견된 진리들이 묵상이라는 과정을 통해서 우리의 마음에 깊이 새겨지고 쌓인 결과로 나오는 열매가 기도라고 본 것이다. 조지 스윈녹은 그것을 짧은 말로 잘 표현하였다.

> 기도는 하늘에 닿는 건물이요 묵상은 이 건물을 짓는 데 필요한 모든 값진 재료들을 쌓는 것이다.[73]

청교도들은 기도가 없으면 다른 모든 의무들이 우리에게 아무런 유익도 줄 수 없다고 늘 강조하였다. 나다니엘 빈센트(Nathaniel Vincent, 1638-1697)은 "기도는 다른 모든 영적 훈련들이 우리의 안전과 영적인 유익에 도움이 되도록 만드는 중요한 수단이다."[74]라고 말하였다. 기도의 중요성에 대한 이런 확신은 청교도들이 공통적으로 가지고 있던 것이었다. 토머스 브룩스는 이렇게 말하였다.

> 개인 기도는 천국에 있는 보고(寶庫)에 우리의 영혼이 들어갈 수 있도록 문을 열어 주는 비밀 열쇠이다. 대개의 경우, 가장 귀한 보화와 가장 감미로운 은혜는 성도들이 골방에서 무릎을 꿇고 기도하는 시간에 주어진다.[75]

토머스 왓슨도 같은 생각이었다.

기도는 믿음의 손에 들려진 천국 열쇠로서, 그것을 돌리면 하나님의 모든 보고에 들어갈 수 있다.[76]

그러므로 청교도들에게 있어서 기도는 의무를 뛰어넘어 영광스러운 특권이었다. 윌리엄 거널(William Gurnall, 1617-1679)의 말을 들어 보자.

기도는 이 땅에서 모든 성도들이 누리는 영광스러운 특권이다. 기도를 통해서 모든 성도는 영광스러운 천사들이 둘러싸고 있는 하나님의 보좌 앞으로 당당히 나아가, 어린아이가 자상한 아버지의 품에 안겨 자신의 형편을 아뢰는 것처럼 하나님의 품에 편안히 안겨 자신의 모든 형편을 아뢰게 된다.[77]

이처럼 청교도들에게 기도는 신자가 예수 그리스도로 말미암아 성령 안에서 하나님 아버지 앞에 나아가 삼위 하나님과 복된 교제를 나누며 그 영원하신 사랑을 힘입는, 지상에서 누리는 천국의 시간이었다.

그래서 청교도들은 하나님을 향하여 진솔하고 깊이 있는 반응을 쏟아 놓을 수 있는 충분한 성경 지식과 하나님에 대한 풍성한 이해가 있어야만 올바르게 기도할 수 있다고 가르쳤다. 우리를 기도의 자리로 불러 주시고 기도를 들어주시는 하나님에 대한 충분한 이해와 풍성한 지식이 없으면 기도를 영광스러운 특권으로 인식하기도 어렵고 기도 가운데서 하나님과 복된 교제를 나누기 어렵기 때문이다. 또한 청교도들은 하나님에 대한 참된 지식과 이해가 풍성히 있을 때 그런 기도가 우리의 신앙을 강력하게 형성해 준다고 가르쳤다. 성경적인 신앙이라는 것은 큰 소리로 유창하게 기도를 오래 한다고 형성되거나 성장하는 것이 아니라 기도 가운데서 하나님과 깊은 교제를 나눔으로 형성되고 자라기 때문이다.

하지만 청교도들은 기도의 순간에 기도하는 사람을 붙들고 도와주시는 성령의 즉각적인 도우심도 그에 못지 않게 강조했다. 유다서 1장 20절에 보면 "성령으로 기도하며"라는 말씀이 나오는데, 청교도들은 이것을 굉장히 중요하게 생각하였다. 이 주제와 관련하여 존 오웬은 《성령이 도우시는 기도》(A Discourse of the Work of the Holy Spirit in Prayer)를 저술하였는데, 이 강론에서 존 오웬이 전달하고자 하는 메시지는 분명하였다. 성령의 도움이 없으면 어느 누구도 제대로 기도할 수 없다는 것이다. 오웬은 이렇게 말하였다.

> 성령께서는 우리가 마땅히 어떤 것들을 위하여 기도해야 하는지 우리의 지성에 합당한 지각을 주시고 기도할 내용을 알려 주신다. 뿐만 아니라 성령께서는 그것들에 대한 합당한 감각과 인식을 우리에게 주시고 그것들을 간절히 갈망하도록 우리의 의지와 정서에 역사하신다. 이런 것들이 있을 때 비로소 우리는 바르게 기도할 수 있다.[78]

청교도들은 성령께서 우리에게 기도하고 싶은 마음의 소원을 집어넣어 주심으로써 우리의 기도를 처음부터 주도하신다고 믿었을 뿐 아니라 우리가 기도를 시작하고 마치는 그 모든 단계에서 성령 하나님이 주도적으로 그리고 주권적으로 역사하신다고 믿었다. 그래서 청교도들은 기도하는 사람이 그런 성령 하나님과 얼마나 친밀하고 민감하게 교통하느냐에 따라서 기도의 질이 결정된다고 보았다. 바람이 불 때 돛단배의 닻을 어떻게 올리느냐에 따라서 배의 향방과 속도가 결정되는 것처럼 말이다. 그래서 나다니엘 빈센트는 기도하는 사람에게 다음과 같이 권면하였다.

> 당신에게 성령이 필요하다는 것을 인식하라. 빛과 자유, 생명과 생기는 성령께서 우리 안에 역사하실 때 생기는 효과들이다. 거룩한 정서 역시 모두 성령께서 우리 안에 역사하실 때 생기는 것들이다. 성령이 우리 가운데 역사하지 않으신다면, 우리는 바퀴가 떨어져 나가 앞으로 나아갈 수 없는 바로의 병거처럼 될 것이다. 반면에 성령께서 우리 가운데 역사하시면, 우리의 영혼은 아미나답의 병거처럼 될 것이다.[79]

그래서 청교도들은 기도를 위한 어떤 특별한 기술이나 방법을 익히는데 별 관심이 없었다. 윌리엄 거널(William Gurnall)은 이렇게 말하였다.

> 어린아이는 배워서 울 줄 아는 게 아니라 타고난 본성으로 울 줄 안다. 그래서 세상에 태어나는 동시에 우는 것이다. 기도도 그러하다. 기도는 어떤 형식이나 기술을 배워야 할 수 있는 게 아니다. 기도는 우리가 거듭날 때 우리 안에 심어진 새 생명의 본능에서 자연스럽게 흘러나오는 것이다.[80]

청교도들이 볼 때 기도라는 것은 기술이 아니라 본능이었다. 기도라는 것은 하나님의 은혜로 거듭난 그리스도인이 하나님의 말씀을 통하여 하나님에 관한 깊은 이해를 갖게 되면서 성령 하나님의 자극과 인도를 따라 자연스럽게 터져 나오는 것이었다. 하나님과 하나님의 진리에 대한 건전하고도 견실한 지식이 우리 마음에 쌓이고 성령께서 우리에게 기도할 소원을 주시고 우리의 기도를 친히 도와주실 때, 거듭난 우리 영혼은 살아 있는 사람이 숨을 쉬는 것처럼 하나님을 향하여 기도의 숨을 쉬게 된다는 것이 기도라고 청교도들은 확신하였다.

다만 기도의 형식과 관련하여, 청교도들은 음성으로 기도하는 것을 강조하였다. 물론, 반드시 음성을 사용해야만 바르게 기도할 수 있다고 생각하지는 않았다. 청교도들은 음성을 사용하지 않아도 얼마든지 기도할 수 있다고 믿었다. 기도는 마음으로 하는 일이라고 믿었기 때문이다. 심지어 존 번연은 이렇게 말하였다.

> 기도할 때 마음 없이 말로 기도하는 것보다는 말없이 마음으로 기도하는 편이 더 낫다.[81]

하지만 몇 가지 이유 때문에 청교도들은 음성으로 기도하는 편을 훨씬 더 선호하였다.

첫째, 청교도들은 음성으로 기도하는 것이 하나님의 창조 질서에 맞는다고 생각하였다. 하나님께서 사람을 창조하실 때, 사람의 감정과 소원과 뜻을 말로 표현하도록 창조하셨기 때문에 신자가 하나님께 기도할 때도 음성으로 마음과 소원을 아뢰는 것이 창조의 질서에 맞고 가장 자연스러운 방법이라고 믿었던 것이다. 이런 이유 때문에 청교도들은 말을 사용하여 기도하는 것을 성경적인 기도의 방법이라고 믿었다.

둘째, 청교도들은 성경이 우리에게 음성을 발하여 하나님께 기도할 것을 적극적으로 요구한다고 믿었다. 호세아 14장 2절에 보면, "너는 말씀을 가지고 여호와께로 돌아와서 아뢰기를…"이라는 말씀이 있다. 리처드 십스는 이 구절을 강론하면서, 기도할 때는 우리가 빈 손으로 나아가야 하지만 우리의 말로써 하나님께 나아가야 한다고 권면하였다.

> 하나님 앞에 나아갈 때 우리는 빈손으로 나아가야 한다. 만일 우리가 무엇을 가지고 나아갈 수 있다면, 우리의 말을 가지고 나아가자. 그렇다. 비록 우리의 말이 중간중간 끊어지는 말이라 할지라도 상하고 통회하는 심령에서 나오는 말이라면 하나님께서는 우리의 그런 기도를 열납 하실 것이다.[82]

셋째, 청교도들은 우리의 연약함 때문에 음성으로 기도하는 것이 더 효과적인 기도가 될 수 있다는 사실도 중요하게 생각하였다. 성경 연구와 묵상의 시간 가운데 우리의 생각이 얼마나 자주 곁길로 새고 엉뚱한 생각들로 방황하는지 청교도들은 잘 알고 있었다. 아이작 와츠(Isaac Watts, 1647-1748)의 말을 빌리자면, 말없이도 경건의 시간을 뜨겁게 유지하고 하나님과 더불어 또는 자기 자신과 더불어 유익하게 대화를 나눌 수 있을 만큼 꾸준하고도 확고한 묵상의 능력을 가지고 있는 사람은 극소수이다.[83] 그러므로 청교도들은 기도 시간에도 잡생각이 많이 들고 자주 방황하는 우리의 마음을 붙잡아 주기 위해서는 음성을 사용하는 것이 바람직하다고 믿었다. 나다니엘 빈센트는 이렇게 말하였다.

> 좀 더 엄숙한 방식으로 말없이 마음으로만 기도하는 것은 합법적이고 유익하다. 그리고 어떤 장소와 어떤 상황에서는 말로 기도하는 것이 적절하지 않을 수도 있다. 그러나 말로 기도할 수 있는 형편이 된다면, 반드시 말을 사용하여 기도해야 한다. 왜냐하면 마음으로만 기도한다는 것은 짧은 시간이 할지라도 어려운 일이기 때문이다. 우리의 생각이 이리저리로 방황하지 않고 집중해서 마음만으로 기도한다는 것은 어려운 일이기 때문이다.[84]

지금까지 살펴본 것처럼 청교도들은 신앙 형성의 유일한 규범이 되는 성경에 기초하여 어떻게 성경을 읽고, 묵상하고, 기도해야 하는지를 정립하였으며, 또한 그것을 성실하게 실천하는 그리스도인들이었다. 청교도들이 걸었던 그 옛길을 오늘날 우리는 잘 살펴보고 그 길로 걸어야 할 것이다.

지금까지 우리는 성경과 청교도들이 신앙을 형성하고 유지하는 데 있어서 중요하게 실천했던 세 가지 방법인 성경 읽기, 묵상, 기도를 살펴보았다. 지금까지 성경과 청교도들의 신앙을 통해서 살펴본 바를 오늘 우리의 삶에 어떻게 적용해야 할까?

| 하나님께서 지정하신 은혜의 방편을 활용하라! |

건전한 신앙을 형성하고 개발하고 싶다면, 신앙의 방법으로서 성경이 제시하고 청교도들이 강조했던 이 세 가지, 곧 성경 연구와 묵상과 기도를 가장 중요하게 활용하라. 물론 이 세 가지 이외에도 우리의 신앙에 도움이 되는 여러 가지 방편들이 있다. 하지만 이 세 가지가 가장 근본적인 방편이라는 사실을 결코 잊지 말라. 운동을 하는 사람들에게 가장 중요한 것은 기본기를 익히는 것이다. 아무리 특별한 기술을 다양하게 연마해도 만일 기본기가 제대로 되어 있지 않으면 그 모든 기술은 별 유익이 없다. 그래서 기본기는 아무리 노련한 선수가 되어도 늘 반복해서 익히는 것이다. 영적인 훈련도 마찬가지이다. 그러므로 매일 이 세 가지 은혜의 방편을 가장 중요하게 여기고 활용하라.

그런데 이 세 가지 방법을 중요하게 여기고 활용할 때 한 가지 주의할 것이 있다. 이 세 가지는 함께 사용할 때 가장 큰 효과를 거둘 수 있다는 것이다. 앞에서도 말한 것처럼, 성경 연구와 묵상과 기도는 시리즈처럼 연결되어 있다. 그러므로 이 세 가지는 한 자리에서 함께할 때 가장 효과적이며 바람직하다. 물론 상황에 따라서 어떤 때는 특별한 시간을 내고 특별한 기간을 정해서 오직 성경 연구에 전념하거나 오직 묵상에 집중하거나 오직 기도에 전념할 수 있다. 이런 일은 얼마든지 가능하다. 하지만 반복되는 매일의 삶 속에서 항상 이 세 가지를 함께 하는 것이 가장 바람직하다. 한 자리에 앉아서 충분한 시간을 가지고 이 세 가지를 함께 연결시켜서 하면 더할 나위 없이 좋다는 것이다.

| 은혜의 방편을 우상화하지 말라 |

신앙을 형성하는 세 가지 방법 자체가 우상이 되지 않도록 주의하라. 어떤 특별한 성경 연구 방법이나 특별한 묵상 방법이나 특별한 기도 방법이 우리의 신앙을 형성해 주는 결정적인 요소라고 생각해서는 안 된다. 우리의 영혼을 소생시켜 주는 것은 삼위일체 하나님이시지 이런 방법들이 아니다. 이런 방법들은 하나님께서 우리 안에서 일하실 때 사용하시는 통로일 뿐이다. 그러므로 우리 편에서는 은혜의 방편을 성실하게 활용하면서도 오직 믿음으로 하나님의 은혜를 갈망하며 바라보아야 한다.

하나님께서 우리에게 주시는 은혜보다, 은혜를 주시는 하나님보다 은혜의 방편이 우리에게 더 소중한 것이 되어서는 안 된다. 성경을 읽어 보라. 성경이 성경 연구의 어떤 기술이나, 묵상의 어떤 기술이나, 기도의 어떤 기술을 우리에게 강조하는 것을 읽어 본 적이 있는가? 성경은 우리에게 말씀을 읽고 묵상하고 쉬지 말고 기도하라고 강조할 뿐 어떤 특별한 방법이나 기술을 강조하지 않는다. 그러므로 어떤 특별한 방법보다 하나님께서 긍휼히 여겨 주시는 은혜를 갈망하면서 성경을 읽고 묵상하고 기도하라.

흔히 신앙생활이 미지근해지고 신앙이 뚝 떨어지면, 이전에 하던 대로 다시 성경을 열심히 읽고 묵상을 깊이 하고 기도를 오래 해 보려고 안간힘을 쓰게 된다. 그런데 대부분의 경우는 우리가 생각하는 것처럼 쉽게 신앙이 회복되지 않는다. 성경을 읽어도 도통 마음에 감동이 없고, 묵상을 하려고 하면 잡생각만 복잡하게 들고, 기도를 해 보려 하면 1분이 한 시간처럼 길게 느껴지는 등 여간 힘든 게 아니다. 그만큼 우리가 영적으로 둔감해졌기 때문이다. 이럴 때 많은 사람들이 새로운 방법의 신앙 방법을 찾게 된다. 기존의 성경 읽기와 다른 방법으로 성경을 읽는 방법을 찾게 된다. 기존의 묵상 방법과 다른 방법으로 묵상하는 훈련을 찾게 된다. 기존의 기도 방법과 다른 방법으로 기도하는 방법을 찾고 실천하게 된다. 물론 처음에는 새로운 방법을 사용하게 되면 여러 가지 면에서 신선한 느낌도 들고 영적으로 큰 유익을 얻는 것처럼 느끼게 된다.

그렇기 때문에 많은 사람들이 자신이 새롭게 배우고 실천하고 있는 신앙 훈련을 대단하게 여기며 자랑한다. 만나는 사람들에게 자신이 실천하고 있는 신앙 훈련 방법을 적극 권면한다. 마치 그 방법을 따라서 성경을 읽고 묵상하고 기도하면 뭔가 대단한 신앙에 이를 것처럼 선전하기도 한다. 하지만 아무리 새로운 방법도 시간이 흐르면 오래 되고 익숙해져서 신선함을 주지 못하고 또 하나의 옛날 방법이 되고 마는 법이다. 이런 점에서 많은 그리스도인들이 새롭게 배우고 실천했던 신앙 훈련 방법에 다시금 싫증을 느끼고 거기에서 처음처럼 유익을 얻지 못하게 된다. 처음 느꼈던 신선함이 사라지면서 처음처럼 유익을 얻지 못하는 것이다. 이런 이유 때문에 신차가 나올 때마다 차를 바꿀까 고민하는 사람들처럼 많은 그리스도인이 새로운 신앙 훈련 방법들이 개발되고 홍보될 때마다 거기에 귀가 솔깃해지고 다시 한번 뭔가 새로운 방법을 시도해 볼까 고민하게 된다.

그러므로 신앙 형성의 방법 자체에 의존하고 그것을 떠받드는 것이 얼마나 위험한지 알아야 한다. 또 우리가 정말 마음을 쏟아야 할 것은 어떤 방법이나 기술이 아니라 하나님의 긍휼을 간절히 바라고 기대하며 믿는 것임을 우리 마음에 깊이 새겨 놓아야 한다. 그러므로 성경 읽기와 묵상과 기도를 성실히 행하면서 돌같이 굳어진 우리 마음을 살같이 부드럽게 만들어 주시고 냉랭하던 우리의 마음에 뜨거운 사랑의 마음을 부어 주시는 하나님의 은혜를 갈망하고 소망하며 믿자. 가장 중요한 것은 하나님께 우리의 모든 소망을 두고, 믿음으로 성경을 읽고, 믿음으로 묵상하며, 믿음으로 기도하는 것이다.

| 올바른 방법으로! |

헬스장에 가 보면 여러 가지 운동 기구들이 있다. 각 기구마다 우리 몸의 특정 부분의 근육을 발달시키도록 고안된 기구들이다. 하지만 각각의 기구를 무작정 사용한다고 해서 효과를 보는 것은 아니다. 각각의 기구마다 사용 방법이 정해져 있고, 그 사용 방법을 지킬 때만 효과를 볼 수 있다. 만일 정해진 사용 방법을 따르지 않을 경우에는 오히려 근육이 상하거나 몸이 다치게 된다. 그래서 헬스장에 처음 가면 각 기구를 사용하는 방법을 제일 먼저 가르쳐 주는 것이다. 영적 훈련도 마찬가지이다.

하나님께서는 우리에게 성경 연구와 묵상과 기도를 신앙 형성 방법으로 지정해 주셨다. 그러나 이 세 가지 신앙 형성 방법도 올바른 방법으로 활용하지 않으면 우리의 신앙 형성에 도움도 주지 못하고 오히려 해만 줄 수 있다. 그러므로 우리는 하나님께서 정해 주신 방법으로 성경을 읽고, 묵상을 하고, 기도를 해야 할 것이다. 이런 점에서 올바르게 성경을 읽는 방법, 올바르게 묵상하는 방법, 올바르게 기도하는 방법을 배우고 그대로 실천해야 한다.

물론 하나님께서는 성경 연구나 묵상이나 기도에 관한 자세한 매뉴얼을 우리에게 주지 않으셨다. 그러나 성경을 자세히 읽어 보면, 성경은 우리가 어떻게 성경을 읽고 묵상하고 기도해야 하는지 여기 저기에서 가르쳐 준다. 특별히 시편은 이 세 가지 은혜의 방편을 어떻게 활용해야 하는지를 시편 기자의 모본을 통해서 보여 주는 탁월한 책이다. 시편 전체는 '묵상과 기도의 교과서'라고 해도 과언이 아닐 정도로 탁월한 내용으로 가득 차 있다. 시편이 성령의 감동으로 기록된 하나님의 말씀임을 생각할 때, 시편보다 더 안전한 신앙 교과서는 없는 셈이다. 그러므로 우리는 성경에서 이 세 가지 신앙 방법을 어떻게 실천해야 하는지 정확하게 배워야 한다. 그리고 성경에서 배운 대로 실천해야 한다. 이렇게 할 때 하나님의 은혜로 말미암아 성경적인 신앙이 잘 형성되고 무럭무럭 자랄 것이다.

체크 리스트

1. 나는 신앙을 형성하고 유지하기 위해서는 홀로 꾸준하게 성경을 읽고 묵상
   하고 기도하는 일이 필수적임을 알고 있는가?

   ① ② ③ ④ ⑤ ⑥ ⑦ ⑧ ⑨ ⑩

2. 나는 신앙을 형성하고 유지하기 위해서 홀로 꾸준하게 날마다 성경을 읽고
   묵상하고 기도하는 일을 하고 있는가?

   ① ② ③ ④ ⑤ ⑥ ⑦ ⑧ ⑨ ⑩

3. 나는 날마다 규칙적으로 성경을 읽고 있는가?

   ① ② ③ ④ ⑤ ⑥ ⑦ ⑧ ⑨ ⑩

4. 나는 날마다 규칙적으로 묵상 생활을 하고 있는가?

   ① ② ③ ④ ⑤ ⑥ ⑦ ⑧ ⑨ ⑩

5. 나는 날마다 규칙적으로 기도 생활을 하고 있는가?

   ① ② ③ ④ ⑤ ⑥ ⑦ ⑧ ⑨ ⑩

6. 나는 성경 읽기가 묵상으로 연결되고 묵상이 기도로 연결되는 방식으로 개
   인적인 경건 생활을 하고 있는가?

   ① ② ③ ④ ⑤ ⑥ ⑦ ⑧ ⑨ ⑩

7. 나는 성경 읽기, 묵상, 기도를 매우 귀하게 여기고 활용하지만 그것을 우상
   화하지 않고 은혜를 주시는 하나님을 더 의존하는가?

   ① ② ③ ④ ⑤ ⑥ ⑦ ⑧ ⑨ ⑩

내 신앙의 발전 기록

1차 점검		일자	년 월 일
5점 이하 항목 번호			
6점 이상 항목 번호			
종합 평가			
개선점			

2차 점검		일자	년 월 일
5점 이하 항목 번호			
6점 이상 항목 번호			
종합 평가			
개선점			

독서 모임을 위한 토론 주제

주제 1. 요한복음 10장에서 목자와 양의 비유를 읽고 요한복음 15장에서 포도나무와 가지의 비유를 읽은 다음에, 각각의 비유에서 예수님이 우리가 해야 할 일로 무엇을 가르쳐 주셨는지 정리해 보고 토론하자.

주제 2. 성경 읽기, 묵상, 기도 이 세가지가 우리의 신앙을 어떻게 형성해 주고 자라게 하는지 각자 자신의 성경 지식이나 실제 체험을 바탕으로 말해 보자.

주제 3. 청교도들이 성경 읽기, 묵상, 기도를 중요하게 여기고 실천한 모습을 보면서 특별히 개인적으로 배우거나 도전받거나 감명받은 것이 있다면 말해 보자.

주제 4. 청교도들이 성경 읽기, 묵상, 기도를 중요하게 여기고 실천한 모습을 보면서 오늘날 우리 교회가 배워야 할 점이 있다면 무엇인지 말해 보자.

주제 5. 청교도들이 묵상을 실천한 특징에 대해 네 가지로 정리한 후, 오늘날 우리의 묵상 생활과 비교해 보고, 청교도들에게서 배워야 할 바를 말해 보자.

주제 6. 저자가 제시한 네 가지 적용을 읽으면서 개인적으로 '이것만큼은 꼭 내 삶에 적용해야겠다.'라고 생각한 것이 있다면 무엇인지 말해 보자.

주제 7. 저자가 제시한 적용 외에 우리가 적용할 필요가 있거나 적용하면 좋을 것이 있는지 생각해 보고 말해 보자.

BASIC 5

함께 행진

March Together

함께 행진
March Together

| 교회의 지체로 함께 살 때 사랑 안에서 함께 자란다 |

사람은 가정 안에서 자라게 되어 있다. 물론 학교를 통해서도 많은 것을 배우지만 기본적으로 한 사람의 인격과 성품, 그리고 행동 양식은 아버지, 어머니, 형제자매가 있는 가정 안에서 형성된다. 갓 태어나 스스로 아무 일도 할 수 없는 때는 아버지와 어머니로부터 전적인 돌봄을 받으며 자라게 된다. 조금 성장하여 스스로 무엇을 할 수 있는 나이가 되면 온전한 사람으로 성장하는 데 필요한 행동 양식을 부모와 형제들로부터 배우게 된다. 이런 점에서 가정은 한 사람의 인격과 성품, 그리고 행동 양식이 형성되는 산실(産室)이라고 할 수 있다.

신앙 형성도 마찬가지다. 우리가 참된 신앙 안에서 온전한 그리스도인으로 성장하기 위해서는 개인적으로 거듭나는 일이 있어야 하고, 또 개인적으로 성경을 읽고 묵상하며 기도하는 노력도 있어야 한다. 그러나 더불어, 하나님의 가정 안에서 하나님 아버지의 지속적인 돌봄을 받고 한 믿음 안에서 형제 자매 된 다른 그리스도인들의 사랑과 돌봄을 받는 일도 반드시 필요하다. 혼자서만 성경을 읽고 혼자서만 묵상하고 성도의 교제도 없이 살면, 그런 사람은 성경적인 신앙을 형성할 수도 없고 성경적인 신앙 안에서 성장할 수도 없다. 왜곡된 신앙을 형성하고 비뚤어진 삶을 살게 될 뿐이다.

그렇다면, 우리가 온전한 그리스도인으로 성장하고 살아가는 데 반드시 속해야만 하는 영적인 가정은 무엇일까? 성경은 한마디로 '교회'라고 대답한다.

> 만일 내가 지체하면 너로 하여금 하나님의 집에서 어떻게 행하여야 할지를 알게 하려 함이니 이 집은 살아 계신 하나님의 교회요 진리의 기둥과 터니라 _딤전 3:15

그렇다. 교회는 하나님 아버지의 집이다. 교회는 하나님께서 자녀들을 한 자리에 불러 모으시고 신령한 양식으로 먹이시며 올바른 도리로 가르치시는 거룩한 집이다. 하나님은 교회에서 아버지로서 자기 자녀들을 돌보시고, 성도들은 교회 안에서 서로를 형제자매로 여기면서 함께 살아가고 서로를 돌보며 세워 준다.

> 그 말을 받은 사람들은 세례를 받으매 이 날에 신도의 수가 삼천이나 더하더라 그들이 사도의 가르침을 받아 서로 교제하고 떡을 떼며 오로지 기도하기를 힘쓰니라 _행 2:41-42

성경이 우리를 양으로 비유하는 것은 이런 사실을 가르쳐 주기 위함이다(시 23편; 요 10장; 눅 15장). 목자는 양을 한 마리씩 따로 떼어 놓고 따로 돌보지 않는다. 물론 목자는 양 한 마리 한 마리의 이름을 알며 사랑한다. 그러나 목자는 그 양을 양 무리 안에 넣어 놓고 그 안에서 돌보며 키운다. 그러므로 어떤 양이 나름대로 혼자서 목자의 음성을 들으려고 애쓰고, 혼자서 목자를 따라가려고 애쓴다 할지라도, 목자는 그것을 기뻐하지 않을 것이다. 목자는 그 양이 양 떼 가운데 있으면서 목자의 음성을 따라 살며 목자의 돌봄을 받기를 원하기 때문이다. 그러므로 신앙을 바르게 형성하려는 사람은 하나님의 집인 교회에 속하여 그 교회를 통하여 하나님께서 베풀어 주시는 돌봄과 사랑을 풍성히 받아야 하고, 그 교회에 속한 하나님의 자녀들과 교제하면서 온전한 그리스도인으로 성장해야 한다. 이것을 소홀히 하거나 무시할 때 우리의 신앙은 제대로 성장할 수 없다.

교회 안에서 우리를 기르시는 방식

그렇다면, 하나님께서는 어떤 방법을 통하여 교회 안에서 우리의 신앙을 형성해 주실까? 우리가 교회에 속하여 하나님 아버지의 돌봄을 받으려고 할 때, 특별히 집중해야 할 것은 무엇일까? 크게 세 가지를 생각해 볼 수 있는데, 설교와 성례, 주일, 그리고 성도의 교제다.

첫째로, '설교와 성례', 특별히 성찬(주의 만찬, Lord's Supper)이다. 하나님께서는 교회 안에 가르치는 직분자들을 세우시고 그들을 통하여 하나님의 진리를 더 풍성하고 더 능력 있게 가르쳐 주심으로써 우리를 양육하신다. 에베소서 4장에서 사도 바울은 우리가 교회의 공적인 설교와 가르침을 잘 배우면 온전한 그리스도인으로 성장할 수 있고 그리스도의 장성한 분량이 충만한 데까지 이르게 된다고 약속한다. 물론 우리는 개인적으로 성경을 상고하고 묵상하고 배워야 한다. 거기에도 하나님의 은혜와 축복이 있다. 그러나 성경은 하나님께서 교회 안에 말씀을 가르치는 직분자들을 세우셨고 그 직분자들의 가르침을 통해서 우리를 더욱 더 온전히 세우신다고 말한다. 에베소서 4장 11절에서 14절까지의 말씀을 읽어 보자.

> 그가 어떤 사람은 사도로, 어떤 사람은 선지자로, 어떤 사람은 복음 전하는 자로, 어떤 사람은 목사와 교사로 삼으셨으니 이는 성도를 온전하게 하여 봉사의 일을 하게 하며 그리스도의 몸을 세우려 하심이라 우리가 다 하나님의 아들을 믿는 것과 아는 일에 하나가 되어 온전한 사람을 이루어 그리스도의 장성한 분량이 충만한 데까지 이르리니 이는 우리가 이제부터 어린아이가 되지 아니하여 사람의 속임수와 간사한 유혹에 빠져 온갖 교훈의 풍조에 밀려 요동하지 않게 하려 함이라 _엡 4:11-14

성찬도 생각해 볼 수 있다. 왜냐하면 성찬은 설교를 통해서 들려진 구원의 복음을 눈으로 보여 주고 감각으로 경험할 수 있게 해 주는 것이기 때문이다. 교회에서 선포되는 말씀의 핵심은 하나님의 아들이신 예수 그리스도께서 죄인들을 구원하기 위하여 십자가에서 죽으셨다는 복음이다. 이 진리가 설교를 통해서 우리의 마음에 새겨질 때, 거기에서 신앙이 강력하게 형성된다. 그런데 성찬은 설교를 통해서 듣는 그 핵심 메시지를 우리에게 감각적으로 보여 준다. 바울은 주의 만찬을 이렇게 해석한다.

> 너희가 이 떡을 먹으며 이 잔을 마실 때마다 주의 죽으심을 오실 때까지
> 전하는 것이니라 _고전 11:26

그러므로, 성찬은 복음 설교처럼 우리의 신앙을 강력하게 형성해 줄수 있다.

둘째로, 하나님께서 교회를 통하여 우리를 양육하실 때 중요하게 사용하시는 또 다른 방법은 '주일'이라고 불리는 특별한 날이다. 이날에 하나님은 세상에 흩어져 살던 자기 자녀들을 자기 집인 교회로 불러 모으시고 교회 안에서 그들을 특별하게 돌보신다. 그리고 이날을 공식 휴일로 만드셔서 자기 자녀들이 이 세상의 모든 분주한 일에서 놓임을 받아 쉴 수 있게 하시고, 그들이 개인적으로 쉬면서 하나님에게 집중할 수 있도록 도와주시는 것이다. 또 하나님은 날마다 우리의 신앙 형성을 위하여 쉬지 않고 일하시면서도, 특별히 주일에는 여러 가지 경로를 통해 우리의 신앙 형성을 위하여 더욱 풍성하게 일하신다. 이날을 지키는 것이 얼마나 중요한지 그것을 십계명 중 네 번째 계명으로 삼으셨다.

> 안식일을 기억하여 거룩히 지키라 엿새 동안은 힘써 네 모든 일을 행할 것
> 이나 제 칠 일은 너의 하나님 여호와의 안식일인즉 너나 네 아들이나 네
> 딸이나 네 남종이나 네 여종이나 네 육축이나 네 문 안에 유하는 객이라도

아무 일도 하지 말라 이는 엿새 동안에 나 여호와가 하늘과 땅과 바다와

그 가운데 모든 것을 만들고 제 칠 일에 쉬었음이라 그러므로 나 여호와가

안식일을 복되게 하여 그 날을 거룩하게 하였느니라 _출 20:8-11

하나님의 백성이 일주일 중 하루를 구별하여 함께 모이고 함께 사는 것은 하나님께 영광이 될 뿐 아니라 우리의 신앙에도 복의 통로가 된다. 이사야 58장에서도 하나님께서는 이렇게 말씀하셨다.

만일 안식일에 네 발을 금하여 내 성일에 오락을 행하지 아니하고 안식일

을 일컬어 즐거운 날이라, 여호와의 성일을 존귀한 날이라 하여 이를 존귀

하게 여기고 네 길로 행하지 아니하며 네 오락을 구하지 아니하며 사사로

운 말을 하지 아니하면 네가 여호와 안에서 즐거움을 얻을 것이라 내가 너

를 땅의 높은 곳에 올리고 네 조상 야곱의 기업으로 기르리라 여호와의 입

의 말씀이니라 _사 58:13-14

반대로 하나님이 안식을 위해서 지정해 주신 일주일 중의 한 날을 구별하지도 않고 거룩하게 지키지 않는 것은 언제나 신앙의 퇴보를 불러오고 하나님의 진노를 불러온다. 구약의 선지서를 자세히 읽어 보면, 이스라엘의 신앙이 땅에 떨어져 있을 때마다 그 근본적인 원인으로 언제나 안식일을 거룩하게 지키지 않은 일이 있었다. 그래서 하나님은 타락한 이스라엘 백성의 죄를 지적하실 때 특별히 안식일을 소홀히 여기고 거룩하게 지키지 않은 일을 빠뜨리지 않으신다. 또 하나님께서 이스라엘에게 진노

하시고 형벌을 내리신 중요한 이유 중 하나가 안식일을 거룩하게 지키지 않은 것이라고 늘 말씀하신다.

> 그러나 이스라엘 족속이 광야에서 내게 반역하여 사람이 준행하면 그로 말미암아 삶을 얻을 나의 율례를 준행하지 아니하며 나의 규례를 멸시하였고 나의 안식일을 크게 더럽혔으므로 내가 이르기를 내가 내 분노를 광야에서 그들에게 쏟아 멸하리라 하였으나 _겔 20:13

그러므로 하나님께서는 이스라엘 백성에게 회개를 명하실 때마다 항상 안식일을 거룩하게 지킬 것을 구체적으로 요구하신다.

> 안식일에 너희 집에서 짐을 내지 말며 어떤 일이라도 하지 말고 내가 너희 조상들에게 명령함 같이 안식일을 거룩히 할지어다 _렘 17:22

안식일을 거룩하게 지키는 것이 하나님을 섬기는 신앙생활에서 근본적인 일이라는 증거이다. 그래서 이스라엘 백성도 죄를 깨닫고 회개할 때마다 앞으로는 안식일을 잘 지키겠노라고 구체적으로 맹세한다.

> 혹시 이 땅 백성이 안식일에 물품이나 온갖 곡물을 가져다가 팔려고 할지라도 우리가 안식일이나 성일에는 그들에게서 사지 않겠고 일곱째 해마다 땅을 쉬게 하고 모든 빚을 탕감하리라 하였고 _느 10:31

하나님이 안식을 위해서 지정해 주신 일주일 중의 한 날을 거룩하게 지키는 것이 신앙생활의 근본을 이루는 요소이기 때문이다.

셋째로, 하나님께서 교회를 통하여 자기 자녀들을 온전한 그리스도인으로 양육하실 때 중요하게 사용하시는 또 다른 방법은 하나님의 자녀들이 서로를 돌봐주고 격려하며 세워 주는 '성도의 교제'이다. 사도행전 2장 42절에 보면, 오순절에 베드로의 설교를 듣고 회심한 그리스도인들이 교회에 모여서 한 일을 이렇게 기록하고 있다. "저희가 사도의 가르침을 받아 서로 교제하며…" 마치 부모가 자녀들을 직접 가르치기도 하지만 자녀들이 서로 도와주고 서로를 가르치면서 함께 성장하는 것처럼, 하나님께서는 사도들의 설교를 통해서도 초대 교회 성도들을 직접 기르셨지만 초대 교회 성도들이 서로 교제하는 일을 통해서 성장하게 하셨던 것이다.

그리스도인들은 이 세상에 흩어져 살면서 외로운 싸움을 싸울 때가 많다. 세상 한복판에서 믿지 않는 사람들의 조롱과 핍박 속에서 하나님의 말씀을 꿋꿋이 지키는 일은 정말 쉽지 않으며 외로운 투쟁이다. 여기에다 여러 가지 고난까지 겹치면 그 싸움은 점점 더 힘겨워진다. 이렇게 되면 혼자서 낙심할 때도 많다. 하지만 흩어져 있던 성도들이 한 자리에 모여 서로 돌아보면서 사랑과 선행을 격려할 때, 우리의 마음은 강건케 되고 선한 일에 더 큰 열심을 품게 된다. 이런 이유 때문에 모든 그리스도인은 성도의 교제가 꼭 필요하다.

그래서 성도의 교제는 선택 사항이 아니라 명령이다. 성경은 다음과 같이 여러 가지 차원에서 명령한다.

서로 돌아보아 사랑과 선행을 격려하며 모이기를 폐하는 어떤 사람들의 습관과 같이 하지 말고 오직 권하여 그 날이 가까움을 볼수록 더욱 그리하자 _히 10:24-25

그리스도의 말씀이 너희 속에 풍성히 거하여 모든 지혜로 피차 가르치며 권면하고 시와 찬송과 신령한 노래를 부르며 감사하는 마음으로 하나님을 찬양하고 _골 3:16

오직 오늘이라 일컫는 동안에 매일 피차 권면하여 너희 중에 누구든지 죄의 유혹으로 완고하게 되지 않도록 하라 _히 3:13

그러므로 교회 안에서 신앙을 형성할 때, 우리는 성도들의 교제를 지극히 소중히 여겨야 한다. 하나님께서는 우리 영혼에 꼭 필요한 보물들을 먼 데 감추어 놓지 않으셨다. 우리가 교회 생활 가운데 만나고 대화하는 평범한 성도들과의 교제 속에도 우리 영혼에 꼭 필요한 보화들을 담아 놓으셨다. 그러므로 마치 보물찾기를 하는 사람처럼 기대감을 가지고 우리 주변에 있는 평범한 성도들을 기쁨으로 만나고 주 안에서 거룩한 교제를 나누어야 한다. 어떤 성도를 만나서 대화하든지 항상 성도의 거룩한 교제가 되도록 힘쓰고 영적인 유익을 주고받도록 힘써야 한다. 그럴 때 하나님의 은혜가 내려 우리의 신앙은 한층 성숙해지고 함께 자라는 기쁨을 누리게 된다.

| 청교도들은 어땠을까? |

17세기 청교도들은 신앙의 형성과 실천 과정에서 교회의 중요성을 무한히 강조한 그리스도인들이었다. 앞 장에서 말했듯이 청교도들에게서 기독교 신앙이란 성령에 의해 참으로 거듭난 신자가 오직 성경이라는 규범에 따라 삼위일체로 존재하시는 하나님을 향해 은혜의 방편인 말씀과 묵상과 기도를 통하여 개인적으로 인격적 반응을 하는 것이었다. 그러나 청교도들은 한걸음 더 나아가 모든 신앙생활이 반드시 교회를 중심으로 이루어져야 한다는 사실을 빠뜨리지 않고 강조하였다.

이는 거듭난 신자가 지역 교회의 회원이 되어 그 교회의 가르침과 돌봄 아래서 성장하는 것이 하나님의 보편적인 방법이라고 믿었기 때문이다. "교회 안에 심어질 때 우리는 성장할 수 있다."[85] 이것이 청교도들의 신앙생활의 모토였다. 그래서 청교도들은 모든 그리스도인은 반드시 지역 교회의 회원이 되어 그 교회의 가르침과 돌봄을 받아야 한다고 굳게 믿었다. 청교도들은 개인적으로 성경을 읽고 묵상하고 기도하는 것도 중요하지만 교회의 공적인 예배와 설교, 성찬과 성도의 교제 등을 통해서 영적인 공급을 받는 것이 더더욱 중요하다고 보았다. 토머스 굿윈과 리처드 십스의 말을 각각 들어 보자.

하나님께서 세워 주신 교회 안에서 이루어지는 모든 일에는 더 깊은 축복이 있다. 우리는 개인적으로 기도한다. 그러나 교회에 모여 함께 기도할 때 하나님은 우리의 기도를 더 열납 하신다. 우리는 개인적으로 형제를 책망한다. 그러나 교회 안에서 형제를 책망할 때 더 만족스러운 결과를 얻을 수 있다. 평일에 행해지는 설교도 축복이지만 주일에 행해지는 설교에서의 특별한 축복은 그날과 그 의무를 숙고할 때 두 배가 된다.[86]

교회 안에서 공적으로 행해야 할 의무들은 외면하고 개인적인 영적 훈련에만 집중하는 것은 우리에게 복은커녕 저주만 될 뿐이다. 이것은 마치 이스라엘이 광야에서 만나를 먹을 때 어떤 사람들은 하나님이 정하지 않은 시간에 만나를 거두었으나 결국 썩어서 악취만 날 뿐 아무 유익이 없었던 것과 같다.[87]

청교도 시대에도 교회의 지체가 되는 것을 거부하고, 주일에 교회에 함께 모여 설교와 성찬을 통해서 복음을 듣고 보는 일을 등한히 하면서 그저 혼자 성경을 연구하고 신학을 공부하는 일을 더 낫게 여기는 사람들이 있었다. 교회 안에 있는 평범한 교인들을 무시하고, 그들과 성도의 교제 나누기를 거부하고, 신학적으로 탁월한 사람들의 책을 탐독하면서 또는 신학적으로 통하는 사람들끼리 모여 토론하는 것만을 열심히 하는 사람들이 있었다. 그들은 평범한 교회 안에서 신앙생활을 하는 것보다 그렇게 신앙생활 하는 것이 자신들의 신앙을 수준 높게 만든다고 생각하였다. 하지만 리처드 십스는 그런 사람들을 매우 엄하게 책망하였다.

그리스도께서 자기를 한없이 낮추시고 교회 안에서 여러 가지 규례와 통치로 우리를 돌보시는 것을 마음에 안 들어 하는 사람들이 있다. 또 설교를 어리석은 일로 여기는 사람들도 있다. 이런 사람들은 마음이 잔뜩 교만해져서 교회에서 선포되는 말씀이나 집행되는 성례의 도움이 없어도 얼마든지 신앙생활을 잘해 나갈 수 있다고 생각한다. 또 이런 사람들은 그리스도가 자신보다 더 높다고 생각하지도 않는다. 그렇기 때문에 매사를 자기 자신들의 방법만으로 해결하려 한다. 그리스도께서는 우리를 긍휼히 보시고 여러 가지 도움을 베풀어 주셨는데, 그 모든 도움을 무시하는 것보다 더 큰 배은망덕이 어디 있겠는가?[88]

| 말씀과 성찬 |

청교도들은 그리스도인의 신앙 형성에 있어서 교회의 공적인 설교와 성례가 가장 중요한 역할을 한다고 믿었다. 특별히 청교도들은 강단을 통해서 선포되는 말씀이 죄인의 구원과 신자의 신앙 형성에 결정적인 역할을 한다고 확신하였다. 리처드 십스는 "교회 강단을 통해서 선포되는 말씀은 우리 안에 믿음을 심어 주는 유일한 통로는 아니지만, 하나님께서 가장 일반적으로 사용하시는 방법이다."[89]라고 말하였다. 이것은 청교도들이 공유한 확신이었다. 존 다우네임(John Downame, 1571-1652)의 말을 들어 보자.

설교는 에베소서 4장 11-12절 말씀에 기록된 것처럼 성도들을 이 세상에서 불러내고 하나님의 교회를 더 강건하게 세우기 위한 목적으로 하나님께서 친히 제정하시고 정하신 규례이다. 보통의 경우, 하나님께서는 자기 자녀들을 참으로 회심시키시고 그들 가운데 성령의 거룩하게 하는 은혜를 역사하기 위하여 다른 방법을 사용하지 않으신다. (특히 설교를 들을 수 있는 곳에서는 더욱 그렇다).⁹⁰

물론 청교도들은 사람을 통해서 설교되지 않더라도 성경에 기록된 진리 자체가 성령의 능력을 통해서 죄인을 구원하고 성도들의 신앙을 세워주는 능력이 된다는 것도 믿었다. 토머스 리드(Thomas Reade, 1782-1849)는 이렇게 말하였다.

하나님의 기록된 말씀은 영원하신 성령께서 죄인들을 거듭나게 하는 데 사용하시는 거룩한 도구 중의 하나이다. "여호와의 율법은 완전하여 영혼을 소성케 하고…"(시 19:7)⁹¹

그러나 청교도들은 죄인의 구원과 성도들의 신앙 형성에 설교만큼 효과적인 게 없다는 사실도 끊임없이 강조하였다. 기존 성도들의 신앙을 위해서도 설교만큼 좋은 보약이 없다고 강조하였다. 리처드 십스의 말을 들어 보자.

집에서 성경을 읽는 것도 우리에게 효력을 발휘하지만 강단에서 선포되는 말씀을 듣는 것이 더 큰 효력을 발휘한다. 따뜻하게 데워진 우유가 우리 몸에 더 좋다고 말하는 것처럼, 하늘에서 떨어지는 비가 땅에 있는 다른 물보다 양분도 많고 특별한 영향력을 발휘하는 것처럼, 설교에는 다른 방편에는 없는 생명력과 효력과 축복이 함께 한다. 설교는 그런 것들을 얻을 수 있는 가장 일반적인 방편이다.[92]

그렇기 때문에 청교도 설교자들은 성도들의 신앙 형성을 위해 제일 먼저 설교에 목숨을 걸었고, 설교 듣는 일의 중요성을 늘 강조하였다. 존 로저스(John Rogers, 1812-1882)는 이렇게 말하였다.

하나님의 말씀은 죄인들을 회심케 할 뿐 아니라 회심한 사람들을 성장하게 하기 때문에 우리는 살아 있는 한 선포되는 말씀을 항상 주의 깊게 들어야 한다. 아무리 많은 성경 지식을 가지고 있고 다른 사람을 가르칠 수 있는 높은 수준에 오른 사람도 선포되는 말씀을 주의 깊게 들어야 한다.[93]

그래서 청교도 목사들은 설교를 유익하게 듣는 방법에 관하여 매우 구체적으로 가르쳤는데, 일례로 조지 스윈녹은 다음과 같은 항목으로 매우 자세한 지침을 만들어 가르쳤다. 각 항목의 제목만 적어 보면 다음과 같다.

1) 설교를 듣기 전에 준비해야 할 일
① 당신의 마음에서 악한 생각과 편견을 비우도록 하라.
② 설교를 들으러 가기 전에 먼저 당신의 마음에 설교의 필요성과 탁월함과 효력을 확신하도록 하라.
③ 당신이 듣게 될 설교를 통하여 하나님께서 당신에게 복 주시도록 간절히 기도하라.

④ 세속적인 생각들을 버리도록 하라.

2) 설교를 듣는 자세

① 설교를 듣는 내내 당신이 하나님의 임재 앞에 있다는 사실을 진지하게 생각하라.

② 선포되는 말씀을 당신 자신의 영혼에 적용시키며 들으라. 말씀은 하나님의 주권적인 은혜가 우리 영혼을 치료하는 약이다.

③ 선포되는 말씀이 권위와 능력으로 당신의 양심에 역사하도록 하라.

3) 설교를 들은 후에 필요한 행동

① 기도: 들은 말씀을 통해 하나님께서 당신의 영혼에 복을 주시도록 기도하고 당신에게 말씀을 듣게 해 주신 은혜에 감사하라.

② 실천: 설교자가 강단에서 설교를 끝내면 말씀을 들은 회중은 들은 말씀을 실천하기 시작해야 한다.[94]

17세기 영국 청교도 교인인 존 로우(John Row, 1558-1637)의 삶에 관한 짧은 기록을 읽어 보면 경건한 청교도 가정이 주일 설교를 얼마나 소중하게 들었는지 엿볼 수 있다. 존 로우가 주일에 교회에서 듣는 설교를 얼마나 소중하게 생각했는지 잠시 들여다보자.

주일이 되면, 그는 아침 일찍 일어나 대부분의 시간을 개인 기도와 묵상에 소비하고 가족들을 불러 모은 후 가정 경건회를 진행하였는데, 주일에 행해지는 가정 경건회는 평일보다 짧게 진행되었다. 교회의 공예배에 늦으면 안 되기 때문이었다. 그는 가족들이 예배 시간보다 일찍 교회에 도착하도록 신중을 다하였다. … 오전 설교가 끝나면 그는 점심 식사를 하기 전까지 조금 있는 여유 시간도 아껴서 설교 요약을 다시 읽어 보고 자신이 들은 것을 묵상하였다. 점심 식사가 끝나면, 그는 오전 설교를 가족들에게 복습시켜 주었고 다시 저녁 예배에 참석하였다. 저녁 설교가 끝나면 그는 상당한 시간 동안 은밀하게 하나님과 교제하였고, 대부분의 저녁 시간은 그날 들은 설교를 복습하고 가족들을 불러 모아서 그들이 설교를 통해서 배운 바를 말하도록 하는 데 사용하였다.[95]

한편, 청교도들은 설교 못지 않게 성찬도 그리스도인의 신앙 형성에 지대한 영향을 미친다고 강조하였다. 우선, 청교도들은 성찬을 영적인 잔치로 여겼다. 하나님께서 우리 영혼을 신령한 양식으로 먹이시는 잔칫상이라고 본 것이다. 월터 마셜은 이렇게 말하였다.

주의 만찬은 우리의 믿음을 강화시켜 주고 우리 안에 살아 계시며 역사하시는 그리스도를 따라 모든 거룩한 길로 행하도록 우리에게 힘을 공급해 주는 영적인 잔치이다.[96]

토머스 왓슨의 말도 들어 보자.

주의 만찬은 하나님께서 제정해 주신 모든 규례 중에서 가장 신령하고 또 가장 감미로운 규례이다. 주의 만찬에 참여할 때 우리는 그리스도의 인격과 좀 더 직접적으로 교통하게 된다. 물론 기도 시간에도 우리는 하나님께 가까이 나아간다. 그러나 주의 만찬에서는 주님과 하나가 된다. 물론 기도 시간에도 우리는 그리스도를 바라보게 된다. 그러나 주의 만찬에서는 믿음으로 주님을 만지게 된다. 물론 설교 시간에 우리는 그리스도의 음성을 듣는다. 그러나 주의 만찬에서는 주님을 먹고 마시게 된다.[97]

그러므로 청교도들은 성찬에 대한 기대감이 대단히 컸다. 성찬에 참여하는 것을 사모하고 간절히 기다렸다. 게다가 성찬에 참여할 수 있는 것을 세상에서 가장 위대한 특권으로 생각하였다. 그래서 기쁜 마음으로, 기대하는 마음으로 성찬에 참여하였고, 그 안에서 하나님께서 주시는 모든 복을 마음껏 누리길 소원하였다. 존 오웬은 이렇게 말하였다.

그리스도의 죽으심을 전하고 나타내는 이 위대한 일에 하나님으로부터 부르심을 받아 성찬식에 참여한다는 것은 정말 놀라운 영광과 특권이다. 내가 생각할 때 이것은 사람이 이 세상에서 참여할 수 있는 가장 위대하고 영광스러운 일이다. 앞에서도 설명하였지만 하나님의 신성의 영광스러운 속성들이 반영된 모든 행동은 그리스도의 죽으심에 놀랍도록 총 집결되어 있다. 하나님의 신성의 모든 속성들이 합작품으로 만들어 낸 무한하면서도 지혜롭고 거룩한 결과물인 그리스도의 죽으심에 놀랍도록 총 집결되어 있다. 그런데 하나님께서는 놀랍게도 우리를 성찬식으로 초대하시고 거기에서 이렇게 놀라운 죽으심을 선포하고 드러내라고 말씀하신다. (중략) 그러므로 성찬식에 참여할 때 우리는 이 일에 우리를 불러 주신 하나님의 마음을 숙지하고 온전히 반응할 수 있어야 한다. 이것이 우리의 의무이다. 냉랭한 마음으로 경솔하고 태만한 마음으로 성찬식에 참여해서는 안 된다. 오히려 우리를 여전히 성찬식으로 불러 주시는 하나님의 긍휼과 자비를 생각하면서 기쁜 마음을 품고 '이번 성찬식에서는 주의 죽으심을 나타내리라'고 다짐해야 한다.[98]

대부분의 청교도들은 적어도 다음 세 가지 부분에서 성도들이 주의 만찬을 신중하게 대하고 준비하며 참여해야 한다고 믿었다. 첫째, '성찬에 참여하기 전에 어떻게 준비해야 하는가?' 둘째, '성찬에 어떻게 참여해야 하는가?' 셋째, '성찬에 참여한 후에는 어떻게 해야 하는가?'[99] 루이스 베일리는 이 세 가지를 각각 '준비', '묵상', '실천'이라고 부르면서, 각 단계에서 그리스도인이 어떻게 행동해야 성찬에 올바르게 참여하며 영적인 유익을 얻을 수 있는지 구체적인 지침을 제시하였다. 지침의 제목만 적어 보면 다음과 같다.

1) 준비
① '주의 몸을 먹고 마신다'고 표현되는 성찬의 존귀함을 숙고하라.
② 당신의 무가치함을 숙고하고 자기 자신을 살펴라.
③ '주의 몸을 먹고 마신다'고 표현되는바 성찬을 합당하게 받을 수 있는 사람이 되기 위하여 어떻게 해야 할지를 숙고하라.

2) 묵상
① 어떻게 당신과 같은 사람이 그리스도의 거룩한 식탁에 손님으로 초대되었는지, 또 그리스도께서 얼마나 사랑스럽게 당신을 초대하시는지 묵상하라.

② 오직 그리스도만 전적으로 바라보고 그리스도께 당신의 영혼을 온전히 드리기 위하여 세상에 속한 모든 생각들을 내려놓으라.

③ 하나님의 아들의 살과 피가 얼마나 존귀한 것인지 묵상하고, 또한 당신이 믿음으로 당신의 영혼에 받아들이도록 주의 만찬에서 제공되고 있는 분이 당신의 죄를 위하여 십자가에 못 박혀 죽으신 그리스도라는 사실을 묵상하라.

④ 지극히 거룩한 주님의 몸을 당신의 부정한 손으로 어찌 감히 만질 수 있는지, 또 지극히 존귀한 주님의 피를 당신의 추한 입으로 어찌 감히 마실 수 있는지, 또 지극히 복되신 주님을 당신이 불결한 마음에 어찌 감히 모실 수 있는지 묵상하라.

⑤ 그리스도께서 자신의 사랑에 대한 가장 중요한 증표와 맹세로 주의 만찬을 우리에게 제정해 주셨음을 묵상하라.

⑥ 성찬을 집례하는 목사가 떡과 잔을 들고 기도하기 시작하면, 그때까지 하던 모든 묵상을 정리하고 성찬을 집례하는 목사의 거룩한 행동과 의식을 바라보며 그것을 집중적으로 묵상하라.

⑦ 목사의 손에서 떡을 받아먹을 때에 믿음으로 그리스도를 붙들고 그리스도의 공로를 당신 자신의 비참함에 적용시켜 고침을 받도록 하라.

⑧ 잔을 마실 때에는 그리스도께서 십자가에서 흘리신 보혈의 공로로 당신의 모든 죄가 사해졌다는 것을 묵상하고 믿으라.

⑨ 이 세상에는 신실한 믿음으로 하나님을 섬기는 신자들이 참으로 많이 있지만, 사실 그들은 그리스도를 머리로 하고 거룩한 한 몸을 구성하고 있다는 것을 기억하라.

3) 행동 또는 실천

① 교회에서, 청결한 마음과 순전한 사랑으로 그리스도를 당신의 마음에 모시고 개인

적으로 하나님께 감사의 제사를 올려 드려라.

② 교회에서, 교회와 함께 하나님께 감사를 올려드리고, 가난한 사람들을 구제하는 교회의 사역에 동참하고, 목사의 입을 통해서 흘러나오는 하나님의 복을 받으라.

③ 집에 돌아와서는 당신이 성찬에서 그리스도를 진정으로 받아들였는지를 면밀하게 점검하고, 이전에 범했던 죄를 다시 짓지 말며, 다음 번 성찬을 받을 수 있도록 준비하라.[100]

| 주일 성수 |

교회를 중심으로 신앙을 형성해야 한다고 강조한 청교도들은 설교와 성찬을 강조했을 뿐만 아니라 주일 성수도 신앙 형성에 대단히 중요한 것으로 강조하였다. 청교도들은 그리스도인이 주일을 어떻게 지키느냐에 따라 그 신앙이 성장할 수도 있고 쇠퇴할 수도 있다고 믿었고, 실제로 철저한 주일 성수를 통하여 개인과 교회의 신앙을 강건하게 형성하려고 노력하였다. 성경적인 신앙을 형성하고 그 신앙으로 살아가는 일에 있어서 주일 성수의 중요성에 대하여 청교도들은 한결같이 똑같은 목소리를 내었다. 토머스 맨톤은 이렇게 말하였다.

만일 신앙에 도움이 되는 영적 훈련을 하고 싶다면, 주일을 거룩하게 구별하여 지키는 것이야말로 가장 좋은 훈련 중의 하나이다. 주일을 거룩하게 지키지 않기 때문에 한 주간이 세속적인 삶으로 채워지는 것이다. 주일을 아무렇게나 보내는 것이야말로 당신이 가책을 느끼고 있는바 가볍고 형식적인 신앙의 주요 원인이다.[101]

그렇다면, 청교도들은 왜 신앙 형성과 실천에 있어서 주일이 제일 중요한 날이라고 믿었던 것일까? 모든 날이 다 똑같이 중요한 것 아닌가? 청교도들도 모든 날이 신앙 형성과 실천을 위해 사용되어야 한다고 믿었다. 하지만 주일은 특별히 하나님께서 우리의 신앙을 위해 복된 날로 지정해 주셨고, 또 교회를 통하여 특별하게 일하시는 날이라고 믿었다. 그래서 주일 성수를 강조했던 것이고 주일을 온전히 지낼 때 그만큼 우리의 신앙이 잘 형성되고 성장할 수 있다고 믿은 것이다. 토머스 왓슨의 말을 들어 보자.

주일은 우리 영혼을 위한 장날이며 모든 날 중에서 가장 복된 날이다. (중략) 이날은 영혼의 축제일이다. 이날에 우리는 하나님께서 우리에게 주신 모든 은혜를 발휘한다. 평일에는 대부분 생업과 관련한 이 땅의 일을 하게 되지만 주일에는 온전히 하늘의 일을 한다. 그렇기 때문에 평일에는 짚을 주울 뿐이지만 주일에는 진주를 얻게 된다. (중략) 주님께서 우리에게 자기 자신을 더 많이 계시해 주시는 날은 바로 주일이다. 사도 요한이 성령에 충만하여 주님을 만난 것도 주일이었다(계 1:10). (중략) 이날에 거룩한 정서들이 우리 마음에 일어나고 은혜의 재고가 늘어나며 마음에 쌓인 부패는 약해지고 사탄은 말씀의 권위 앞에서 번개처럼 떨어진다. 그리스도께서는 안식일에 가장 많은 기적을 행하셨다. 지금도 마찬가지이다.

오늘날에도 그리스도는 주일마다 죽은 영혼을 다시 살리시고 돌같이 굳어진 마음을 살같이 부드럽게 만드신다. 그러므로 우리는 이날을 얼마나 존귀하게 여기고 경외해야 하겠는가! 주일은 세상에 있는 모든 다이아몬드보다 더 귀하다. 하나님께서는 다른 날보다 주일에 더 많은 기쁨의 기름을 부어 놓으셨다.[102]

청교도들은 어떻게 주일을 성수했을까? 주일 성수의 구체적인 실천을 논의할 때, 청교도들은 세 가지 단계로 나누어서 실천 방법을 고민하였다. 첫 번째 단계는 주일을 합당하게 준비하는 것이다. 두 번째 단계는 주일에 모든 일을 쉬는 것이다. 세 번째 단계는 주일의 쉼이 무위로 끝나지 않고 하나님을 섬기는 데 전적으로 드려지도록 신앙생활에 도움이 되는 은혜의 방편을 적극적으로 활용하는 것이다.[103] 이 세 가지 부문에서 청교도들은 매우 철저하고 엄격하게 주일을 성수하려고 노력하였다. 그리고 이런 노력을 위해서 구체적인 지침을 작성하여 활용하였다. 청교도들이 작성한 〈웨스트민스터 예배 모범〉의 첫 장에는 청교도들의 주일 성수 지침이 잘 요약되어 있다.

1. 주일을 기념하는 것은 사람의 마땅한 의무이므로 미리 육신의 모든 사업을 정돈하고 속히 준비하여 성경이 가르치는 대로 그날을 거룩히 지키는 데 장애가 되지 않도록 하라.

2. 이날은 주일인즉 종일토록 거룩히 지킬 것이니 공적 예배나 사적 예배에 전념하는 것이 옳고 종일토록 거룩히 안식하면서 위급한 일 외에는 모든 사무와 육신적 쾌

락의 일을 금하고 세상 염려와 속된 말도 금하는 것이 옳다.

3. 먹을 것까지도 미리 준비함으로써 주일에는 가족이나 집안에 일하는 사람들이 공적 예배에 참여하고 주일을 거룩히 지키는 데 장애가 되지 않도록 하는 것이 옳다.

4. 주일 아침에는 개인적으로 또는 가족이 함께 모여서 자기와 다른 사람을 위하여 기도하되 특히 목사의 설교를 통하여 은혜 받기를 위하여 기도하고, 기도 외에도 성경 연구나 묵상을 통하여 공적 예배에서 하나님과 교통할 것을 미리 준비하라.

5. 예배 시간에는 개회 때부터 전심으로 예배에 참여하기 위하여 정한 시간까지 예배당에 도착하는 것이 옳고, 마지막 축도를 할 때까지는 특별한 연고 없이는 밖으로 왔다갔다 하는 것은 옳지 않다.

6. 이와 같이 엄숙한 태도로 공적 예배를 마친 후에 남은 시간은 개인적으로 기도하며 경건 서적을 읽되 특별히 성경을 공부하고 묵상하며 교리 문답을 공부하고 경건한 대화를 하면서 시편과 찬송과 신령한 노래를 부를 것이며, 병자를 방문하고 가난한 자를 구제하며 연약한 자를 가르치고 불신자에게 전도하면서 경건하고 사랑스러우며 은혜로운 일을 행하는 것이 옳다.[104]

이런 항목만 읽어 보면, 마치 청교도들의 주일 성수는 굉장히 딱딱해 보이고 사람을 옥죄는 듯한 율법적인 일로 보인다. 하지만 실제로는 그렇지 않았다. 청교도들은 이런 큰 항목 안에서 주일의 무한한 기쁨과 복됨에 대해서도 함께 강조하며 복음 안에서 기쁨의 주일 성수를 가르치고 실천하였다. 조지 스윈녹은 이렇게 말하였다.

하나님의 백성들이 가장 크게 기뻐해야 할 시간이 있다면 그것은 바로 주일이다. 물론 평일에도 우리는 하나님 안에서 기뻐한다. 하지만 평일의 기쁨은 새들이 겨울철에 노래하는 것과 같다. 물론 이것도 즐겁다. 그러나 주일의 기쁨은 만물이 화사한 봄철에 새들이 흥겹고 아름다운 목소리로 쉬지 않고 지저귀는 것과 같다. "이날은 여호와의 정하신 것이라 이날에 우리가 즐거워하고 기뻐하리로다"(시 118:24)[105]

이렇듯 청교도들은 주일을 행복하게 지냄으로써 그리스도인의 신앙을 형성하고 진작시키려고 했다. 청교도들에게 있어서 주일 성수는 신앙의 변두리에 있는 여러 가지 중 한 가지가 아니었다. 오히려 신앙을 떠받쳐 주는 핵심 기둥이었다. 그렇기 때문에 청교도들은 주일 성수를 철저히 하였고 주일 성수가 무너지면 신앙 역시 무너질 수밖에 없다고 믿으며 신중한 태도를 취하였다. 헨리 스쿠더는 이렇게 경고하였다.

하나님을 엄숙하게 예배하기 위하여 하루를 거룩하게 구별하여 지키라는 하나님의 명령으로부터 양심을 느슨하게 하고 주일 성수를 훼손하게 되면 참된 경건은 허물어지고 경건의 능력은 약해지며 무신론과 신성 모독과 모든 방탕이 물밀 듯 밀려오게 되어 있다.[106]

| 성도의 교제 |

교회를 중심으로 신앙을 형성한다고 할 때, 청교도들이 세 번째로 중

요하게 여긴 것은 성도들의 교제였다. 청교도들은 우리가 사람으로 태어나고 신자로 거듭난 것은 성도들과 더불어 교제하기 위함이라고 믿었다. 토머스 맨톤은 이렇게 말하였다.

우리는 우리 자신을 위하여 이 세상에 태어난 것도 아니고 우리 자신을 위하여 거듭난 것도 아니다. 우리는 여러 가지 종류의 모임과 회합 속에서 서로를 사랑으로 교훈하고 세워 주기 위하여 태어났고 거듭났다.[107]

이런 점에서 성도들 간의 교제와 교통은 선택 사항이 아니었다. 그것은 거듭난 그리스도인이면 누구나 숨을 쉬는 것처럼 자연스럽게 하는 일이요 또 위대한 사명으로 삼아야 할 일이었다.

청교도들은 성도들 간의 교제가 하나님께서 이 땅에 교회를 세워 주신 중심 목적이라고 믿었다. 윌리엄 에임스(William Ames, 1576-1633)는 교회를 다음과 같이 정의하였다.

교회는 성도들 간의 교제를 지속적으로 시행하기 위하여 특별한 끈으로 함께 묶여진 성도들의 모임이다.[108]

토머스 맨톤도 같은 말을 하였다.

하나님께서 성도들의 모임으로서 교회를 세워 주신 것은 우리가 서로 한 마음으로 그리고 공적으로 그리스도 안에서 하나님을 예배하고 함께 기도하고 감사하며 찬송하고 말씀을 듣고 성례에 참여하게 하려 하심이다.
그렇기 때문에 이러한 일들을 위하여 우리가 함께 모이는 일은 게으름이
나 두려움 때문에 포기되어서는 안 된다.[109]

청교도들은 성도들의 교제가 우리의 신앙에 가져다주는 감미로운 위
로와 수많은 유익과 혜택 또한 잘 알고 있었다. 청교도들은 삼위일체 하
나님과의 수직적인 교제가 매우 감미롭고 복되듯이 다른 그리스도인들과
의 수평적인 교제 역시 매우 감미롭고 복되다는 것을 매일같이 경험하였
다. 조지 스윈녹은 이렇게 말하였다.

하나님과 더불어 나누는 교제 다음으로 행복하고 복된 것이 있다면 그것
은 성도들이 서로 교제하는 것이다.[110]

그리고 바로 이것 때문에 지상에서 누리는 성도들과의 교제를 결코 소
홀히 할 수 없었다. 그러므로 교회를 중심으로 하여 신앙을 형성하고 실
천한다고 할 때, 성도들의 교제 또는 교통은 배놓을 수 없는 본질적 내용
이었다.

청교도들은 그리스도인이 예배당에 모여서 함께 예배만 드리고 성도
의 교제를 풍성하게 나누지 않으면, 영적인 유익을 별로 누릴 수 없다고
확신하였다. 오늘날 교회들은 주일에 함께 모여 한 시간 조금 넘는 시간
동안 예배를 드리고 그 후에 뿔뿔이 흩어지는 일이 많지만, 청교도들은
교회가 그런 식으로 주일에 예배만 드리고 흩어져서는 하나님의 마음을

기쁘시게 하기 어렵고 교인들의 마음과 삶에 성경적인 신앙이 자리잡거
나 성장하기도 어렵다고 보았다.

여기저기 흩어져 살던 자녀들이 설이나 추석 명절이 되어 부모집에 모
였는데, 부모에게 큰절을 하고 부모의 덕담을 들은 다음에, 서로 아무 말
도 하지 않고 함께 밥을 먹거나 함께 시간을 보내지도 않고 집으로 돌아
가 버린다면, 어떤 부모가 자식들이 그런 식으로 자기 집에 모이는 것을
기뻐하겠는가? 그런 식으로 부모 집에 모여 봐야 자녀들 사이에 형제애가
어떻게 깊어질 수 있겠는가! 누가 그런 가정을 정상적인 가정으로 인정하
겠는가! 청교도들은 하나님의 집인 교회에 모이는 일이 그와 같아서는 안
된다고 가르쳤다. 리처드 십스의 날카로운 지적을 들어 보자.

> 그리스도인들이 함께 모여서 설교 말씀을 경청하거나 성찬에 참여하거
> 나 기도회를 하는 것은 흔히 있는 일이다. 그러나 서로를 영적으로 지켜
> 주는 일에서 생겨나는 거룩한 교통의 열매는 쉽게 찾아볼 수 없다. 바로
> 이런 이유 때문에 많은 그리스도인들이 하나님의 길로 행하면서 쉽게 낙
> 심하고 슬픔에 빠지며 여러 가지 근심의 짐을 지고 탄식하며 여러 가지
> 유혹에 넘어지는 것이다. 그리스도인들이 서로 교통하지 않고 혼자 놀기
> 때문에 이런 일이 생기는 것이다.[111]

그렇다면, 청교도들은 성도의 교제를 어떻게 했을까? 우선, 시간적으
로 보면, 청교도들은 교회에 함께 모이는 날을 최대한 이용해서 성도의
교제를 나누었다. 청교도 신자인 존 브루언(John Bruen, 1560-1625)의 신앙

생활에 대한 짧은 기록에서 우리는 성도들의 교제가 얼마나 풍성하고 행복할 수 있는지를 엿볼 수 있다. 그 기록에는 존 브루언이 주일에 성도들과 함께 나눈 교제에 관하여 다음과 같이 기록하고 있다.

주일 오전 예배의 설교와 기도가 끝난 후에도 그는 점심을 먹으러 집으로 돌아가는 일이 거의 없었다. 그는 자신과 함께 기꺼이 교회에 머물기를 원하는 경건한 성도들과 함께 저녁 예배 시간 전까지 교회에 머물며 모든 시간을 하나님을 섬기는 데 사용하였다. 이때 그가 한 일은 설교 시간 내내 최대한 자세히 받아 적은 자신의 설교 노트를 가지고 다른 성도들과 함께 설교를 복습하고 시편을 찬송하며 경건한 일들에 관하여 대화하는 것이었다. 이렇게 주일 저녁 예배 시간까지 함께 교제한 후 그들은 주일 오전과 마찬가지로 정성을 다하여 안식일의 공적 예배에 참여하고 함께 집으로 돌아갔다. 집으로 돌아가는 길에 그들의 마음에는 많은 위로와 기쁨이 있었고 걸어가는 동안에도 주일 저녁 예배 때 들은 설교를 복습함으로써 서로의 지식과 믿음과 순종을 증대시켜 주기 위하여 노력하였다. 또 시편을 함께 노래하고 하나님께서 자기들을 위하여 얼마나 놀라운 은혜를 베풀어 주셨는지를 함께 생각함으로써 하나님을 찬양하는 서로의 마음을 크게 해 주려고 노력하였다. 혹 그들 가운데 고난을 통과하고 있는 사람이 있다면, 언제든지 그 사람을 위로하였고 필요한 조언을 해 주고 그 사람을 위하여 기도해 주었다.[112]

교제의 대상을 보면, 청교도들도 신앙이 탁월하고 모범적인 성도들과 교제하는 것을 소중히 여겼다. 토머스 왓슨은 "거룩한 사람들과 교제를 나누라. 그들의 조언과 기도와 거룩한 모범을 통해서 당신도 거룩하게 성장할 수 있을 것이다."[113]라고 말하였다. 토머스 브룩스도 "거룩에 있어서 가장 탁월하고 빼어난 사람들과 많은 교제를 하라. 언제나 거룩에 진보를 이루기 위하여 쉬지 않는 사람들을 특별히 즐거워하고 기뻐하며 그들과 함께 교제하라."[114]라고 말하였다. 하지만 청교도들은 영적 성숙과 상관없이 모든 그리스도인과 교제해야 한다는 점도 강조하였다. 리처드 십스와 토머스 보스턴의 말을 각각 들어 보자.

> 그리스도의 교회는 병원과 같아서 거기에는 이런 저런 모양으로 영적인 질병을 앓고 있는 다양한 사람들이 함께 모여 있다. 그렇기 때문에 우리는 지혜로운 마음과 온유한 심정으로 서로를 도와주어야 한다.[115]

> 영적 성장과 활기와 유용함에 있어서 모든 성도들 간에는 큰 차이가 존재한다. 하지만 모든 성도는 한 분 그리스도를 머리로 삼고 있는 지체들이기 때문에 가장 연약한 성도도 가장 강한 성도와 얼마든지 교제를 나눌 수 있다.[116]

교제의 방법을 보면, 청교도들은 모든 신자들이 교회 안에서 서로에게 좋은 모본을 보여 주고, 각자에게 주신 은혜와 은사를 따라 지혜롭고 덕스러운 말로 서로를 권면하고 위로하고 책망하는 일을 통해서 성도의 교제를 나누었다. 청교도들은 이런 교제가 건전하고 유익하려면 덕스러워야 한다고 믿었다. 이 세상에 성도들의 교제 모임만큼 아름답고 덕스러운 모임이 없지만, 성도들의 연약함과 사탄의 궤계 때문에 성도의 교제에 위험도 상존한다는 것을 알았기 때문이다. 그래서 조지 스윈녹은 성도들의 교제를 '약국'에 비유하였다.[117] 약국에는 병을 고치는 약도 많이 있지만 독약이나 극약 같은 것도 함께하기 때문이다.

그렇기 때문에 청교도들은 성도의 교제를 실천할 때 상존하는 위험을 피하기 위하여 뱀처럼 지혜롭고 비둘기같이 순결할 필요가 있다고 보았다. 성도의 교제를 통해서 오히려 상처를 받거나 신앙적으로 잘못되는 일이 있을 수도 있으므로 그것을 잘 대비해야 한다고 본 것이다. 청교도 교인 존 로우의 짧은 전기 속에는 그가 성도들과의 교제를 지혜롭게 실천하기 위하여 어떻게 행했는지 기록되어 있다.

> 그는 그리스도인들이 함께 기도하고 영적인 유익을 주고받기 위하여 경건하게 대화하는 모임을 적극적으로 주도하고 지지하는 사람이었다. 하지만 그는 정치에 대해서 논하거나 쓸데없는 논쟁거리를 화제로 삼거나 사람들이 자신의 재능을 뽐내는 데 시간을 허비하는 모임, 또는 서로의 영적 유익을 도모하지 않는 모임은 철저히 싫어하였다. 그의 이런 성향은 그리스도인들의 모임을 질서 있게 유지하기 위하여 그가 세운 몇 가지 지침에 잘 나타나 있다. 그 지침은 다음과 같다. 먼저 여섯 가지 하지 말아야 할 일이 있고, 그다음에는 일곱 가지 해야 할 일이 있다.

1) 하지 말아야 할 일

① 성도의 교제 모임은 공적인 예배 시간과 겹치지 말아야 한다.

② 성도의 교제 모임은 가정 예배에 방해거리가 되어서는 안 된다.

③ 성도의 교제 모임은 악하다고 알려진 장소에서 모여서는 안 되고, 악하다고 알려진 사람들과 함께 모여서도 안 된다.

④ 성도의 교제 모임은 각 사람의 생업에 방해거리가 되어서는 안 된다.

⑤ 성도의 교제 모임은 늦은 밤 시간이나 바람직하지 않은 시간대에 이루어져서는 안 된다.

⑥ 성도의 교제 모임은 논쟁을 하는 모임이 되어서는 안 된다.

2) 해야 할 일

① 성도의 교제 모임은 공적인 예배 시간에 들은 하나님의 진리를 우리 마음에 선명하게 새기는 모임, 또 설교를 들으면서나 다른 일들을 통해서 우리 마음에 생긴 여러 가지 의문점들을 해결하는 모임이 되어야 한다. 이런 목적을 위하여 서로 권면하고 책망하고 조언하고 위로하는 모임이 되어야 한다.

② 성도의 교제 모임은 낮 시간 중에 편리한 때를 잡아서 한 시간 또는 길면 두 시간 정도, 그리고 특별히 긴급한 일이 없는 한 일주일에 한 번 정도 이루어져야 한다.

③ 경건하다고 인정받는 가정에서, 경건하다고 인정받는 사람들과 함께 모여야 한다.

④ 참석한 모든 사람이 한 사람씩 말할 수 있는 기회를 주어야 한다.

⑤ 하나님의 축복을 구하는 기도로 시작하고 기도로 마쳐야 한다.

⑥ 교회 담당 목사나 다른 교회의 경건한 목사가 함께 참석하는 것도 바람직하다.

⑦ 모임이 끝나면 참석한 모든 사람은 자기 집이나 일터로 곧장 돌아감으로써 하나님의 일이 사람들에게 악평을 받지 않도록 해야 함이 옳다.[118]

지금까지 살펴본 것처럼 청교도들은 교회를 중심으로 신앙을 형성하였다. 삼위일체 하나님과 더불어 개인적이고도 인격적인 관계를 맺는 것을 철저하게 하면서도 동시에 교회를 중심으로 한 공동체적 신앙을 형성하였다. 특별히 청교도들은 공동체적 신앙을 형성할 때, 강단에서 선포되는 말씀과 집행되는 성례, 주일을 거룩하게 구별하여 지키는 일, 그리고 성도들의 교제의 중요성을 강조하였고 또 철저하게 실천하였다. 이런 점에서 청교도들에게 교회란 "신자의 삶의 중심"[119]이요, 신앙 형성의 중심이었다. 청교도들에게 교회는 신앙의 산실이었다. 이것이 우리가 성경의 가르침과 청교도들의 실천을 통하여 배워야 할 중요한 교훈이다.

지금까지 우리가 살펴본 것을 우리 삶에 몇 가지로 적용시켜 보자.

│ 교회, 신중하게 선택하고 열렬히 사랑하라 │

신앙 형성을 바르게 하고 싶다면 개인적으로도 하나님 앞에서 바르게 서도록 몸부림쳐야 하지만 경건하고 건전한 교회를 선택하고 그 교회를 통해서 하나님께서 베풀어 주시는 가르침과 돌봄을 풍성하게 누리자. 그러려면 제일 먼저 우리 마음에 "죽는 순간까지 나는 교회를 통해서 베풀어 주시는 하나님의 지속적인 돌봄이 필요한 사람이다."라는 겸손한 마음이 있어야 한다. 또한 "교회는 하나님께서 자기 백성들을 돌보시고 기르시는 거룩한 곳이며, 하나님께서 교회 안에 은혜의 통로로 세워 주신 모든 규례들은 모두 필요한 것이며 소중한 것이다."라는 심정도 우리 마음에 있어야 한다. 특별히 교회의 설교, 성찬, 주일, 성도들의 교제 등은 하나님께서 우리의 신앙 형성을 위해 지정해 주신 특별한 규례임을 믿으며 존중해야 한다.

교회는 봉사의 장소이기에 앞서 우리의 신앙을 길러 주는 산실임을 잊지 말아야 한다. 이전에는 "어떤 교회를 다니세요?"라고 물었다면, 요즘은 "섬기는 교회가 어디세요?"라고 묻는 게 흔한 일이 되었다. 물론 이렇게 말하는 것이 잘못된 것은 아니다. 문제는 오늘날 많은 사람들이 교회를 생각할 때 제일 먼저 '섬김과 봉사의 장소'라고 생각한다는 데 있다. 어떤 교회에 속하여 자신의 은사를 발휘할 수 있는 섬김의 장에서 보람 있게 사역하는 것을 교회 생활의 핵심으로 여기는 일이 많아졌다는 것이다. 물론 교회에서 적극적으로 봉사하고 섬기는 일은 참으로 바람직한 일이다. 그러나 그러기에 앞서 교회는 우리의 신앙을 바르고 건강하게 형성해 주는 산실임을 알아야 한다. 혼자서는 도저히 살아갈 수 없는 우리를 보호해 주고 성장시켜 주는 곳으로 알아야 한다. 그리고 이런 사실 때문에 교회 안에서 늘 겸손히 배우는 심정과 태도를 유지해야 한다.

때로는 우리가 속해 있는 교회가 영적으로 퇴락하여 우리의 신앙생활에 유익을 주지 못하고 오히려 우리 마음에 시험거리만 되는 경우도 있다. 하지만 어느 날부터 교회가 우리를 충분하게 돌보지 못하고 교회에서 우리의 필요가 충분하게 채워지지 못한다고 해서 교회를 멀리하거나 교회를 등지고 훌쩍 떠나서는 안 된다. 그것은 참으로 이기적인 행동이며 신실하지 못한 행동이다. 남편을 잘 섬기고 돌보던 아내가 어느 날 병이 들어 이전처럼 남편을 잘 섬기지 못하고 돌보지 못한다고 해서 그 남편이 아내를 버리고 떠난다면, 세상 어느 누가 그 남편을 칭찬하겠는가! 교회와 우리의 관계도 마찬가지이다. 만일 교회가 참교회가 아니라 거짓 교회라면 뒤도 돌아보지 말고 그 교회를 떠나야겠지만, 교회가 참교회인데 병들었다면 오히려 우리는 그 교회를 회복시키기 위하여 우리를 헌신해야 할 것이다. 신앙의 성숙과 성장은 교회가 우리의 필요를 충분하게 채워 줄 때만 일어나는 게 아니고 우리가 연약한 교회를 사랑으로 돌볼 때도 일어나는 법이다.

| 교회를 선택하는 기준을 알라 |

교회가 우리의 신앙을 형성해 주고 성장케 하는 산실이라면, 교회를 선택할 때 매우 신중해야 한다. 잘못된 기준을 가지고 우리가 속할 교회를 결정하는 일이 없어야 한다. 교회를 선택할 때는 교회를 면밀히 살펴보고 기도로 하나님의 인도하심을 구하고 신중하게 결정해야 한다. 한두 번 예배에 참여해 보고 뜨거운 찬양이 마음에 든다고 섣부르게 결정하는 일이 없어야 한다. 찬양이 뜨겁지만 진리가 바르게 선포되지 않는 교회도 많기 때문이다. 설교자가 귀에 쏙쏙 들어오게 설교하는 게 마음에 든다고 섣부르게 결정하는 일도 없어야 한다. 탁월한 언변과 철저한 준비로 귀에 쏙쏙 들어오는 설교는 잘하지만 복음의 내용을 설교에 충실히 담지 못하고 그저 사람들이 듣기 편한 설교만 하는 설교자도 얼마든지 있기 때문이다. 교회 안에 소그룹이 활발하게 모이는 것이 마음에 든다고 섣부르게 결정하는 일도 없어야 한다. 소그룹이 얼마나 활발하게 모이느냐가 중요한 것이 아니라 소그룹이 정말로 영적인 교제를 얼마나 풍성히 하느냐가

중요하기 때문이다.

또한 교회를 선택할 때 "이 교회는 얼마나 다양한 사역의 장이 있고, 내가 내 은사를 제대로 발휘하며 봉사할 여건을 잘 갖추고 있는가?"라고 물으면서 그것으로 결정해서도 안 된다. 물론 어떤 교회가 다양한 사역의 장을 마련해 놓고 모든 교인들이 하나님께서 주신 은사를 따라 적절한 봉사 영역에서 섬길 수 있도록 기회를 준다면, 그것은 그 교회의 장점이 될 수 있다. 하지만 그것이 교회를 선택할 때 우리가 제일 먼저 고려해야 할 사항은 못 된다. 교회는 우리의 신앙을 길러주는 산실이기 때문에 교회를 선택할 때 우리가 제일 먼저 고려해야 할 사항은 다음과 같은 내용이 되어야 한다.

"이 교회는 죄인들을 구원하고 하나님의 백성들을 온전하게 성장시키는 일에 얼마나 충실하고 있는가?"
"이 교회의 설교는 정말 우리 영혼을 그리스도 안에서 강건하게 세워 주는 능력이 있는가?"
"이 교회의 성찬식은 하나님의 말씀대로 시행되며 그리스도의 죽으심을 높이는 경건한 성찬식인가?"
"이 교회는 주일을 거룩하게 지키며 영적인 일들에 집중하는가?"
"이 교회는 성도들이 얼마나 영적인 교제를 나누며 서로의 영적인 삶을 지켜 주는가?"

오늘날에도 자기 마음에 쏙 들고 완전에 가까운 교회를 찾아서 평생

떠돌아다니는 사람들이 적지 않은데, 그래서는 안 된다. 우리 자신도 신앙과 삶에서 완전하지 않은데, 우리 가정도 신앙과 삶에서 완전하지 않은데, 수십 명 또는 수백 명의 사람이 모여 있는 교회가 어떻게 완전할 수 있겠고 우리 마음에 쏙 들 수 있겠는가? 우리가 이 땅에서 찾아야 할 교회는 신앙의 산실로서 교회가 본질적으로 갖추고 있어야 할 가장 기본적인 요소들을 균형 있게 갖추고 있는 교회이지, 완전한 교회나 우리 마음에 쏙 드는 교회가 아니다. 우리는 성경적인 교회를 추구하고 그것을 이루려고 애를 쓰는 교회에 속하여 겸손히 배우고, 그 교회 안에서 주일을 거룩하게 지키며, 그 교회의 성도들과 최대한 교제하는 삶을 살아야 한다. 그럼으로써 먼저는 부족한 우리가 그 교회 안에서 온전해지고, 그런 우리를 통해서 다른 교우들도 온전해지고, 그런 교우들을 통해서 교회가 온전해지기를 소망하며 그 일에 우리를 헌신해야 한다.

| 교회의 지체로 살라 |

올바른 신앙을 형성하고 싶다면 반드시 교회를 중심으로 신앙생활을 하라. 특별히 교회의 공적인 설교와 성찬식을 존중하고 그것을 통하여 하나님께서 베풀어 주시는 은혜와 사랑을 최대한 공급받자. 또한 영적인 일에 집중하라고 하나님께서 우리를 이 세상의 모든 분주한 일에서 자유롭게 해 주신 주일을 거룩하게 지키자. 주일에는 공적인 집회를 통하여 하나님을 경배하고 하나님의 은혜로 우리 영혼을 배부르게 먹이는 데 최대한 집중하고, 남은 시간에도 개인적으로 은밀히 하나님과 교제하고 선한 일에 헌신하자. 또한 주일뿐 아니라 평일에도 기회가 되면 경건한 성도들과 만나 교제함으로써 우리 영혼에 더 큰 힘을 얻고 다른 성도들을 위로하고 격려하는 일을 하자. 적어도 이 세 가지는 우리의 신앙생활 가운데 중요한 축과 같이 자리를 잡고 있어야 한다. 이것이 참되고 강력한 신앙을 형성하는 지름길이다.

먼저, 설교에 대해서 생각해 보자. 교회에서 선포되는 설교를 존귀하게 여겨야 한다. 주일이 다가오면 주일에 선포될 말씀을 기대하며 마음의 준비를 하고 하나님께서 그 말씀을 통해 은혜와 복을 주시도록 간절히 기도해야 한다. 예배당에 앉아 말씀을 들을 때는 하나님께서 당신에게 말씀하시는 것으로 여기며 집중해서 들어야 한다. 필요하면 나중에 묵상할 때 도움이 되도록 간단히 요점을 메모하는 것도 유익할 수 있다. 예배가 끝난 후에는 그날 들은 설교 말씀이 우리의 생각과 대화에서 가장 중요한 내용이 되도록 해야 한다. 예배 후에 사람들과 불필요한 잡담이나 이 세상 일을 논의하느라 설교 말씀의 내용이나 거기에서 받은 인상과 감동을 잊어버리거나 잃어버리는 일이 없도록 주의해야 한다. 집에 돌아와서도 시간을 내어 주일 예배 설교 말씀을 기억하고 묵상하며 기도해야 한다.

성찬에 관하여 생각해 보자. 옛날 신앙의 선조들은 성찬을 앞두면 교회가 공적으로 준비를 하였다. 설교자는 최소한 한 주 전에는 교인들이 성찬을 바르게 준비하고 믿음으로 참여하도록 예비 설교를 하였다. 때로는 장로들이 교인들을 심방하며 그들의 영적 상태를 점검하는 일도 하였다. 그리하여 온 교회가 거룩한 상에 참여한다는 차원에서 한편으로는 긴장하고, 또한 은혜의 상에 참여한다는 차원에서 한편으로는 기대도 하면서 성찬에 참여하였다. 그러나 대다수의 한국 교회는 성찬 준비하는 일을 공적으로 행하지 않는다. 교회 주보에 주의 만찬이 있을 것을 공고하는 게 전부일 때가 많다. 그러므로 우리는 개인적으로 더 책임감을 가지고 성찬을 준비해야 한다. 우리 자신을 철저하게 점검하고 예수 그리스도에 대한 철저한 믿음으로 성찬에 참여하여 신령한 은혜를 풍성히 누려야 한다.

그다음 주일 성수에 대해서 생각해 보자. 주일을 어떻게 지내는 것이 옳으냐에 관해서는 교회 안에서도 여러 가지 의견이 분분하다. 무엇을 해야 한다 하지 말아야 한다고 하는 논쟁도 많다. 그러나 분명한 사실은 주일만큼 이 세상의 모든 일에서 놓임을 받고 자유롭게 하나님께 집중할 수 있는 시간도 없다는 것이다. 더욱이 주일에는 교회의 공적 모임을 통하여 신령한 영적 음식을 충분히 공급받을 수도 있고, 흩어져 있던 성도들을 만나 서로 교제하며 천국 가는 순례자들끼리 위로하고 위로받는 최상의 시간을 기쁨으로 누릴 수 있다. 그러므로 이날은 할 수 있는 만큼 최선을 다하여 하나님께 집중하고, 신령한 일들에 집중해야 옳다. 우리의 건강이 허락하는 선에서 아침 일찍 일어나 평일보다 더 많은 시간과 집중력으로 말씀을 읽고 기도하며 주일 예배를 준비하자. 예배 후에 여가 시간이 나면 이때도 우리의 건강을 위하여 필요한 휴식을 취하는 것 외에는 우리의 신앙을 위하여 모든 시간과 힘을 다 투자하자.

마지막으로 성도들의 교제를 생각해 보자. 제일 중요한 것은 지금 출석하고 있는 교회에 소그룹 모임이 있다면 성도의 교제를 추구하는 마음으로 그 소그룹 모임에 적극 참여하도록 하자. 물론 어떤 소그룹 모임은 영적인 대화를 풍성하게 하지 못하고 교회 이야기나 세상 살아가는 이야기 등으로 시간을 허비하여 우리의 마음을 씁쓸하게 할 수 있다. 그렇다면 그 소그룹 모임이 영적인 교제의 장이 될 수 있도록 우리가 먼저 나서서 다른 사람들의 영적인 삶에 관하여 질문도 하고 주일 설교에 대해서 유익한 질문을 던짐으로써 그 모임을 영적인 모임으로 이끌어 갈 수 있을 것이다. 또 가능하다면 주변에 믿을 만하고 영적으로 경건한 사람들과 규칙적으로 만나 서로의 영적 상태를 점검해 주는 모임을 만드는 것도 좋을 수 있다.

2020년에 시작된 팬데믹이 휩쓸고 간 이 세상은 많은 것이 달라졌다. 교회도 예외는 아니다. 교회를 대하는 사람들의 마음가짐과 태도도 예외는 아니다. 이제는 많은 사람들이 주일에 교회당에 반드시 나갈 필요가 없다고 생각하는 일이 흔해졌다. 예배도 교회당에 가서 다른 성도들과 함께 드리지 않아도 되고 집에 혼자 앉아서 온라인 화면을 보면서 참여해도 얼마든지 좋다고 생각하는 일이 흔해졌다. 교회에서 다른 성도들과 교제하는 일이 힘들고 불편하니 온라인에서 가끔 교제하면 그것으로 충분하고 생각하는 일도 흔해졌다. 이런 시대의 흐름에 휩싸이지 않도록 주의하자.

사람이 모이면 항상 문제가 생긴다는 것을 하나님이 몰라서 우리의 신앙이 교회 안에서 자라게 만드셨을까? 사람이 모이면 항상 문제가 있지만 하나님께서는 오히려 그런 상황에서 당신의 은혜로 우리를 올곧게 길러 내시고 서로 사랑하는 기적을 만들어 내시려고 우리에게 교회를 주신 것이 아니겠는가! 그러므로 사람들을 탓하지 말고 하나님께 우리의 소망을 두고서 하나님의 기적을 바라며 교회 안에서 다른 교우들과 함께 예배하고, 함께 교제하고, 함께 살자. 그럴 때 우리는 함께 성장하는 하나님 나라의 신비를 경험하게 될 것이다.

체크 리스트

1. 나는 하나님께서 나를 교회 안에서 양육하신다는 것을 믿는가?

① ② ③ ④ ⑤ ⑥ ⑦ ⑧ ⑨ ⑩

2. 나는 교회에서 다른 교우들과 함께 참여하는 예배, 성찬, 주일 생활, 성도의 교제가 내 신앙을 위해서 필수적인 요소라고 믿는가?

① ② ③ ④ ⑤ ⑥ ⑦ ⑧ ⑨ ⑩

3. 나는 교회에서 다른 교우들과 함께 참여하는 예배, 성찬, 주일 생활, 성도의 교제에 적극적으로 또한 신실하게 참여하는가?

① ② ③ ④ ⑤ ⑥ ⑦ ⑧ ⑨ ⑩

4. 나는 주일 예배에서 다른 교우들과 함께 듣는 설교를 내 신앙생활에서 정말 중요하다 여기고 거기로부터 최대한 유익을 얻고자 하는가?

① ② ③ ④ ⑤ ⑥ ⑦ ⑧ ⑨ ⑩

5. 나는 다른 교우들과 함께 주의 만찬에 참여함을 영광으로 알고 믿고 기대하는 마음, 기뻐하는 마음으로 참여하는가?

① ② ③ ④ ⑤ ⑥ ⑦ ⑧ ⑨ ⑩

6. 나는 주일을 거룩하게 구별하여 사는 일이 나와 우리의 신앙에 매우 중요하고 필수적인 일로 알고서 주일을 온전하게 지내고 있는가?

① ② ③ ④ ⑤ ⑥ ⑦ ⑧ ⑨ ⑩

7. 나는 교회 안에 있는 최대한 많은 교우들과 성도의 교제를 나누려고 애쓰고 그 교제를 통해 유익을 얻고 있는가?

① ② ③ ④ ⑤ ⑥ ⑦ ⑧ ⑨ ⑩

내 신앙의 발전 기록

1차 점검		일자	년	월	일
5점 이하 항목 번호					
6점 이상 항목 번호					
종합 평가					
개선점					

2차 점검		일자	년	월	일
5점 이하 항목 번호					
6점 이상 항목 번호					
종합 평가					
개선점					

독서 모임을 위한 토론 주제

주제 1. 사도행전 2장 41~42절 말씀과 에베소서 4장 11~14절 말씀을 펼쳐
놓고 왜 우리가 교회 안에서 신앙을 형성하고 성장하도록 해야 하는
지 그 이유와 필요에 대해서 토론해 보자.

주제 2. 위의 두 성경 구절 외에도 교회가 우리의 신앙 형성과 성장에 산실이
된다는 것을 가르쳐 주는 성경 구절들이 있는지 찾아보자.

주제 3. 청교도들이 신앙을 세우고 발전시키기 위해 교회 안에서의 설교와 성
찬, 주일 성수, 성도의 교제를 중요하게 여기고 실천한 모습을 보면서
특별히 개인적으로 배우거나 도전받거나 감명받은 것이 있다면 말해
보자.

주제 4. 청교도들이 신앙을 세우고 발전시키기 위해 교회 안에서의 설교와 성찬, 주일 성수, 성도의 교제를 중요하게 여기고 실천한 모습을 보면서 오늘날 우리 교회가 배워야 할 점이 있다면 무엇인지 말해 보자.

주제 5. 청교도들이 신앙을 세우고 발전시키기 위해 교회 안에서의 설교와 성찬, 주일 성수, 성도의 교제를 중요하게 여기고 실천했던 모습에 비추어 지금 우리 자신이 교회의 지체로서 어떻게 살아가고 있는지를 점검해 보고 느낀 바를 말해 보자.

설교와 성찬	
주일 성수	
성도의 교제	

주제 6. 저자가 제시한 세 가지 적용을 읽으면서 개인적으로 '이것만큼은 꼭 내 삶에 적용해야겠다.'라고 생각한 것이 있다면 무엇인지 말해 보자.

주제 7. 저자가 제시한 적용 외에 우리가 적용할 필요가 있거나 적용하면 좋을 것이 있는지 생각해 보고 말해 보자.

BASIC 6

확신 로켓

Rocket of Assurance

확신 로켓
Rocket of Assurance

| 깊고 풍성한 확신에 도달하면 신앙은 하늘로 치솟아 오른다 |

달리기 선수를 생각해 보자. 출발 신호가 울리는 순간부터 결승 라인을 통과하는 순간까지 쉬지 않고 뛰어야 하는 육상 선수에게 가장 필요한 것은 무엇일까? 출발 신호와 동시에 힘차게 땅을 박차고 출발하는 순발력일까? 숨이 차지 않도록 호흡을 조절하는 기술일까? 아니다. 육상 선수에게 무엇보다 절실하게 필요한 것은 '추진력'일 것이다. 결승 라인까지 힘이 떨어지지 않고 끝까지 힘차게 달릴 수 있도록 만들어 주는 힘. 다른 선수들보다 더 빨리 뛸 수 있도록 해 주는 힘. 바로 추진력이다. 아무리 출발을 잘하고 호흡 조절을 잘해도 추진력이 없으면 달리기를 잘하기가 어렵다. 이런 점에서 육상 선수에게 추진력은 정말 중요하다.

그리스도인의 신앙생활도 육상 경기에 비유할 수 있다. 사도 바울은 말년에 자신의 삶을 이렇게 고백하였다. "나는 선한 싸움을 싸우고 나의 달려갈 길을 마치고 믿음을 지켰으니 이제 후로는 나를 위하여 의의 면류관이 예비되었으므로 주 곧 의로우신 재판장이 그 날에 내게 주실 것이며

내게만 아니라 주의 나타나심을 사모하는 모든 자에게도니라"(딤후 4:7-
8). 여기에서 바울은 신앙의 삶을 '육상 경기'에 비유하고 있다. 바울이 쓴
여러 편지를 보면, 그리스도인의 신앙생활을 '육상 경기'에 비유하는 곳
이 여러 군데 있다.

운동장에서 달음질하는 자들이 다 달릴지라도 오직 상을 받는 사람은 한
사람인 줄을 너희가 알지 못하느냐 너희도 상을 받도록 이와 같이 달음질
하라 _고전 9:24

너희가 달음질을 잘 하더니 누가 너희를 막아 진리를 순종하지 못하게 하
더냐 _갈 5:7

생명의 말씀을 밝혀 나의 달음질이 헛되지 아니하고 수고도 헛되지 아니
함으로 그리스도의 날에 내가 자랑할 것이 있게 하려 함이라 _빌 2:16

바울은 왜 그리스도인의 신앙생활을 달리기, 곧 육상 경기에 비유하였
을까? 육상 경기의 경우는, 다른 운동과 달리 출발 신호가 울리는 순간부
터 결승 라인을 통과하는 순간까지 한순간도 머뭇거리지 않고 혼신의 힘
을 다해 앞만 보고 달려야 한다. 이런 점에서 바울은 그리스도인의 신앙
생활을 육상 경기에 비유한 것이 아닐까? 그리스도인의 신앙의 삶도 육상
경기처럼 한번 출발하면 뒤를 돌아보지 않고 그리스도를 바라보며 전력
질주해야 한다. 이런 유사점 때문에 바울은 신앙의 삶을 육상 경기에 비

유한 것으로 보인다.

그리스도인의 신앙생활이 육상 경기와 같고, 육상 경기 선수에게 추진력이 필수적이라면, 당연히 그리스도인의 신앙생활에도 추진력이라는 것이 절대적으로 필요할 것이다. 생각해 보라. 믿음으로 사는 신앙생활은 하루 이틀 하다가 끝낼 수 있는 일이 아니다. 꾸준하게 해야 하는 일이고 죽을 때까지 해야 할 일이다. 그러니 강한 추진력이 필요하지 않겠는가! 더구나 이 세상은 우리가 믿음으로 살 수 있는 좋은 환경을 늘 제공하지도 않는다. 이 시대의 바람을 거슬러 가며 믿음으로 살아야 할 때가 많다. 우리 마음은 믿음으로 살아가는 일에 그렇게 끈기도 없다. 우리는 쉽게 지치고 넘어진다. 이런 상황에서 믿음으로 살려면 당연히 강력한 추진력이 필요하지 않겠는가!

| **신앙의 추진력** |

그렇다면, 그리스도인으로 하여금 앞에 있는 푯대를 바라보며 끊임없이 달려가게 만드는 추진력은 무엇일까? 무엇이 우리로 하여금 영적인 힘을 잃어버리지 않고 줄기차게 그리고 더 힘차게 달릴 수 있도록 만들어 줄까? 이에 대한 해답은 그리스도인의 삶을 육상 경기에 비유하고 그 경기를 멋지게 완주한 바울에게서 배울 수 있다. 바울은 죽음을 앞에 두고 자신이 믿음의 선한 싸움을 다 싸우고 달려갈 길을 다 마쳤다고 고백했다. 바울은 얼마나 강력한 추진력이 있었길래, 믿음의 선한 싸움을 다 싸우고 달려갈 길을 다 마치고 영원한 의의 면류관을 바라볼 수 있었을까?

바울은 자신의 추진력이 무엇이었는지도 성경에 기록해 놓았다.

> 우리가 만일 미쳤어도 하나님을 위한 것이요 정신이 온전하여도 너희를
> 위한 것이니 그리스도의 사랑이 우리를 강권하시는도다 우리가 생각하건
> 대 한 사람이 모든 사람을 대신하여 죽었은즉 모든 사람이 죽은 것이라 그
> 가 모든 사람을 대신하여 죽으심은 살아 있는 자들로 하여금 다시는 그들
> 자신을 위하여 살지 않고 오직 그들을 대신하여 죽었다가 다시 살아나신
> 이를 위하여 살게 하려 함이라 _고후 5:13-15

여기에서 바울은 "그리스도의 사랑이 우리를 강권하시는도다"라고 말
하는데, '강권한다'라는 표현은 강력한 힘으로 밀어붙이는 것을 의미한
다. 그러니까 바울의 말은 그리스도의 사랑이 그로 하여금 신앙의 삶을
열정적으로 살도록 강력한 힘을 제공했다는 뜻이다. 여기에서 바울은 그
리스도의 사랑이 구체적으로 어떤 사랑인지도 설명해 준다. "한 사람이
모든 사람을 대신하여 죽었은즉." 곧 십자가의 죽음이다. 그러니까 바울
이 말하는 그리스도의 사랑은 갈보리 십자가를 바라보면서 깨닫고 확신
하게 된 사랑이었던 것이다. 종합해 보면, 바울에게서 신앙의 강력한 추
진력은 그리스도의 사랑이었는데, 특별히 십자가에서 확증된 그리스도의
사랑이었다.

그러므로 사도 바울의 뒤를 따라서 참되고 강력한 신앙을 형성하여 믿
음의 경주를 완주하기 원하는 모든 그리스도인들은 이런 확신을 자기 신
앙의 추진력으로 삼아야 한다. 다른 데서 힘을 얻어 앞으로 달려가려고

하지 말고 날마다 십자가를 바라보며 그리스도의 사랑을 더 깊고 풍성하게 확신함으로써 거기에서 힘을 얻으려고 해야 한다. 그 사랑이 태풍처럼 우리를 밀어붙여서 거룩한 신앙의 삶을 살 수밖에 없도록 만드는 기적을 바라야 한다. 육상 선수에게 추진력이 절대적으로 필요한 것처럼, 신앙의 삶에도 확신이라는 추진력이 반드시 필요하기 때문이다. 이런 확신을 우리 신앙생활에 추진력으로 삼을 때, 신앙생활을 방해하는 장애물이 아무리 많아도 그 모든 것을 이기고 앞으로 달려갈 수 있게 된다.

사도 베드로도 죄 많은 이 세상에서 넘어지지 않고 믿음의 경주를 달려야 하는 성도들에게 다음과 같이 권면하였다. "그러므로 형제들아 더욱 힘써 너희 부르심과 택하심을 굳게 하라 너희가 이것을 행한즉 언제든지 실족하지 아니하리라"(벧후 1:10). 여기에서 부르심과 택하심을 굳게 한다는 것은 무엇일까? 그것은 하나님께서 영원 전부터 우리를 택하시고 그리스도의 사랑과 은혜로 구원하시고 자녀로 삼으셨다는 사실을 더 확실하게 깨닫고 더 풍성하게 알라는 것이다. 다시 말해서, 구원의 확신과 하나님의 사랑에 대한 확신을 더 확고하게 소유하라는 말이다. 이렇게 하면 무슨 일이 있어도 실족하지 않을 수 있다는 것이다.

육상 경기 중에 있는 어떤 선수를 상상해 보자. 이 선수는 출발선에서 가장 일찍 출발했고 호흡도 잘 조절했다. 그런데 이 선수에게 추진력이 부족하다면 어떻게 되겠는가? 시간이 흐를수록 뒤로 처지게 되고 결국 경기에서 지고 말 것이다. 얼마나 안타까운 일인가! 신앙의 삶도 마찬가지이다. 아무리 놀랍게 거듭나고 회심했어도, 또 아무리 성경을 많이 읽고 묵상을 잘하며 기도를 오래 해도, 또 아무리 설교를 열심히 듣고 주일을 철저히 지키며 성도들과 교제를 나누어도, 그리스도의 사랑에 대한 인격적인 확신이 약한 성도는 추진력이 없어서 자꾸 뒤로 처지는 가련한 육상 선수처럼 될 뿐이다. 우리가 신앙의 경주에서 그런 사람이 되어서야 되겠는가! 우리가 신앙의 경주에서 그런 사람이 된다면 우리의 경주를 지켜보시는 예수 그리스도에게 얼마나 큰 슬픔과 불명예가 되겠는가! 그러므로 그리스도의 사랑을 신앙의 강력한 추진력으로 삼자.

| 확신을 얻는 방법 |

그렇다면, 어떻게 해야 이런 확신을 더 깊고 풍성하게 소유할 수 있을까? 감사하게도 하나님께서는 이 모든 일에 필요한 도움을 우리에게 이미 다 허락하셨다. 그러므로 걱정할 것 없다. 다만, 더 깊고 풍성한 확신에 도달하기 위하여 우리가 해야 할 일을 하면 된다. 먼저, 신앙의 추진력이 되는 확신에 도달하도록 하나님께서 우리를 위해 준비해 놓으신 것부터 살펴보자.

첫째로, 하나님께서는 성경에 기록된 그리스도의 구속의 역사와 풍성한 약속의 말씀을 통하여 우리에게 그리스도의 사랑을 확신시켜 주신다. 사도 요한은 요한복음이 기록된 목적을 다음과 같이 설명하였다. "오직 이것을 기록함은 너희로 예수께서 하나님의 아들 그리스도이심을 믿게 하려 함이요 또 너희로 믿고 그 이름을 힘입어 생명을 얻게 하려 함이니라"(요 20:31). 성경은 그리스도께서 우리를 위하여 사랑으로 행하신 놀라운 구원의 역사들을 우리에게 자세히 풀어 알려 줌으로써 우리의 마음에 그리스도의 영원한 사랑을 확신시켜 준다. 그러므로 확신을 얻고자 한다면, 제일 먼저 우리 밖에서 그리스도께서 행하신 구원의 놀라운 일들과 하나님의 불변하는 약속들을 주목해 보아야 한다.

둘째로, 하나님께서는 그리스도의 구속의 은혜를 실제로 경험하는 사람들에게만 일어나는 참된 변화와 열매를 성경에 기록해 놓으시고 그런 변화와 열매가 우리 안에 이루어졌다는 것을 확인시켜 주심으로써 우리 안에 확신을 심어 주시고 자라게 하신다. 사도 요한은 요한일서가 기록된 목적을 다음과 같이 설명하였다. "내가 하나님의 아들의 이름을 믿는 너희에게 이것을 쓰는 것은 너희로 하여금 너희에게 영생이 있음을 알게 하려 함이라"(요일 5:13). 요한일서는 구원을 얻은 하나님의 백성들에게 나타나는 몇 가지 핵심적인 열매를 짚어 주면서 "이것이 너희에게 있다면 너희는 참으로 하나님의 사랑받는 자녀이다."라고 확신을 심어 준다. 그러므로 확신을 얻고자 한다면, 구원하는 은혜가 우리 안에 맺은 신령한 열매들을 주목해 보아야 한다.

셋째로, 하나님께서는 진리의 영이신 성령을 통하여 우리가 하나님의 자녀인 것을 확실하게 증거해 주신다. "성령이 친히 우리의 영과 더불어 우리가 하나님의 자녀인 것을 증언하시나니"(롬 8:16). 우리가 하나님의 사랑과 구원을 확신하는 과정에는 살아 계신 성령의 간섭과 증거가 있다. 우리 안에 내주하시는 성령께서는 우리가 성경 속에서 그리스도의 구속의 역사와 사랑을 읽을 때 그것을 확신할 수 있도록 도와주시고, 또 우리가 우리 마음 안에 새겨진 은혜의 열매들을 확인할 때 오판하지 않도록 우리를 지도해 주신다. 또 때로는 성령께서 직접 우리의 마음 속에 우리가 하나님의 자녀라는 강력한 확신을 불어넣어 주기도 하신다. 그래서 우리로 하여금 하나님을 향하여 '아바 아버지'라고 담대히 부르게 하신다.

이처럼 감사하게도 하나님께서는 그리스도의 사랑을 성경에 기록해 놓으실 뿐 아니라, 우리 마음에 그 은혜와 사랑의 열매를 맺어 주시고, 또한 우리 마음에 성령을 보내어 주셔서 우리가 우리의 구원과 하나님의 사랑을 확신하는 데 어려움을 겪지 않도록 해 주셨다. 그러므로 우리는 이 세 가지를 활용하여 더 깊고 풍성한 확신에 도달해야 한다.

| 청교도들은 어땠을까? |

17세기 청교도들은 신앙의 추진력으로서 확신을 강력하게 강조하였다. 지금까지 살펴본 것처럼 청교도들에게 있어서 신앙이라는 것은 성령으로 말미암아 참으로 거듭난 성도가 오직 성경이라는 규칙에 근거하여 신앙 형성의 개인적인 방법과 교회적인 방법을 성실하게 활용하면서 삼위 하나님을 향하여 반응하는 것이었다. 이러한 반응은 기본적으로 하나님과 일대일 관계 속에서 이루어지지만 동시에 교회라는 공동체 안에서도 이루어지는 것이었다. 청교도들은 이 다섯 가지 근본적인 요소들을 강조하면서 그들의 신앙을 형성하였다. 하지만 청교도들은 거기에서 멈추지 않았다. 청교도들은 그렇게 형성되는 신앙을 더 강력하게 만들어 주는 추진력으로서 확신의 필요성과 가능성을 강조하였다.

그렇다면, 청교도들에게 있어서 확신이란 무엇이었을까? 토머스 굿윈은 그리스도인이 "하나님과 그리스도께서 나를 구원하시기로 작정하시고 또 기꺼이 나를 구원하기 원하신다."[120]라는 것을 확실하게 알고 믿는 것이 확신이라고 정의하였다. 토머스 보스턴은 하나님의 자녀가 "하나님께서 자기를 특별한 사랑으로 사랑하시고 영원한 영광에 확실히 들어가게 만들어 주실 것이라는 사실"[121]을 대강 아는 것이 아니라 또 단순히 막연하게 소망하는 것이 아니라 틀림없는 사실로 확고하게 믿는 것이 확신이라고 말하였다. 이처럼 청교도들에게 확신은 그리스도를 통하여 죄와 영원한 멸망에서 우리를 구원해 주시고 하나님의 자녀로 삼아 주시며 영원한 영광을 주시는 하나님의 은혜와 사랑을 확고하게 인식하고 믿는 것이었다.

청교도들은 참으로 거듭난 성도들의 경우 이런 확신을 자연스럽게 추구하게 된다고 믿었다. 존 플라벨은 이렇게 말하였다.

참된 그리스도인들이 이 세상에서 가장 간절하게 추구하는 것이 있다면, 단연코 그것은 예수 그리스도의 사랑을 굳게 확신하고 만족하는 것이다.[122]

리처드 십스도 같은 취지로 말하였다.

선한 마음을 가지고 있는 모든 그리스도인은 믿음을 얻기 위해서 열심히 일하는 것만큼 확신을 얻기 위해서도 열심히 일하게 되어 있다. 그렇게 하지 않는 그리스도인은 아무도 없다. 참된 그리스도인은 모든 수단과 방법을 동원하여 자신의 소명과 택함을 확신하기 위하여 전심전력하게 되어 있다.[123]

동시에 청교도들은 이런 확신을 추구하는 것이 모든 그리스도인의 필수적인 의무임을 강조하였다. 그래서 청교도들은 모든 죄인들에게 구원을 얻으라고 강력하고 촉구하는 것만큼 모든 그리스도인들에게 확신을 추구하고 소유하라고 강력하게 촉구하였던 것이다. 앤서니 버제스(Anthony Burgess, 1600-1664)는 "하나님의 백성들은 자신 안에 이루어진 구원의 사역이 참된 것임을 확신해야만 한다. 이것은 그들이 특별히 마음을 쏟아야 할 의무이다."[124]라고 말하였다. 조셉 케릴(Joseph Caryl, 1602-1673)은 이렇게 말하였다.

> 하나님의 영광 다음으로 우리가 가장 중요하게 소망할 수 있는 것은 우리 자신의 구원이다. 그리고 우리가 소망할 수 있는 가장 감미로운 것은 우리의 구원에 대한 확신이다.[125]

| 확신을 강조한 진짜 이유 |

하지만 오해하지 말자. 청교도들이 확신을 강조한 이유는 단순히 그들이 구원의 확실성에 관하여 관심이 많았기 때문만은 아니었다. 물론, 청교도들은 참된 구원에 관하여 누구보다 진지하게 생각했다. 또 구원과 관련된 모든 것을 끊임없이 강조했다. 그러나 확신의 경우는 좀 달랐다. 왜냐하면 청교도들은 전반적으로 확신이 구원에 이르는 믿음의 본질적인 요소가 아니라고 생각했기 때문이다. 청교도들은 확신이 없어도 구원에 이르는 믿음을 가질 수도 있다고 믿었고, 구원에 이르는 믿음이 있으면 확신이 없어도 천국에 들어갈 수 있다고 믿었다. 토머스 맨톤의 말을 들어 보자.

> 그리스도에게 순종하겠다는 결심을 품고 복음의 약속을 굳게 붙드는 것
> 은 우리의 죄를 사함받고 우리의 인격이 의롭다 함을 얻으며 하나님 앞에
> 서 용납을 받는 데 절대적으로 필요한 조건이다. 반면에 우리 자신의 구
> 원을 확신하는 것은 위로를 얻는 데는 도움이 될 수 있지만 우리의 구원
> 에 절대적으로 필요한 것은 아니다.[126]

청교도들의 이런 견해는 성경에 등장하는 믿음의 사람들과 자신들의 목회 현장에서 만난 많은 그리스도인들을 지켜보면서 형성되었다. 청교도들은 성경에 나오는 많은 인물들이 구원에 이르는 믿음을 가지고 있으면서도 확신에 없어서 흔들리고 연약해지는 것을 놓치지 않고 눈여겨보았다. 목회 현장에서 참된 성도임에도 불구하고 확신이 없는 그리스도인들을 많이 목격했는데, 특별히 갓 거듭난 그리스도인의 초기 상태에서 이런 현상이 흔하게 나타난다고 보았다. 그래서 구원의 확신이 없어도 참된 믿음만 있으면 구원받을 수 있다고 본 것이다. 크리스토퍼 러브(Christopher Love, 1618-1651)는 이렇게 설명하였다.

> 갓난아이는 자신이 태어났다는 것을 알지 못하고 자신이 살고 있다는 것
> 도 알지 못할 수 있다. 그러나 주변에서 그 아기를 지켜보고 있는 가족들
> 은 그가 태어났고 살고 있음을 안다. 그리스도인도 마찬가지이다. 그리스

도인도 거듭나 은혜의 삶을 살고 있으면서도 그것을 느끼지 못할 수 있다.[127]

청교도들은 참 그리스도인도 사탄의 집요한 공격 때문에 온전한 확신에 도달하지 못할 수 있다는 사실도 정직하게 인정하였다. 그러나 사탄은 이미 구원받은 그리스도인의 구원을 뒤엎을 능력이 없다. 그래서 그들은 그리스도인으로 하여금 온전한 확신에 도달하지 못하도록 방해하는 데 전심전력한다. 그것이 구원받은 그리스도인을 해칠 수 있는 가장 효과적인 방식이기 때문이다. 토머스 브룩스의 말을 들어 보자.

당신이 영적으로 갓난아이였을 때, 사탄은 당신의 꺼져 가는 심지가 확신이라는 불꽃으로 활활 타오르지 못하도록 찬물을 끼얹었다. 그러나 당신이 어느 정도 성숙한 지금, 당신에 대한 적개심이 가득한 사탄은 당신이 구원의 영광과 복락을 확신하지 못하도록 자신의 능력과 지혜를 다 쏟아 붓지 않을 수 없다.[128]

하지만 청교도들은 확신이 없는 상태를 바람직한 상태로 여기지는 않았다. 다만, 인간의 연약함과 사탄의 집요한 공격 때문에 그런 상태가 어쩔 수 없이 있게 된다고 정직하게 인정하였을 뿐이다. 또 확신이 없다고 해서 구원에 이르는 믿음이 없다고 말할 수 없으며, 만일 그리스도를 진실하게 믿는 믿음만 있다면 확신이 없어도 얼마든지 구원에 이를 수 있다고 믿었을 뿐이다. 청교도들은 이런 배경에서 확신을 강조하였다. 다시 말해서, 청교도들이 확신을 지극히 중요하게 여겼던 이유는 그것이 구원에 절대적으로 필요한 요소이기 때문이 아니었다. 거기에는 이것 말고 다른 이유가 있었던 것이다.

그렇다면, 청교도들이 확신을 그토록 소중하게 여기고 부단히 강조했던 진짜 이유는 무엇이었을까? 토머스 브룩스는 이렇게 대답해 준다.

> 확신이 있어야만 그리스도인이 되는 것은 아니다. 그러나 확신이 있어야만 그리스도인으로서 복되게 살 수 있다. 확신이 있어야만 그리스도인으로서 위로와 기쁨 속에 살아갈 수 있다.[129]

리처드 십스는 브룩스의 대답을 다음과 같이 거들어 준다.

> 확신이 없는 상태에서도 선한 일을 많이 할 수 있다. 그러나 굳센 확신이 있을 때만큼 선한 일을 많이 할 수는 없다. 확신이 있을 때 우리는 하나님께 온전히 순종할 수 있다. 확신이 있을 때 우리는 아무리 많은 수고를 해도 지치지 않고 아무리 많은 고난을 당해도 견딜 수 있다.[130]

이처럼 청교도들은 확신이 신앙의 형성과 실천을 위해서 가장 강력한 추진력이기에 그것을 그토록 강조했던 것이다. 토머스 굿윈은 청교도들의 관점을 짧게 요약해 주었다. "참된 모든 확신 곧 성령의 참된 인침이 있으면 그것은 사람을 거룩하게 만든다. 만일 사람을 거룩하게 만들 수 있는 것이 단 하나밖에 없다면, 그것은 바로 확신이다."[131] 바로 이런 이유 때문에 청교도들은 확신의 필요성과 중요성을 부단히 강조하였다. 확신이 신앙을 형성하고 실천하는 데 있어서 강력한 추진력이 되기 때문에 확신을 강조했고 추구했던 것이다.

| 확신의 구체적 역할 |

청교도들은 확신이 그리스도인의 신앙에 구체적으로 어떤 역할을 한다고 생각했을까?

첫째로, 청교도들은 확신이 거룩한 신앙생활에 동기를 불어넣어 주는 매우 강력한 요소 중 하나라고 보았다. 리처드 십스는 이렇게 말하였다.

하나님께서 우리를 택하셔서 부르셨다는 사실을 아는 것이야말로 모든 경건으로 나아가도록 만들어 주는 매우 강력한 동기 가운데 하나이다.[132]

물론 참으로 거듭난 모든 그리스도인은 새로운 피조물이 되었기 때문에 기본적으로 죄를 멀리하고 하나님을 가까이하는 신앙의 삶을 살고 싶어한다. 다시 말해서, 그가 거듭나는 순간 그의 마음 안에는 거룩한 신앙의 삶을 살아야겠다는 매우 강력한 동기가 함께 심어진 것이다. 하지만 자신의 구원이나 자신을 향한 하나님의 사랑을 온전히 확신하지 못하는 그리스도인은 아무래도 신앙의 삶에 대한 동기가 약할 수밖에 없다. 반면에 확신이 있는 그리스도인은 모든 일에서 하나님을 기쁘시게 하고자 하는 열망과 거룩한 신앙생활에 대한 강력한 동기를 갖게 된다. 토머스 굿원은 이것을 다음과 같이 설명하였다.

> 자신이 지금 현재 하나님의 자녀라는 사실을 더 크게 확신하는 사람은 그
> 럴수록 장차 임할 천국에서 이루어질 일들에 대해서 더 큰 참된 소망을
> 품게 된다. 그리고 천국에 대해서 더 큰 소망을 품는 사람은 그럴수록 자
> 기 자신을 그리스도처럼 더 정결하게 한다(요일 3:8). 확신은 하나님께 대
> 한 우리의 사랑을 온전하게 만든다(요일 4:16-17).[133]

이런 점에서 청교도들은 확신이 없으면 신앙의 삶에 대한 동기가 자꾸
흐릿해질 수밖에 없고, 신앙의 삶에 대한 동기가 흐릿해지면 결국 신앙의
삶이 태만해져서 아무런 성장도 할 수 없다고 보았다. 따라서 청교도들은
신앙의 삶이라는 마라톤을 뛰어야 하는 모든 성도들에게 가장 강력한 동
기를 심어 주는 확신을 추구하며 소유하라고 권면하였다. 단순히 '나는
확실하게 구원받은 사람이다.'라는 확신이 아니라 하나님의 구원의 은혜
와 사랑에 대한 깊고 풍성한 확신을 늘 새롭게 쌓아 가라고 권면한 것이
다.

둘째로, 청교도들은 확신이 참된 신앙을 견고하게 세워 주는 '감미로
운 지지대'[134]라고 믿었다. 이 세상에서 신앙의 삶을 살 때 우리는 안팎으
로 수많은 장애물과 방해 세력을 만나게 된다. 하지만 참되고 견고한 확
신만 있으면 그 모든 장애물과 방해 세력을 물리치고 강력한 신앙의 삶을
살 수 있다고 청교도들은 믿었다. 토머스 브룩스의 자세한 설명을 들어
보자.

참된 확신은 당신 안에서 기쁨과 위로의 샘이 될 것이다. 참된 확신은 모든 무거운 고난을 가볍게 만들어 주고, 기나긴 환난을 짧은 것처럼 느끼게 해 주고, 쓰디쓴 고통을 달콤하게 느낄 수 있도록 만들어 줄 것이다. 참된 확신은 주님을 섬기는 일에 열렬한 심정으로, 꾸준하게, 그리고 혼신의 힘을 다하여 헌신하도록 만들어 줄 것이다. 참된 확신은 당신의 믿음을 강화시켜 주고 당신의 소망을 더 크게 만들어 주며 당신의 사랑을 더 뜨겁게 만들어 주고 당신의 인내심을 더 크게 해 주고 당신의 열심을 더 크게 만들어 줄 것이다. 참된 확신은 모든 은혜를 감미롭게 만들어 주고, 모든 의무를 달콤한 일로 만들어 주며, 모든 규례를 감미롭게 만들어 주고, 모든 섭리를 달콤하게 만들어 줄 것이다. 참된 확신은 죄가 되는 모든 두려움과 염려에서 당신을 해방시켜 줄 것이다. 참된 확신은 당신이 짊어지고 있는 무거운 짐을 솜털처럼 가볍게 만들어 주고, 이 세상에서 오래 사는 것보다 주님과 함께 천국에 있는 것을 더 사모하게 만들어 줄 것이다. 참된 확신은 유혹을 이길 수 있는 힘을 공급해 주고, 핍박을 이길 수 있는 힘을 공급해 주며, 이해할 수 없는 고난 속에서 잠잠할 수 있도록 만들어 줄 것이다.[135]

| 확신의 가능성 |

확신의 필요성과 중요성을 강조한 청교도들은 확신의 가능성도 강조하였다. 다시 말해서, 참된 그리스도인이라면 누구나 확신을 소유할 수 있다는 사실을 강조한 것이다. 또한 참된 그리스도인이라면 누구나 평범

한 은혜의 방편을 사용하여 건전하고 견고한 확신을 소유할 수 있다는 사실도 강조하였다. 리처드 십스는 "사도 바울과 위대한 성도들만 확신을 가질 수 있는 것이 아니다. 평범한 모든 성도들도 구원의 확신을 얼마든지 소유할 수 있다."[136]라고 말하였다.

청교도들은 모든 그리스도인이 확신에 도달할 수 있는 근본적인 이유를 하나님의 은혜에서 찾았다. 토머스 브룩스는 다음과 같이 말하였다.

> 자기 백성을 향한 하나님의 사랑, 돌봄, 선함, 인자는 너무나 크기 때문에 하나님의 백성 가운데 하나님이 자신의 기업이시고 하나님 안에 자신의 모든 소유가 있다는 사실을 확신하지 못한 채 죽는 사람은 거의 없거나 전혀 없다.[137]

당시에도 로마 가톨릭교회는 이 세상에서 그리스도인이 온전한 확신에 이를 수 있다는 것을 인정하지 않았고 오히려 이런 확신이 그리스도인을 방만한 삶으로 이끈다고 크게 경계하였다. 그러나 청교도들이 볼 때, 참된 그리스도인이라면 누구나 확신을 소유할 수 있다는 것을 부인하는 것은 곧 하나님의 은혜를 부인하는 것이나 다름없는 일이었다.

이런 배경 속에서 청교도들은 모든 그리스도인이 온전한 확신을 소유할 수 있는 이유를 더 구체적으로 제시하였다. 청교도들이 이런 이유들을 구체적으로 제시한 이유는 자신이 구원을 확신하거나 하나님의 사랑을 확신하는 것은 힘들고 어려우며 거의 불가능에 가깝다고 생각하는 신자들을 격려하기 위함이었다. 예를 들어, 토머스 브룩스는 신자가 확신에 얼마든지 도달할 수 있는 이유를 다음과 같이 아홉 가지로 설명하였다.

① 그리스도인으로 하여금 자신의 영원한 행복과 복락을 확신케 하는 것이 성경의 기록 목적이다.

② 많은 그리스도인들이 평범한 방법을 통하여 자신의 영원한 행복과 복락에 대한 감미로운 확신에 도달하였다.

③ 하나님께서는 자기 백성들에게 그들의 행복과 복락에 대하여 확신을 주시겠다고 약속하셨다.

④ 모든 성도들 안에는 확신의 샘이 있다.

⑤ 성령께서는 우리에게 "너희 부르심과 택하심을 굳게 하라"(벧후 2:10)라고 권고하시며 온전한 확신을 얻는 일에 매진하라고 촉구하신다.

⑥ 주님께서는 크신 긍휼과 사랑 가운데 기록된 성경 말씀을 통하여 모든 신자들이 자신들의 행복과 복락에 대하여 올바른 확신을 얻을 수 있는 방법과 수단을 설명해 주셨다.

⑦ 그리스도께서 성찬식을 제정해 주시는 가장 중요한 목적도 자기 백성들에게 자신의 사랑을 확신시켜 주시고, 그들의 죄가 사함받았으며 하나님께서 그들을 용납해 주시며 그들의 영혼이 구원받았음을 확인해 주시기 위함이다(마 26:27-28).

⑧ 우리가 사탄과 더불어 치열한 싸움을 한 후에 하나님께서는 자기 백성에게 자신의 얼굴 빛을 환하게 비추시고 자신의 사랑으로 그들의 마음을 위로하시며 격려하시기를 기뻐하신다(마 4:11).

⑨ 성경에서 하나님은 여인의 후손과 뱀의 후손, 의인과 악인, 성도와 죄인, 아들과 종, 양과 염소, 사자와 어린 양, 곡식과 쭉정이, 빛과 어두움이 얼마나 확연히 다른지

| 확신에 도달하는 방법 |

그렇다면, 온전한 확신은 어떻게 얻을 수 있는 것일까? 청교도들은 확신을 얻는 방법에 관하여 몇 가지 사실을 강조하였다.

첫째, 청교도들은 확신이 믿는 순간에 즉각적으로 주어질 수도 있지만 일반적으로는 점진적으로 신자의 마음에 쌓이게 된다고 가르쳤다. 앤서니 버제스는 이렇게 말하였다.

확신이라는 것은 대단한 특권인데, 이 특권은 오랫동안 하나님을 알아 오고 하나님의 말씀을 풍성하게 실천하며 하나님을 위하여 많은 것을 인내한 사람들에게 주어진다.[139]

하나님과 그리스도인의 관계가 인격적인 관계임을 생각해 보면, 청교도들의 이런 견해를 쉽게 이해할 수 있다. 인격적인 관계에서 상대방에 대한 건전한 확신은 만나는 순간에 즉각적으로 생기기보다는 서로의 진실함을 확인하는 일련의 과정을 통해서 점진적으로 생기는 것이 정상이기 때문이다.

확신을 방해하는 수없이 많은 장애물 때문에도 확신은 점진적으로 형성된다는 것이 청교도들의 견해였다. 크리스토퍼 러브는 "유효한 소명과 선택"에 관한 소논문(*A Treatise of Effectual Calling and Election*)에서 그리스도 인의 확신을 방해하는 일곱 가지 장애물을 다루었다. 러브가 제시한 일곱 가지 장애물은 우울한 기질, 세상 염려, 알고 있지만 회개하지 않은 죄, 영적 우월감, 교만한 마음, 감각과 감정을 기준으로 신앙생활을 하는 태도, 은사에 대한 교만과 선행에 대한 의존 등이다.[140] 이런 장애물을 극복하는 일이 하루 아침에 이루어질 수 없다는 것 때문에 청교도들은, 온전한 확신은 점진적으로 이루어진다고 결론 내릴 수밖에 없었다. 토머스 맨톤의 말을 들어 보자.

> 대개의 경우, 우리 자신의 구원에 관한 확신은 즉각적으로 얻어지지 않는다. 우리가 하나님을 향하여 확고하며 상습적인 헌신을 어느 정도 경험하고, 여러 가지 의무와 시련과 전투 속에서 하나님께서 우리에게 주신 은혜가 잘 활용되고 인정된 후에 점진적으로 얻어진다.[141]

그러므로 청교도들은 어떤 특별한 영적 체험을 통해서 순간적으로 확신을 얻어야 한다고 가르치지 않았다. 오히려 하나님과의 꾸준하고도 친밀한 교제 속에서 온전한 확신이 점진적으로 성장한다고 가르쳤다. 물과 성령으로 거듭난 성도가 신앙의 유일한 규범인 성경에 근거하여 개인적으로는 성경 연구와 묵상과 기도라는 평범한 은혜의 방편을 성실히 수행하고, 교회적으로는 설교와 주일 성수와 성도의 교제라는 복된 규례에 믿음으로 참여함으로써 성부 성자 성령 삼위 하나님과 깊고 친밀한 교제를 꾸준히 나눌 때, 바로 거기에서 온전한 확신이 점진적으로 성장한다고 가르친 것이다. 그래서 청교도 설교자들은 어떤 특별한 영적 체험이나 훈련을 강조하는 대신 확신의 근거가 되는 예수 그리스도의 복음, 하나님의 은혜의 풍성함, 영원한 구원의 완전함을 강단에서 강력하게 선포하였고 성도들이 개인적으로나 교회적으로나 삼위 하나님과 꾸준히 그리고 친밀하게 교제를 나누도록 돕는 일에 힘을 쏟았다.

| 성령의 역할 |

청교도들은 온전한 확신에 도달하기 위해서는 반드시 세 가지가 함께 필요하다고 보았다. 첫째, 하나님의 약속이다. 그리스도인은 하나님의 약속의 말씀에 근거해서만 확신을 얻을 수 있기 때문이다. 둘째, 은혜의 열매이다. 열매로 나무를 알 수 있는 것처럼 그리스도인은 구원의 은혜가 자신의 마음과 삶에 이루어 놓은 여러 가지 열매를 통해서 구원의 은혜가 자신에게 참으로 이루어졌음을 확신할 수 있기 때문이다. 셋째, 성령의 증거이다. 진리의 영이신 성령께서 우리 영과 더불어 우리가 하나님의 자녀인 것을 증거해 주실 때 우리는 온전한 확신에 이를 수 있기 때문이다.

그러나 확신과 관련하여 청교도들이 가장 크게 강조한 것은 '성령의 증거'였다. 청교도들은 만일 성령께서 우리 영과 더불어 우리가 하나님의 자녀인 것을 증거해 주시는 일이 없다면, 하나님의 약속이나 은혜의 열매를 보고 확신을 하는 것이 우리에게 어려운 일일 수도 있고 우리의 착각으로 끝날 수도 있고, 확신을 얻었다 해도 그 확신이 우리에게 충분하지 않을 수도 있다고 보았다. 반면에 진리의 영이신 성령께서 빛을 비춰 주셔서 확신을 얻게 되면, 그러한 확신은 확실하고 충분할 것이다. 이런 이유 때문에 청교도들은 온전한 확신을 얻는 데 성령의 조명과 증거가 반드시 필요하고 그것이 가장 중요한 요소라고 믿었다. 토머스 보스턴의 긴 설명을 들어 보자.

1. 성령께서 당신의 말씀에 빛을 비추실 때, 특별히 약속의 말씀에 빛을 비추실 때, 하나님의 자녀는 약속의 말씀을 확고하게 믿는다(히 6:11-12). 주님께서는 당신의 말씀 안에서 증거하셨다. 이러이러한 사람, 예를 들어 하나님을 사랑하는 사람은 범사에 하나님을 순종하며(잠 8:17), 심령이 가난하며(마 5:3), 하나님으로부터 사랑을 받으며, 틀림없이 구원을 얻게 된다고 증거하셨다. 성령께서는 이러한 말씀의 신적인 권위와 관련하여 성도의 마음에 빛을 비추어 주심으로써 "이것은 틀림없이 내 말이다."라고 효력 있게 말씀하신다. 이것으로 하나님의 자녀는 마치 하나님의 보좌에서 울려 퍼진 음성이 그러한 약속과 선언의 말씀들을 직접 말씀하신 것처럼 그것들을 확신하게 된다. 이것이 확신의 토대이다.

2. 성령께서 신자의 마음에 당신이 이루어 놓으신 은혜의 역사에 빛을 비추실 때, 신자는 자신 안에 은혜의 역사가 이루어졌음을 확인하게 된다(고전 2:12). 하나님의 성령은 신자 안에 있는 은혜가 참되다는 것을 선명하게 알려 주신다. 예를 들어, 성령은 신자가 하나님을 진실하게 사랑하고 있다는 것을 확인해 주시면서 "이것은 내가 이룬 참 은혜의 역사이다."라고 효력 있게 말씀해 주신다. 그렇기 때문에 신자는, 하나님께서 나를 사랑

하시며 나는 결코 수치를 당하지 않을 것이고 내가 하나님 나라의 상속자라는 것을 확실하게 믿을 수 있게 된다. 이런 확신은 신자의 마음에 있는 은혜의 역사를 성령께서 선명하게 비추어 주시는 정도에 따라 강할 수도 있고 약할 수도 있다.[142]

3. 때때로 하나님의 성령께서는 성도들의 영혼과 더불어 위와 같은 결론, 즉 그들이 하나님의 자녀라는 결론이 참되다는 것을 증거해 주신다(롬 8:16). 신자 자신의 영혼의 증거는 그 자체로서 연약하고, 사탄은 신자가 하나님의 약속과 자신의 마음 안에 있는 은혜의 역사로부터 얻어 낸 확신을 무력화시킬 수 있는 여러 가지 수단을 가지고 있다. 그러므로 성령께서는 신자가 하나님의 약속과 자신의 마음 안에 있는 은혜의 역사로부터 얻어 낸 확신이 참되다는 것을 증거해 주심으로써, 신자로 하여금 온전한 확신으로 나아가게 하신다.[143]

| 확신의 유동성 |

확신을 얻는 것과 관련하여 청교도들이 세 번째로 강조했던 사실은 확신은 흔들릴 수도 있고 회복될 수도 있다는 것이었다. 먼저, 청교도들은 아무리 견고한 확신이라도 여러 가지 이유 때문에 흔들릴 수 있고 약화될 수 있다고 믿었다. 하나님의 사랑과 은혜와 구원은 영원히 불변하는 것이지만, 그것을 우리 마음에서 주관적으로 느끼는 일은 여러 가지 이유 때문에 달라질 수 있다고 믿은 것이다. 시편 기자가 "내 영혼아 네가 어찌하여 낙망하며 어찌하여 내 속에서 불안하여 하는고?"(시 42:11)라고 부르짖

은 것처럼, 청교도들은 견고하던 확신도 한없이 흔들리고 무참하게 허물어지는 때가 있다고 믿었다.

온전한 확신에 도달한 참그리스도인도 여러 가지 이유 때문에 확신을 잃어버릴 수 있다고 하는 청교도들의 일치된 신념은 웨스트민스터 신앙고백 18장 4항 앞부분에 다음과 같이 정리되어 있다.

> 참신자라 할지라도 구원의 확신을 유지하는 일에 태만하면, 또는 양심을 거스르고 성령을 슬프게 하는 어떤 특별한 죄에 빠지면, 또는 갑작스럽거나 격렬한 유혹을 만나면, 또는 하나님께서 그의 얼굴빛을 거두시고 하나님을 경외하는 사람이라도 흑암 중에 걸으며 빛을 보지 못하게 하시면, 구원의 확신은 여러 가지 방식으로 흔들리고 감소되고 중단될 수 있다.

하지만 청교도들은 확신에 대한 추구나 기대를 중단하지 않았다. 얼마든지 쉽게 잃어버릴 수 있는 것인데 굳이 그것을 얻으려고 애쓸 필요가 무엇이냐고 회의에 빠지지 않았다. 오히려 청교도들은 적극적이고 낙관적인 태도로 확신에 접근했다. 다시 말해서, 확신을 잃어버리지 않고 유지할 수 있는 구체적인 방법을 성경에서 이끌어 내고, 그것들을 실천한 것이다. 그러므로 청교도 설교자들은 강단에서 그리스도인들이 더 크고 견고한 확신에 이르도록 복음을 증거하였고, 청교도 성도들은 자신들의 삶 속에서 확신을 유지하는 데 필요한 여러 가지 성경적인 지혜를 적극 활용하였다. 토머스 브룩스는 확신을 잃어버리지 않고 유지할 수 있는 방법을 아홉 가지로 정리해 주었다. 그 항목만 옮겨 보면 다음과 같다.

① 확신을 얻는 데 도움이 되었던 은혜의 방편을 성실하게 활용하라.

② 복음 안에서 누리는 영적이며 영원한 특권, 곧 칭의, 양자 됨 등을 늘 숙고하라.

③ 확신에만 집착하지 말고 확신의 근원이 되시는 예수 그리스도에게 마음을 쏟아라.

④ 은혜의 열매에만 집착하지 말고 예수 그리스도에게 집중하라.

⑤ 지금 누리고 있는 확신으로 만족하지 말고 계속해서 더 온전한 확신을 추구하라.

⑥ 겸손하게 하나님과 동행하라(미 6:8).

⑦ 다른 성도들로 하여금 확신을 잃게 만드는 죄에 빠지지 않도록 주의하라.

⑧ 잃어버린 확신을 회복하는 데 얼마나 많은 어려움이 있는지 자주 숙고하라.

⑨ 확신을 잃어버릴 경우 당신이 입을 피해를 자주 숙고하라.[144]

청교도들은 상실된 확신도 얼마든지 회복될 수 있다는 것도 함께 강조하였다. 그래서 청교도들은 확신을 잃어버렸다고 포기하지 말고 오히려 확신을 회복하고자 애쓰라고 권면하였다. 물론, 청교도들은 확신에 도달하는 데 가장 결정적인 역할을 하는 분이 성령 하나님이라고 믿었기 때문에, 상실했던 확신을 회복하는 일에서도 성령의 역사가 결정적인 역할을 한다고 보았다. 그리고 성령 하나님은 신자의 마음에 확신을 심어 주시는 일을 한없이 기뻐하시기 때문에 누구든 구하면 그 은혜와 도움을 얻을 수 있다고도 보았다. 이것은 웨스트민스터 신앙고백 18장 4항 뒷부분에 다음과 같이 잘 정리되어 있다.

참신자들 안에는 하나님의 씨, 믿음의 생명력, 그리스도와 형제를 향한 사랑, 그리고 의무를 이행하는 마음과 양심의 성실성이 결코 완전하게 소멸되지 않는다. 바로 이것 때문에, 상실된 확신은 적당한 때에 성령의 역사를 통해 회복될 수 있으며 참신자들은 확신이 회복될 때까지 완전한 절망에 빠지지 않도록 성령의 역사를 통하여 도움을 얻는다.[145]

하지만 청교도들은 확신을 회복하는 일을 결코 손쉬운 일로 여기지 않았다. 청교도들은 확신을 회복하는 일에 따르는 크고 많은 대가도 결코 숨기지 않았다. 토머스 브룩스는 이렇게 말하였다.

> 한 번 잃어버린 확신을 회복하는 데는 수많은 신음과 탄식, 수많은 기도와 호소, 수많은 눈물과 마음 찢음, 그리고 피눈물을 흘리는 일이 대가로 따른다. 처음 온전한 확신에 도달하는 데도 많은 비용을 지불해야 하지만, 확신을 소홀히 여기다가 상실한 후 그것을 다시 회복하는 데는 더 많은 비용과 대가를 지불해야 한다. 이런 점에서 잃어버린 확신을 회복하는 것보다는 확신을 잘 보전하는 편이 훨씬 더 쉽다.[146]

이런 사실을 배경으로 청교도들은 확신을 회복하는 데 도움이 되는 구체적인 방법을 제시하였다. 토머스 브룩스의 설교를 예로 들어 보자. 앞서 확신을 잃어버리지 않고 유지하도록 아홉 가지 지침을 제시했던 토머스 브룩스는 상실한 확신을 회복하기 위하여 다섯 가지 지침을 주었는데, 그 항목만 간단하게 요약하면 다음과 같다.

① 확신을 상실하도록 만든 특별한 죄가 우리에게 있는지 부지런히 살펴라.

② 확신을 앗아간 그 죄에 대하여 슬퍼하고 애통하라.

③ 절망 가운데 주저앉아 있지 말고 확신을 얻는 데 도움이 되는 은혜의 방편을 열심히 활용하라.

④ 주님께서 다시금 확신을 심어 주실 때까지 인내하며 기다리라.

⑤ 우리의 죄와 허물을 지나치게 바라보는 나머지, 하나님께서 우리를 위로하시고 격려하시는 일을 물리치지 않도록 하라.[147]

어떤 사람들은 청교도들이 죄책감이나 심판에 대한 두려움으로 사람들을 위협하여 우울한 경건 생활을 조장하였다고 생각한다. 또 어떤 사람들은 청교도들이 여러 가지 규칙으로 사람을 옭아매는 율법적인 신앙을 추구했다고 생각한다. 물론 청교도 신앙에는 죄에 대한 강조와 하나님의 심판에 대한 경고와 하나님의 말씀을 철저히 순종할 것을 강조하는 엄격함이 있다. 이런 부분을 지나치게 밀고 나가서 균형을 잃어버리고, 우울하거나 율법적인 신앙으로 주저앉은 일도 없지는 않았다.

하지만 전반적으로 청교도들은 죄책감이나 심판에 대한 두려움이나 율법적인 규칙들이 우리 신앙의 동기와 추진력이 되어야 한다고 생각하지 않았다. 오히려 청교도들은 하나님의 사랑과 은혜에 대한 확신에서 우러나오는 기쁨과 감사가 모든 신앙생활의 동기와 추진력이 되어야 한다고 믿었다. 그래서 확신의 중요성을 그토록 강조하고 더 깊은 확신에 도달하기 위하여 하나님의 은혜를 갈망했던 것이다. 청교도 신앙은 확신을 통해서 얻은 뜨거운 감사와 말할 수 없는 기쁨을 토대로 하나님을 섬기는 기쁨과 감사의 신앙이었다.

언제 우리가 참으로 기뻐하고 감사하며 즐거워하고 찬송할 수 있는가? 우리 자신을 들여다볼 때는 슬퍼하고 절망할 일밖에 없다. 그러나 그런 우리를 향한 하나님의 영원하신 사랑과 은혜를 확신할 때 우리는 감사하고 기뻐하며 찬송할 수 있다. 그 사랑과 은혜를 확신하면 할수록 우리의 감사와 기쁨과 찬송은 커질 수밖에 없다. 이런 점에서 청교도들은 성도들에게 참되고 견고한 확신을 심어 줌으로써 성경적인 신앙을 세우고 유지하며 성장시켰다. 이것이 우리가 청교도 신앙에서 배워야 할 또 다른 교훈이다.

그렇다면, 성경의 가르침과 청교도들의 실천을 통해서 살펴본 확신에 대한 교훈을 오늘 우리의 삶에 어떻게 적용해야 좋을까? 그리스도인으로서 우리의 신앙을 형성하고 실천할 때 확신과 관련하여 우리가 해야 할 일들은 무엇일까? 몇 가지 적용할 것을 살펴보자.

| 확신의 힘을 믿어라 |

예수 그리스도 안에서 나타나고 보인 하나님의 영원하신 사랑과 구원의 은혜를 확신하는 것이 신앙생활의 가장 강력한 추진력이 된다는 사실을 믿어라. 사도 바울은 자신의 삶을 설명할 때, "내가 그리스도와 함께 십자가에 못 박혔나니 그런즉 이제는 내가 사는 것이 아니요 오직 내 안

에 그리스도께서 사시는 것이라 이제 내가 육체 가운데 사는 것은 나를 사랑하사 나를 위하여 자기 자신을 버리신 하나님의 아들을 믿는 믿음 안에서 사는 것이라"(갈 2:20)라고 고백하였다. 이것이 그의 헌신된 삶의 최고 비밀이었다. 바울도 우리와 모든 것이 똑같은 사람이었지만 그에게는 자기를 위하여 십자가에 죽으신 그리스도의 사랑을 믿는 확신이 있었고, 이 확신이 그의 삶을 헌신하게 만들었다. 우리에게 필요한 것도 바로 이런 확신이다.

자동차마다 각각 필요한 연료가 정해져 있다. 디젤 자동차는 디젤 연료를 주입해야 달릴 수 있고, 휘발유 자동차는 휘발유를 주입해야 달릴 수 있다. 만일 실수나 고의로 다른 연료를 주입하게 되면 달릴 수 없는 것은 물론이고 엔진까지 망가지게 된다. 그리스도인이 이 거칠고 험한 세상 길을 달리고 거룩한 영향력을 발휘하며 살기 위해서는 반드시 하나님의 구속의 사랑과 은혜에 대한 확신이라는 연료를 주입해야 한다. 그리스도의 사랑을 확신하는 것만큼 우리 신앙에 강력한 추진력이 되는 것은 없다.

최고의 확신이 있는 곳에 최고의 경건도 있기 마련이다. 거룩한 신앙생활의 비결은 다른 데 있지 않다. 그리스도의 십자가를 통해 확증된 하나님의 사랑을 우리 마음에 깊고 풍성하게 확신하는 것이 비결이고 능력이다. 이런 추진력이 우리 마음에 없으면 신앙 훈련을 아무리 많이 해도 신앙생활은 늘 제자리 걸음을 면할 수 없다. 성경 연구를 아무리 많이 하여도, 묵상을 아무리 깊이 하여도, 기도를 아무리 많이 한다 할지라도 그 안에서 하나님의 사랑과 은혜를 확신하는 일이 풍성하게 이루어지지 않는다면, 그 모든 것은 우리의 신앙에 도움이 되지 못한다. 자동차에 연료가 떨어져 가는데 엔진 오일이나 브레이크 오일에만 신경을 쓰고 그것만 갈아 준다면 어떻게 되겠는가?

지혜로운 운전자는 연료 게시판을 들여다보면서 자기 차량에 연료가 얼마나 남아 있는지 제일 중요하게 여기고 그것을 지속적으로 체크한다. 그리고 연료가 부족하다고 신호등이 켜지면 서둘러서 연료를 보충한다. 우리의 신앙생활에서도 이와 같은 지혜가 필요하다. 우리의 마음에 하나님의 사랑에 대한 확신이라는 연료가 얼마나 되는지 확인하며 살아야 하고, 그것이 떨어지면 제일 먼저 그것을 보충해야 한다.

| 참된 확신에 도달하라 |

정당한 방법으로 확신에 도달하자. 성경적인 근거 없이 자신들의 어떤 느낌이나 어떤 체험을 기초로 하나님의 사랑에 대해 자기 나름대로 구원의 확신을 가지고 사는 사람들이 세상에 너무나 많다. 성경은 약속의 말씀을 통하여 우리에게 하나님의 사랑과 구원을 확신할 수 있는 근거를 제공해 주고, 은혜의 열매들을 확인해 봄으로써 우리가 틀림없는 하나님의 자녀라고 확신할 수 있게 해 주며, 또한 성령께서 친히 우리 영과 더불어 우리가 하나님의 자녀임을 확증해 주신다고 가르친다. 그러므로 이 세 가지 근거에 기초해서 내가 정말로 구원받은 하나님의 자녀인지, 하나님의 사랑이 정말 내게 이루어지고 있는지, 하나님의 영원한 사랑 가운데 있는지를 확인해 보고 확신을 갖도록 해야 한다.

중요한 일에는 반드시 최소한 두세 사람의 증인이 필요한 법이다. 확신도 마찬가지이다. 근거가 충분하고 믿을 만한 확신은 앞에서 말한 세 가지 모두에 근거하여 얻어진 확신이다. 그러므로 어느 한 가지 근거만으로 성급하게 확신을 조작해 내지 않도록 주의하라. 현실적인 일들이 잘 풀려나간다고 해서 덮어놓고 '하나님은 나를 사랑하시며 나와 함께 하신다'고 성급하게 결론을 내려서는 안 된다. 어떤 집회에 참여하여 이상한 체험을 하거나 감정을 느꼈다고 해서 덮어놓고 '하나님은 나를 사랑하시며 나와 함께 하신다'고 성급하게 결론을 내려서도 안 된다. 그리스도를 통하여 하나님께서 우리를 위해 행하신 '구원의 놀라운 역사'를 보면서 확신을 얻어야 하고, 그리스도를 통하여 하나님께서 우리 안에 이루어 놓으신 '구원의 열매들'을 보면서 확신을 얻어야 하고, 구원의 놀라운 역사를 우리에게 가르쳐 주시고 구원의 열매를 우리 안에 맺어 주시는 '성령의 증거'를 통해서 확신을 얻어야 한다.

이 세 가지의 순서를 다시 한번 확인하라. 제일 먼저는 하나님의 약속의 말씀을 자세히 그리고 풍성히 알아야 한다. 하나님께서 그리스도 예수 안에서 우리에게 어떤 사랑을 베풀어 주셨는지를 먼저 알아야 하고, 그 사랑이 얼마나 영원하며 얼마나 진실한 것인지를 알아야 한다. 여기에서 하나님의 사랑과 은혜에 대한 객관적인 확신을 얻어야 한다. 그리고 다음으로는 은혜의 열매들을 우리의 마음과 삶 속에서 확인함으로써 하나님의 구원의 은혜와 사랑이 우리에게 정말로 이루어졌다는 것을 확인해야 한다. 열매를 보고 나무를 알 수 있듯이 은혜의 열매를 보고 우리가 참으로 하나님의 사랑받는 자녀인지를 확인해 볼 수 있기 때문이다. 그리고 이 모든 과정에서 우리 자신의 판단을 신뢰하지 말고 성령의 증거와 확증을 구하고 의지해야 한다. 다시 말해서, 하나님의 성령께서 친히 우리의 영으로 더불어 우리가 하나님의 자녀인 것을 확증해 주시도록 간구하며 의지해야 한다.

| 확신을 잘 간수하고 키워라 |

신앙의 가장 강력한 추진력이 되는 확신을 잃어버리지 않도록 주의하라. 우리가 얻은 구원은 결코 잃어버릴 수 없다. 하지만 우리가 얻은 확신은 여러 가지 이유 때문에 잃어버릴 수도 있고 감소할 수도 있다. 성경을 열심히 공부해서 어느 정도 지식을 얻으면 그 지식은 어지간해서 잊히지 않는다. 아니, 일부러 잊으려고 해도 마음대로 잊을 수 없는 게 지식이다. 그러나 확신은 다르다. 확신은 잃어버리지 않으려고 꼬옥 붙들어도 여러 가지 원인 때문에 금방이라도 없어질 수 있고 감소될 수 있다. 확신은 마치 매일같이 관심을 가지고 돌보지 않으면 금세 시들어 버리는 꽃과 같다. 그러므로 확신이라는 꽃이 시들지 않도록 주의해야 한다. 왜냐하면 우리 안팎에는 확신을 흔들어 놓는 것들이 너무나 많기 때문이다.

확신이라는 꽃이 시들지 않도록 지키는 가장 좋은 방법은 더 깊고 풍성한 확신에 도달하도록 애쓰는 것이다. 그래서 성경은 다음과 같이 말한다.

그러므로 더욱 힘써 너희 부르심과 택하심을 굳게 하라. 너희가 이것을 행한즉 언제든지 실족하지 아니하리라 _벧후 1:10

그렇다면, 더 깊고 풍성한 확신에 도달하기 위해서 우리가 해야 할 일은 무엇일까? 그것은 확신을 처음 얻기 위해서 우리가 해야 하는 일과 같다. 신앙생활을 오래 했다고 해서 이 일에서 면제되는 것은 결코 아니다. 오히려 신앙생활을 오래 한 사람일수록 확신이 시들기가 더 쉽고, 또 신앙의 추진력인 확신이 없어도 그동안 쌓아 온 신앙 경륜으로 어느 정도 신앙생활을 잘할 수 있기 때문에 확신의 중요성을 더 모를 수가 있다. 그러므로 오히려 신앙생활을 오래 한 사람들이 더 확신의 꽃이 시들지 않도록 주의해야 한다. 다시 말해서, 더 깊고 풍성한 확신에 도달하도록 다른 사람들보다 더 힘써야 한다. 빌헬무스 아 브라켈(Wilhelmus à Brakel, 1635-1711)의 말을 들어 보자.

> 우리는 혼신의 힘을 기울여 하나님 앞에서 의롭다 함을 얻고 그것을 확신할 수 있기 위하여 애써야 한다. 이것을 제쳐 두고 다른 것에 근거해서 성화에 이르고자 하는 사람은 이미 길을 잃은 것이고 결코 성화에 도달할 수 없으며 성화에 있어서 진보도 이루지 못할 것이다. 자기 부인과 하나님을 향한 순수한 사랑(물론 하나님은 우리의 순수한 사랑을 받을 자격이 있는 분이시다)을 제일 중요한 것으로 내세우고 요구하는 것은 잘못이며 파멸에 이르는 지름길이다.[148]

그러므로 우리의 신앙을 형성할 때, 성경을 따라, 확신을 우리 신앙의 가장 강력한 추진력으로 삼자. 이렇게 하면 우리도 다음과 같이 당당하게 고백할 수 있을 것이다.

나는 선한 싸움을 싸우고 나의 달려갈 길을 마치고 믿음을 지켰으니 이제 후로는 나를 위하여 의의 면류관이 예비되었으므로 주 곧 의로우신 재판장이 그 날에 내게 주실 것이며 내게만 아니라 주의 나타나심을 사모하는 모든 자에게도니라 _딤후 4:7-8

체크 리스트

1. 나는 그리스도의 사랑을 확신하는 일이 내 신앙과 삶에 강력한 추진력이라고 믿는가?
   ① ② ③ ④ ⑤ ⑥ ⑦ ⑧ ⑨ ⑩

2. 나는 그리스도의 사랑을 바르게 확신하는 세 가지 방법을 아는가?
   ① ② ③ ④ ⑤ ⑥ ⑦ ⑧ ⑨ ⑩

3. 나는 그리스도의 사랑을 확신하는 세 가지 방법을 통해서 그리스도의 사랑을 확신하게 된 사람인가?
   ① ② ③ ④ ⑤ ⑥ ⑦ ⑧ ⑨ ⑩

4. 지금 나에게 있는 확신은 내 신앙과 삶에 강한 추진력이 될 만큼 견고한가?
   ① ② ③ ④ ⑤ ⑥ ⑦ ⑧ ⑨ ⑩

5. 나는 지금 가지고 있는 확신보다 더 크고 견고한 확신에 도달하여 더 강한 추진력을 얻고 싶은 마음이 있는가?
   ① ② ③ ④ ⑤ ⑥ ⑦ ⑧ ⑨ ⑩

6. 나는 꽃처럼 쉽게 시들 수 있는 확신을 잘 보존하기 위해서 어떻게 해야 하는지를 아는가?
   ① ② ③ ④ ⑤ ⑥ ⑦ ⑧ ⑨ ⑩

7. 나는 확신이 감소하거나 상실했을 때 그것을 그대로 방치하지 않고 회복하기 위해 하나님께 은혜를 구하며 해야 할 일을 하는가?
   ① ② ③ ④ ⑤ ⑥ ⑦ ⑧ ⑨ ⑩

내 신앙의 발전 기록

1차 점검		일자	년	월	일
5점 이하 항목 번호					
6점 이상 항목 번호					
종합 평가					
개선점					

2차 점검		일자	년	월	일
5점 이하 항목 번호					
6점 이상 항목 번호					
종합 평가					
개선점					

독서 모임을 위한 토론 주제

주제 1. 고린도후서 5장 13~15절 말씀을 펼쳐 놓고 그리스도의 사랑 또는 십자가의 사랑을 깊이 확신하는 것이 왜 우리의 신앙을 놀랍게 형성해 주고 자라게 하며 신앙을 실천하면서 살게 하는 추진력이 되는지 토론해 보자.

주제 2. 위의 구절 외에도 그리스도의 사랑에 대한 확신이 우리의 신앙과 삶에 놀라운 추진력이 된다는 것을 가르쳐 주는 성경 구절들을 찾아보자.

주제 3. 청교도들이 그리스도의 사랑을 확신하는 것을 신앙과 삶의 최고의 추진력으로 삼고 산 모습을 보면서, 특별히 개인적으로 배우거나 도전받거나 감명받은 것이 있다면 말해 보자.

주제 4. 청교도들이 그리스도의 사랑을 확신하는 것을 신앙과 삶의 최고의 추진력으로 삼고 산 모습을 보면서, 오늘날 우리 교회가 배워야 할 점이 있다면 무엇인지 말해 보자.

주제 5. 지금 우리 자신의 신앙에서 힘이 떨어진 부분을 찾아보고, 그리스도의 사랑 또는 십자가의 사랑을 그 부분에 어떻게 적용해야 다시금 추진력이 생겨 앞으로 힘차게 나아갈 수 있을지 말해 보자.

주제 6. 저자가 제시한 세 가지 적용을 읽으면서 개인적으로 '이것만큼은 꼭 내 삶에 적용해야겠다.'라고 생각한 것이 있다면 무엇인지 말해 보자.

주제 7. 저자가 제시한 적용 외에 우리가 적용할 필요가 있거나 적용하면 좋을 것이 있는지 생각해 보고 말해 보자.

발은 땅에

Feet on the Ground

발은 땅에
Feet on the
Ground

| 마음은 하늘에, 몸은 땅에, 손과 발로 경건을 실천한다 |

육상 경기에 출전하는 선수를 생각해 보라. 출발선에 서 있는 이 선수의 목표는 여러 가지일 수 있다. 출발을 잘하는 것, 호흡을 잘 조절하는 것, 그리고 전력 질주하는 것 등등. 하지만 이런 것들은 이 선수의 최종 목표가 될 수 없다. 이 선수의 최종 목표는 결승선까지 달리는 것이다. 아무리 출발을 잘했어도, 또 아무리 호흡 조절을 잘했어도, 또 아무리 전력 질주했어도, 그가 결승선까지 달리지 못하면 어떻게 될까? 결승선까지 달리지 못하고 중간에 멈추어 서거나 쓰러지거나 곁길로 빠진다면 어떻게 될까? 생각만 해도 안타까움이 밀려온다.

이번에는 그리스도인의 신앙의 최종 목표를 생각해 보자. 우리가 이 땅에서 신앙을 형성하고 유지하고 성장시켜야 하는 목표, 그 최종 목표는 무엇일까? 우리가 이미 구원을 얻고 천국을 보장받았음에도 이 땅에서 신앙을 형성하고 유지하고 성장시켜야 하는 이유, 그 최종적인 이유는 무엇일까? 이 땅에 사는 동안 우리 삶의 모든 영역에서 하나님의 말씀을 실천하고 순종하는 것이다. 예수님이 이 세상에 오실 때 가지고 들어오신 하나님의 나라가 이 땅에 더 온전하게 실현되도록 그 나라의 백성으로 현실의 삶을 능력 있게 사는 것이다. "하늘에서 뜻이 이룬 것처럼 땅에서도 이루어지이다."라는 주기도문의 간구를 우리의 삶으로 살아 내는 것이다.

지금까지 말한 것처럼 신앙을 형성할 때 제일 먼저 우리는 성경을 신앙 형성의 유일한 규범으로 세워야 한다. 다음에는 중생, 곧 거듭남을 신앙의 수원지로 삼아야 하고, 그다음에는 삼위일체 하나님을 신앙의 대상으로 삼아야 하며, 그다음에는 신앙의 형성의 개인적인 방법, 곧 성경 읽기와 묵상과 기도를 성실하게 이행해야 하고, 그다음에는 신앙 형성의 교회적인 방법, 곧 설교와 주의 만찬, 주일 성수, 그리고 성도의 교제에 성실히 참여해야 한다. 그리고 그다음에는 이 모든 것을 통하여 신앙의 가장 강력한 추진력이 되는 확신을 추구해야 한다. 하지만 이 모든 것을 하면서 우리가 궁극적으로 나아가야 할 목표 지점은 우리 삶의 모든 영역에서 신앙을 실천하는 것이다.

이스라엘아 이제 내가 너희에게 가르치는 규례와 법도를 듣고 준행하라 그리하면 너희가 살 것이요 너희 조상의 하나님 여호와께서 너희에게 주시는 땅에 들어가서 그것을 얻게 되리라 _신 4:1

내가 너희에게 분부한 모든 것을 가르쳐 지키게 하라 볼지어다 내가 세상 끝날까지 너희와 항상 함께 있으리라 하시니라 _마 28:20

오직 너희는 그리스도 복음에 합당하게 생활하라 _빌 1:27

만일 어떤 사람이 이 책에서 지금까지 말한 모든 것을 따라 차근차근 신앙을 형성해 놓고도 자신의 삶 속에서 구체적으로 그 신앙을 실천하지 않는다면, 그 사람은 어떻게 될까? 또 그 사람의 신앙은 어떻게 될까? 신앙이라는 것은 참으로 묘한 것이어서 그 신앙을 삶에서 구체적으로 실천하려고 애쓰는 사람은 하나님 앞에서나 사람 앞에서 아름다운 사람으로 자꾸 변해 가지만 신앙을 실천하지 않거나 자신의 신앙과 다르게 사는 사람은 그 신앙이 오히려 독이 되어 그 사람은 인격과 삶이 모두 망가지게 된다. 우리는 성경에서 그러한 예를 너무나 많이 보게 된다. 얼마나 두려운 일인가!

| 경건의 실천 |

그렇다면, 우리는 하나님께서 우리 안에 형성해 주신 그리스도인의 신앙을 구체적으로 어떻게 실천해야 하는 것일까? 성경은 이 질문에 대해서 세 가지로 답을 준다.

첫째, 성경은 우리가 생활하는 모든 환경, 모든 시간, 모든 장소에서 그리스도인의 신앙을 실천해야 한다고 가르친다. 빌립보서 4장 8절은 이렇게 말한다.

끝으로 형제들아 무엇에든지 참되며 무엇에든지 경건하며 무엇에든지 옳

으며 무엇에든지 정결하며 무엇에든지 사랑 받을 만하며 무엇에든지 칭

찬 받을 만하며 무슨 덕이 있든지 무슨 기림이 있든지 이것들을 생각하라

_빌 4:8

즉, 그리스도인은 어떤 일에서든, 또는 어떤 문제에 관해서든 진실하고 경건하고 옳고 정결하고 사랑할 만하고 칭찬할 만해야 한다는 것이다. 신앙의 실천에서 제외되는 삶의 영역은 없기 때문이다. 따라서 골로새서 1장 10절은 이렇게 말한다.

주께 합당하게 행하여 범사에 기쁘시게 하고 모든 선한 일에 열매를 맺게

하시며 하나님을 아는 것에 자라게 하시고 _골 1:10

신앙의 실천은 하나님을 기쁘시게 하는 삶인데, 성경은 우리가 "범사에" 곧 '모든 일에' 하나님을 기쁘시게 해야 한다고 말한다. 신앙 실천이 우리의 모든 삶 속에서 이루어져야 한다는 것이다. 우리에게 있는 신앙을 적용하고 실천하지 못할 영역이 우리 삶에 전혀 없다는 말이다. 그러므로 우리는 모든 일에서, 모든 시간에서, 모든 상황에서 우리에게 주신 보배로운 믿음을 활용하여 우리의 신앙을 실천하며 살아야 한다. 이것이 우리가 이 땅에서 사는 이유이고 이 땅에서 신앙을 형성하고 유지해야 하는 최종 목표이다.

그렇다면, '모든 삶'이라는 것은 구체적으로 무엇을 가리키는 것일까? 생각해 보면, 우리의 삶은 크게 네 가지 영역으로 이루어져 있다. 혼자 지

내는 개인적인 생활, 가족들과 함께 지내는 가정생활, 교우들과 함께 지내는 교회 생활, 그리고 학교나 직장, 친구나 친척 관계 등 사회생활, 이렇게 네 가지 영역이 있다. 이런 점에서 그리스도인의 신앙 실천은 이 네 가지 영역에서 빠짐없이 이루어져야 하고 네 가지 영역이 서로 연결되어 있어야 한다고 말할 수 있다. 교회에서만 신앙생활을 열심히 하고 집에 돌아와서는 신앙생활에 담을 쌓고 산다면, 어찌 그것이 정상적인 신앙이겠는가! 그러므로 삶의 네 가지 영역 모두에서 일관성 있게 신앙을 실천해야 한다.

성경은 우리가 개인적인 생활 속에서, 가정생활 속에서, 교회 생활 속에서, 그리고 사회생활 속에서 어떻게 신앙을 실천해야 하는지 많은 지침과 교훈을 제공해 준다. 물론 성경은 아주 구체적이고 매우 세밀한 문제에 이르기까지 일일이 지침을 제공해 주지는 않는다. 그러나 성경은 이 네 가지 영역의 삶 속에서 우리가 그리스도인의 신앙을 어떻게 실천해야 하는지 충분한 원리와 교훈을 제공해 준다. 그러므로 성경이 제공하는 원리와 교훈에 기초하여 날마다 신앙을 실천해야 한다.

둘째, 성경은 이 세상 방식이 아니라 성경의 방식으로 그리스도인의 신앙을 실천해야 한다고 가르친다. 로마서 12장 1-2절은 이렇게 말한다.

그러므로 형제들아 내가 하나님의 모든 자비하심으로 너희를 권하노니 너희 몸을 하나님이 기뻐하시는 거룩한 산 제물로 드리라 이는 너희가 드릴 영적 예배니라 너희는 이 세대를 본받지 말고 오직 마음을 새롭게 함으로 변화를 받아 하나님의 선하시고 기뻐하시고 온전하신 뜻이 무엇인지

분별하도록 하라 _롬 12:1-2

여기에 보면 그리스도인은 자신의 몸을 하나님께서 기뻐하시는 거룩한 산 제물로 드려야 한다고 되어 있는데, 이 말씀은 우리가 몸을 가지고 사는 삶의 모든 영역에서 거룩한 신앙을 실천해야 한다는 뜻이다.

그런데 성경은 그다음에 곧바로 덧붙여 말하기를, 이 세대를 본받지 말고 오직 마음을 새롭게 함으로 변화를 받아 하나님의 뜻을 분별하라고 한다. 다시 말해서, 우리의 모든 삶에서 거룩한 신앙을 실천하되 이 세상의 방식이나 우리의 생각대로 하지 말고 마음에 변화를 받고 하나님의 뜻을 따라 실천하라는 말씀이다. 그렇다. 신앙을 실천하는 삶은 반드시 하나님의 방식대로 이루어져야 한다. 사회적 통념이나 사람의 본성을 따라 무슨 일을 해 놓고 마치 그것이 대단한 신앙의 실천인 것처럼 착각해서는 안 된다.

예를 들어, 남편의 도리를 생각해 보자. 성경은 남편들에게 아내를 사랑하고 명하는데 그리스도께서 교회를 사랑하심과 같이 사랑하라고 명한다. 그런데 성경은 그렇게 명할 때, 어떤 식으로 아내를 사랑해야 하는지 구체적으로 가르쳐 준다. 에베소서 5장 25-28절 말씀을 읽어 보자.

남편들아 아내 사랑하기를 그리스도께서 교회를 사랑하시고 그 교회를 위하여 자신을 주심 같이 하라 이는 곧 물로 씻어 말씀으로 깨끗하게 하사 거룩하게 하시고 자기 앞에 영광스러운 교회로 세우사 티나 주름 잡힌 것이나 이런 것들이 없이 거룩하게 흠이 없게 하려 하심이라. 이와 같이 남

편들도 자기 아내 사랑하기를 자기 자신과 같이 할지니 자기 아내를 사랑

하는 자는 자기를 사랑하는 것이라 _엡 5:25-28

성경이 이렇게 명하고 있기 때문에 어떤 그리스도인 남편이 자기 아내를 사랑할 때는 성경이 구체적으로 지정해 준 이런 방식을 따라 아내를 사랑해야 신앙의 실천이 된다. 그런데 성경이 지정해 준 정신을 따르지 않고 성경이 지정해 준 방식을 외면한 채 성경을 모르는 세상 사람들이 말하는 것만 따라서 단순히 바쁜 아내의 가사 일을 적극 도와주거나 하루에 아내의 장점을 세 가지씩 칭찬해 주거나, 아내에게 선물을 사주고 거기에서 그친다면, 그것은 하나님 앞에서 신앙의 실천으로 인정받을 수 없는 것이다. 그저 상식과 통념을 따라 행동한 것일 뿐이다. 이런 점을 주의해야 한다.

셋째, 성경은 반드시 올바른 동기와 목적으로 신앙을 실천해야 한다고 가르친다. 고린도전서 10장 31절은 이렇게 말한다.

그런즉 너희가 먹든지 마시든지 무엇을 하든지 다 하나님의 영광을 위하

여 하라 _고전 10:31

다시 말해서, 모든 신앙의 실천은 하나님을 영화롭게 하고자 하는 것을 최고의 목적과 동기로 삼고 있어야 한다는 것이다. 로마서 14장 23절은 이렇게 말한다.

믿음을 따라 하지 아니하는 것은 다 죄니라 _롬 14:23

다시 말해서, 모든 일을 행할 때 믿음으로 행해야 한다는 것이다. 고린도전서 13장 3절은 또 이렇게 말한다.

내가 내게 있는 모든 것으로 구제하고 또 내 몸을 불사르게 내줄지라도 사랑이 없으면 내게 아무 유익이 없느니라 _고전 13:3

다시 말해서, 모든 일을 행할 때 사랑이 동기가 되고 뿌리가 되어 행해야 한다는 것이다.

지금까지 살펴본 것처럼, 성경이 가르쳐 주는 신앙은 궁극적으로 우리 삶의 모든 영역에서 하나님의 말씀에 철저히 순종하는 삶을 추구한다. 예수님께서는 이렇게 말씀하셨다.

이같이 너희 빛이 사람 앞에 비치게 하여 그들로 너희 착한 행실을 보고 하늘에 계신 너희 아버지께 영광을 돌리게 하라 _마 5:15

그리스도인의 참된 신앙은 우리 내면에서 불을 켜서 우리의 모든 삶에 그것을 드러내어 다른 사람들도 그 빛의 유익을 보게 하는 것이다. 이것이 없이는 성경적인 신앙, 참된 신앙을 세웠다고 말할 수 없다. 이것이 없이는 우리의 신앙에 관하여 주님의 칭찬을 기대할 수 없다.

인자가 아버지의 영광으로 그 천사들과 함께 오리니 그때에 각 사람이 행한 대로 갚으리라 _마 16:27

| 청교도들은 어땠을까? |

17세기 청교도들은 삶의 모든 영역에서 신앙을 실천하는 것을 무한히 강조하였다. 앞에서 살펴본 것처럼 청교도들에게 그리스도인의 신앙은 성령에 의해 참으로 거듭난 신자가 오직 성경을 규범으로 삼고 성경 연구와 묵상과 기도라는 개인적인 은혜의 방편들과 설교와 주일 성수와 성도들의 교제라는 공적인 은혜의 방편들을 활용하여 삼위 하나님과 교제하면서 하나님의 구원의 사랑을 확신하는 것이었다. 이렇게 하는 것이 신앙의 삶을 사는 것이었다. 그러나 청교도들은 이것으로 신앙에 관하여 할 일을 다했다고 생각하지 않았다. 청교도들은 참된 신앙이란 반드시 삶의 모든 현장 속에서 실천되는 것이어야 한다고 믿었다. 조지 스윈녹은 다음과 같이 말하며 신앙의 실천을 강력하게 촉구하였다.

경건에 이르기를 연습하라(신앙을 실천하라). 이것을 당신의 인생의 모든 과정에서 당신이 해야 할 가장 중요한 일로 삼아라. 당신의 모든 행동 속에서 이것이 가장 중요한 일이 되게 하라. 마치 피가 우리 몸의 모든 구석구석까지 또 몸의 모든 혈관을 타고 흐르는 것처럼, 경건도 우리의 모든 행실과 우리의 모든 행동에 스며들어야 한다. 경건은 반드시 태양과 같아야 한다. 태양은 하늘에 머물러 있고 하늘을 처소로 삼고 있지만 온 우주에 빛과 온기를 전달해 주고, 땅의 모든 곳에 자신의 영향력을 발휘하며, 우리가 하는 자연적, 사회적, 영적인 모든 행동에 빛을 비추어 준다. 태양으로부터 흘러나오는 열기를 필요로 하지 않는 것은 아무것도 없다. 그러므로 "오직 너희를 부르신 거룩한 자처럼 너희도 모든 행실에 거룩한 자가 되라"(벧전 1:15)라는 성경의 명령을 순종하라.[149]

어떤 사람들은 '청교도'라고 하면 제일 먼저 '교리'라는 단어를 떠올릴 것이다. 청교도들은 언제나 교리를 중요하게 여기는 사람들이었기 때문이다. 청교도들은 설교 중에도 교리를 해설하는 데 많은 시간을 할애하였다. 또 교리문답을 작성해서 어린아이들에게도 가르치고 암송하게 하였다. 하지만 청교도들은 교리에만 집착하거나 교리를 신앙의 최종 목표로 추구한 사람들이 결코 아니었다. 청교도들이 교리를 중요하게 여겼던 것은 성경이 우리에게 가르치고 요구하는 것이 무엇인지를 바르게 알아야만 삶 속에서 하나님을 순종하고 섬기는 일이 가능하다고 믿었기 때문이다. 이런 점에서 청교도들은 삶의 모든 영역에서 하나님의 말씀대로 순종하며 사는 것을 추구했다. 토머스 맨톤은 이렇게 말하였다.

교리는 활을 당기는 것에 불과하다. 반면에 적용은 과녁을 맞추는 것이다. 교리를 아는 데는 지혜로우면서 그 교리를 구체적으로 적용하고 실천하는 데는 한없이 어리석은 사람이 얼마나 많은지 모른다(롬 1:22). 단순히 머리로만 알고 있는 교리는 생각이나 관념 속에 머물러 있지만, 구체적으로 적용하고 실천되는 교리는 열매를 맺는다. 설교자로서 우리는 여러분에게 교리를 알려 주고 필요한 적용과 실천 사항을 알려 줄 수 있을 뿐이다. 여러분은 들은 그것들을 적용해야 한다.[150]

| 자세하고 집요한 적용 |

삶의 모든 영역에서 하나님의 말씀을 순종하고 실천하는 것을 목표로 삼은 청교도들은 설교에서 집요하고 자세하며 다채로운 적용을 하여 교인들의 신앙을 실천적인 신앙으로 이끌려고 했다. 청교도들 설교자들은 교리를 바탕으로 하여 구체적인 실천과 적용의 결말을 맺는 방식으로 설교했는데, 특별히 적용 부분에 이르러서는 굉장한 집요함과 세밀함을 보였다. 청교도 설교자들은 설교의 적용 부분에서 간략하게 몇 마디 하고 마치거나 교인들에게 각자 알아서 적용하라고 하고 서둘러 설교를 끝내는 법이 없었다. 청교도 설교자들은 적용 부분에서 굉장한 치밀함과 집요함을 보였다. 설교를 들은 회중이 그 말씀을 자신들의 삶의 모든 영역으로 가져가서 반드시 실천하도록 자세하게 적용해 주었고 정말 끈질기게 실천을 호소하였다.

청교도 설교자들의 적용은 너무 자세하고 너무 많다고 느껴질 정도였다. 30분 이내로 설교를 마치는 것이 제일 좋다는 생각이 편만한 우리 시대의 관점에서 청교도들의 설교를 보면, 설교가 매우 긴 것도 이해가 되지 않지만 적용 부분에 이르러서도 설교가 쉽게 끝나지 않는다는 것은 쉽게 이해할 수 없는 부분이다. 그런데 그 이유는 다른 데 있지 않았다. 청교도들은 설교를 들은 교인들이 들은 말씀을 정말로 그들의 모든 삶에 적용하기를 바랐고 교인들의 삶은 다양하고 복잡하기 때문에 가능한 한 적용을 세밀하고 치밀하게 하여 그들의 순종을 돕고자 했던 것이다.

한 가지 예를 들어 보자. 존 플라벨은 고린도전서 1장 30절을 본문으로 설교를 한 적이 있는데, 그 설교에서 플라벨은 청교도들의 설교에서 흔히 볼 수 있는 세밀한 적용을 하였다. 그 설교에서 무려 일곱 가지의 적용이 교인들에게 제시되었다. 그 적용의 내용을 다 옮겨 적을 수는 없고 항목만 나열해 보면 다음과 같다.

적용 1. 중생한 성도여, 당신이 본래 얼마나 덧없는 존재인지를 인식하고 겸비해지도록 하라. 지금 당신이 소유하고 있는 모든 것을 주신 그리스도께 더 크게 감사하라.

적용 2. 내적인 거룩의 능력 안에 거하고 있는가? 그렇지 않다면 아직 하나님 앞에서 의롭다 함을 얻지 못한 상태에 있는 것이다.

적용 3. 불신앙이라는 죄는 단순히 우매한 죄가 아니라 무모하며 사악한 죄이다. 왜냐하면 죄인은 불신앙으로 그리스도를 배척하기 때문이다.

적용 4. 복음으로 말미암아 그리스도를 효과적으로 적용하는 일이 전혀 이루어질 수 없는 사람의 영혼에는 얼마나 무시무시한 진노의 징후와 얼마나 비참한 죽음의 특성이 나타나는지 모른다!

적용 5. 하나님께서 그리스도를 우리에게 특별히 적용해 주심으로써 그리스도와 그의 모든 은혜가 우리의 것이 된다는 측면에서, 회심의 날은 얼마나 영광스러

이렇게 집요하게 적용을 하는 설교자 밑에서 꾸준하게 설교를 듣는 성
도들은 설교를 들을 때 어떤 마음이었을까? 설교를 듣고 나서 일상의 삶
을 살 때 어떤 마음이었을까? 이런 설교를 듣고도 실천적인 신앙에 대하
여 소홀히 할 수 있었을까? 하나님의 말씀을 삶의 모든 영역으로 가져가
서 적용하며 살아야 한다는 것을 외면하고 살 수 있었을까? 조지 스윈녹
은 이렇게 말하었다.

설교자가 강단에서 설교를 마치면 설교를 들은 모든 사람은 그 말씀을 곧
바로 실천하기 시작해야 한다. 설교를 가장 잘 들은 사람은 최대한 실천
하는 사람이다.[152]

| 생활 지침서의 유행 |

청교도들의 실천적 신앙은 청교도들 사이에서 신앙생활 지침서가 유

행했다는 사실에서도 잘 나타난다. 청교도 설교자들은 매 설교에서 적용을 치밀하게 했을 뿐 아니라 성도들이 생활 속에서 사용할 수 있는 구체적인 신앙생활 지침서를 작성하여 성도들이 매일의 삶 속에서 규칙적으로 신앙을 실천할 수 있도록 도왔다. 많은 청교도 설교자들이 신앙생활 지침서를 설교하였고 때로는 책으로 출간하였는데, 이는 성경적인 신앙의 궁극적인 목표가 모든 삶에서 신앙을 실천하는 데 있음을 중요하게 생각했기 때문이다. 청교도 시대에 인기 있었던 대표적인 신앙생활 지침서들의 제목과 발행 연도는 다음과 같다.

1619년: 니콜라스 바이필드(Nicolas Byfield), *The Rules of a Holy Life*(거룩한 삶의 규칙들)

1622년: 존 다우네임(John Downame), *A Guide to Godliness*(경건 지침서).

1625년: 로버트 볼튼(Robert Bolton), *Some General Directions for a Comfortable Walking with God*(하나님과 함께 즐겁게 동행하는 삶을 위한 일반적인 지침들).

1631년: 토머스 테일러(Thomas Taylor), *Circumspect Walking*(신중한 행실).

1634년: 헨리 스쿠더(Henry Scudder), *The Christian's Daily Walk*(그리스도인의 매일 생활).

1640년: 루이스 베일리(Lewis Bayly), *The Practice of Piety*(경건의 실천).

※ 본서는 국내에서 2012년 《청교도에게 배우는 경건》(생명의말씀사)이라는 제목으로 출간되었다.

1662년: 조지 스윈녹(George Swinnock), *The Christian's Calling*(그리스도인의 소명)

1673년: 리처드 백스터(Richard Baxter), *Christian Directory*(그리스도인 훈령집)

이 중에서 특별히 두 권의 책이 청교도들의 신앙 형성과 실천에 영향을 끼쳤다. 첫 번째 책은 헨리 스쿠더(Henry Scudder)의 *The Christian's Daily Walk*(그리스도인의 매일 생활)이다. 이 책은 청교도 신학자 중에서 황태자라고 불리는 존 오웬과 청교도 실천신학의 최고봉이라고 불리는 리처드 백스터가 추천사를 써서 모든 그리스도인들에게 읽고 실천할 것을 강력히 권고한 책으로서 유명하다. 리처드 백스터는 이 책의 추천사에 이렇게 기록하였다.

> 이 책을 다시 발행하면서 독자들의 관심을 끌기 위하여 굳이 추천사가 필요하다는 것은 어떤 의미에서 우리 시대의 수치라고 할 수 있다. 나는 모든 가정에 이 책이 구비되기를 진심으로 바란다. 물론 경건한 성도들은 유용하고 좋은 책들을 이미 많이 가지고 있을 것이다. 그러나 나는 그 모든 책보다 이 책이 더 잘 알려지기를 바란다.[153]

하지만 헨리 스쿠더의 책보다 더 널리 알려지고 더 크게 사랑받은 책은 1640년에 루이스 베일리(Lewis Bayly)가 저술한 *The Practice of Piety*(경건의 실천)이라는 책이었다. "하나님을 기쁘시게 하기 위하여 그리스도인이 어떻게 살아야 하는지를 지도해 주는 책"(Directing a Christian how to live, that he may please God)이라는 부제목을 달고 있는 이 책은 아침과 낮과 밤에 그리스도인이 개인적으로 어떻게 하나님과 동행해야 하는지, 그리스도인이 가정에서 어떻게 하나님과 동행해야 하는지, 그리스도인이 주일에 교회 안에서 어떻게 행해야 하는지, 그리스도인이 금식과 성찬에 어떻게 참여해야 하는지, 그리스도인이 질병에 걸리거나 죽음에 임박했을 때 어떻게 행해야 하는지 등에 관하여 자세한 지침을 구체적으로 제시하고 있다.

루이스 베일리의 이 책은 청교도 신자들 사이에서 존 번연의 『천로역정』(Pilgrim's Progress) 다음으로 가장 많이 읽히고 사용된 책으로 알려져 있다. 청교도들은 가정마다 이 책을 구입해서 성경책 옆에 두고 이 책에서 제시해 주는 방식을 따라 묵상하고 기도하고 실천했다고 한다. 이 책이 청교도 신자들 사이에서 얼마나 인기가 있었던지 어떤 설교자들은 신자들이 베일리의 이 책에 지나치게 의존하고 이 책이 성경에 버금가는 권위를 가지고 있는 것처럼 여긴다고 불평할 정도였다고 한다.[154]

청교도들이 출간하고 사용한 다양한 신앙생활 지침서는 '오직 성경만이 신앙 형성의 규범'이라는 청교도의 근본적인 신념과 배치되는 것처럼 보일 수도 있다. 만일 성경이 신앙과 관련하여 우리가 의지할 수 있는 유일한 규범이라면 왜 이렇게 다양한 지침서들이 필요하다는 말인가? 하지만 그 이유는 분명하다. 오직 성경만이 신앙과 삶의 유일한 규범이지만, 그것을 우리에게 설교해 주는 설교자가 필요한 것처럼 성경이 가르치는 경건의 실천을 우리에게 모본으로 보여 주는 사람이나 그 모본을 제시하는 글도 필요하기 때문이다. 이런 이유 때문에 청교도들은 오직 성경에 기초하여 구체적인 생활 지침서를 작성하여 사용했던 것이다.

| 삶의 모든 영역 |

청교도들은 삶의 모든 영역을 신앙 실천의 영역으로 보았다. 청교도들에게는 신앙을 실천하지 않아도 되는 삶의 영역, 신앙을 실천할 수 없는 삶의 영역이란 존재할 수도 없었고 존재하지도 않았다. 헨리 스쿠더는 이렇게 말하였다.

> 하나님과 동행하라는 성경의 명령은 무한적이어서 아무런 제한이 없다. 그러므로 하나님과 동행한다는 것은 모든 일에서, 모든 시간에서, 어떤 사람들과 함께 있든, 어떤 변화가 있든, 어떤 조건에서든, 어떤 상황에서든 하나님과 동행한다는 것이다.[155]

청교도들에게 있어서 신앙생활은 삶의 모든 영역에서 이루어지는 총체적인 일이었다. 그래서 청교도들은 그들의 설교와 저술을 통해서 가능한 한 많은 문제에 대해서 성경적인 실천 방법을 강구하였다.

청교도들의 이런 노력이 가장 잘 나타난 신앙생활 지침서는 리처드 백스터가 집필한 *A Christian Directory*(그리스도인의 훈령집)이다. 리처드 백스터가 제시한 실천의 영역을 목록으로 제시해 보면 아래와 같다.

1부. 그리스도인의 개인 생활(Christian Ethics)

1. 회심하지 않은 사람에게 주는 지침

2. 연약한 성도들의 성장을 위한 지침

3. 믿음과 거룩 가운데 하나님과 동행하는 삶을 위한 일반적인 지침

4. 경건을 정면으로 거스르는 심각한 죄들을 경계하도록 돕는 지침

5. 중대한 의무들을 올바르게 수행하는 데 꼭 필요한 지침

6. 생각을 다스리는 것에 관한 지침

7. 감정을 다스리는 것에 관한 지침

8. 감각을 다스리는 것에 관한 지침

9. 혀를 다스리는 것에 관한 지침

10. 몸을 다스리는 것에 관한 지침

2부. 그리스도인의 가정생활 (Christian Economics)

1. 결혼에 관한 지침: 배우자 선택과 혼인

2. 하인과 주인을 선택하는 것에 관한 지침

3. 가정 예배가 하나님께서 정해 주신 예배인지 아닌지에 관한 논쟁

4. 가정을 거룩하게 다스리는 것에 관한 지침

5. 사람으로 가정을 거룩하게 다스리도록 설득하는 특별한 동기들

6. 자녀들을 거룩하고 신중하게 교육하는 것에 관한 동기들

7. 남편과 아내의 상호 의무

8. 아내에 대한 남편의 특별 의무

9. 남편에 대한 아내의 특별 의무

10. 자녀에 대한 부모의 의무

11. 부모에 대한 자녀의 의무

12. 하나님에 대한 어린이들과 젊은이들의 특별 의무

13. 주인에 대한 하인들의 의무

14. 하인에 대한 주인의 의무

15. 어린이들과 동료 하인들의 상호 의무

16. 동료 하인들과 다른 사람들의 경건 모임에 관한 지침

17. 가정의 모든 구성원에 관한 지침

18. 가정 안에서 주일을 거룩하게 준수하는 것에 관한 지침

19. 설교되는 하나님의 말씀을 유익하게 듣는 것에 관한 지침

20. 성경을 유익하게 읽는 것에 관한 지침

21. 다른 책들을 읽는 것에 관한 지침

22. 자녀들과 하인들을 바르게 가르치는 것에 관한 지침

23. 기도에 관한 지침

24. 주의 만찬과 관련하여 가정이 어떻게 해야 하는지에 관한 지침

25. 두려움과 곤란에 처한 그리스도인들을 위한 지침

26. 영적으로 쇠퇴한 그리스도인들을 위한 지침

27. 가난한 사람들을 위한 지침

28. 부유한 사람들을 위한 지침

29. 늙고 병약한 사람들을 위한 지침

30. 환우들을 위한 지침

31. 환우들의 친구들을 위한 지침

3부. 그리스도인의 교회 생활(Christian Ecclesiastics)

1. 하나님을 예배하는 일에 관하여

2. 예배의 방식에 관한 지침

3. 하나님과 더불어 맺은 그리스도인의 언약에 관한 지침

4. 신앙을 고백하는 것에 관한 지침

5. 맹세와 특별한 언약에 관한 지침

6. 목사에 대한 성도들의 내적이고 개인적인 의무에 관한 지침

7. 논쟁 가운데 진리를 발견하는 일에 관한 지침

8. 성도들의 연합과 교통에 관한 지침

9. 하나님을 예배하는 방법에 관한 스무 가지 지침

10. 세상을 떠난 성도들과 교통하는 것에 관한 지침

11. 거룩한 천사들과 교통하는 것에 관한 지침

12. 양심에 관한 문제

4부. 그리스도인의 사회생활(Christian Politics)

1. 정직한 생활을 위한 일반적인 지침 (1)

2. 정직한 생활을 위한 일반적인 지침 (2)

3. 통치자들에 대한 신하들의 의무에 관한 지침

24. 흠잡기를 좋아하는 성향과 악한 판단의 사례, 그것에 관한 지침

25. 신용과 보호에 관한 사례들과 그것에 관한 지침

26. 이기심에 관한 지침

27. 이웃을 내 몸처럼 사랑하는 사례들과 그것에 관한 지침

28. 경건한 사람들을 사랑하는 사례들과 그것에 관한 지침

29. 원수를 사랑하고 선을 행하는 사례들과 그것에 관한 지침

30. 자선의 사례들과 그것에 관한 지침

31. 다른 사람들에게 우리의 죄와 위법행위를 고백하는 사례들과 그것에 관한 지침

32. 보상과 배상의 사례들과 그것에 관한 지침

33. 하나님으로부터 용서를 받는 사례들과 그것에 관한 지침

34. 우리 자신을 판단하는 사례들과 그것에 관한 지침

| 강도 높은 실천 |

청교도들의 실천적 신앙은 매우 강도 높은 실천을 강조하였다. 때로 청교도들은 매우 일상적인 일에서조차 강도 높은 신앙의 실천을 요구하였다. 루이스 베일리는 *The Practice of Piety*(경건의 실천)이라는 책에서 모든 그리스도인에게 아침에 눈을 뜨는 순간에 부활의 날을 묵상하도록 요청한다. 또 자명종이 울릴 때는 마지막 날에 울려 퍼질 나팔소리를 기억하고, 옷을 입는 동안에는 죄의 수치와 그리스도의 의의 옷을 묵상하고, 밤에 옷을 벗을 때는 죽음을 기억하고, 침대에 누울 때는 무덤을 연상하면

서 각각 거기에 합당한 신앙을 실천하라고 요청한다. 아무리 경건에 열심이 있는 사람일지라도 '이것은 좀 지나친 것 같다.'라고 생각할 정도로 너무나 일상적인 일에서조차 매우 강도 높은 신앙의 실천을 요구하였다.

하지만 청교도들은 강도 높은 실천을 요구하면서도 성도들의 연약함이나 개인적인 차이를 결코 무시하지 않았다. 청교도들의 강도 높은 신앙 실천에는 항상 성도들에 대한 깊은 배려가 있었다. 마치 야곱이 고향으로 돌아갈 때 자신의 양 떼를 인도할 때 양 떼의 형편을 살펴가며 부드럽게 인도하였던 것처럼(창 33:13-14), 청교도들도 모든 성도들에게 감당할 수 있을 만큼만 감당하면 된다는 사실을 강조하며 연약한 성도들을 끊임없이 위로하고 격려하였다. 리처드 백스터는 다음과 같이 말하였다.

> 의무를 감당하기 싫어하는 육적인 마음과 게으름 때문에 무능력을 핑계 삼아 뒤로 빼지도 말아야 하지만 우리가 감당할 수 있는 이상으로 많은 의무들을 떠안음으로써 나중에는 힘에 부쳐 나가떨어지는 일도 없어야 한다. 당신이 감당할 수 있는 만큼만 떠맡도록 하라. 그런 다음에 하나님께서 당신에게 힘을 더해 주시면 그것에 맞게 더 많은 의무를 떠안도록 하라.[156]

청교도들은 강도 높은 실천을 요구하면서도 올바른 동기와 올바른 목표로 실천할 것을 강조하였다. 청교도들은 올바른 동기와 올바른 목표에서 비롯된 실천이 아니면 하나님 앞에서 열납 될 수 없다는 확신을 가지고 있었다. 신앙의 실천은 "내가 보는 것은 사람과 같지 아니하니 사람은 외모를 보거니와 나 여호와는 중심을 보느니라"(삼상 16:7)라고 말씀하신 하나님 앞에서 행하는 것이었기 때문이다. 따라서 청교도들은 실천을 강조하면서 항상 올바른 동기와 목표를 함께 강조하였다. 예를 들어, 리처드 백스터는 이웃을 사랑하는 신앙의 실천을 강조하면서 단순히 이웃을 사랑하기 위해서 우리가 실천해야 할 행동 목록만 제시하지 않고 우리가 이웃을 사랑해야만 하는 동기를 열 가지로 매우 자세하게 설명하였다. 그 항목만 옮겨 보면 아래와 같다.

① 모든 사람에게는 하나님의 형상이 새겨져 있기 때문에 우리는 그들을 사랑해야 한다.

② 하나님께서 사람들을 사랑하시기 때문에 우리도 그들을 사랑해야 한다.

③ 그리스도께서 인류를 사랑하시고 심지어는 그의 원수들도 사랑하시기 때문에 우리도 그들을 사랑해야 한다.

④ 똑같은 사람끼리 사랑하는 것이 당연하므로 사랑해야 한다.

⑤ 사랑이 있어야 다른 사람들에게 선을 행할 수 있기 때문에 사랑해야 한다.

⑥ 사랑이 있어서 사회가 연합될 수 있기 때문에 사랑해야 한다.

⑦ 우리도 우리 자신을 사랑하고 다른 사람도 우리를 사랑해 주니 우리도 다른 사람을 사랑해야 한다.

⑧ 이웃을 사랑할 때 우리는 많은 죄를 예방할 수 있고 또 많은 의무를 함께 수행할 수 있기 때문에 사랑해야 한다.

⑨ 사랑은 하나님을 기쁘시게 하므로 사랑해야 한다.

⑩ 사랑은 우리에게 중요한 의무일 뿐 아니라 우리 자신에게 유익이 되므로 사랑해야 한다.[157]

청교도들은 강도 높은 실천을 강조하면서도 신앙의 실천에서 믿음의 중요성을 강조하였다. 그들은 만일 믿음이 바탕에 깔려 있지 않으면 아무리 훌륭하고 강도 높은 실천도 하나님 앞에서는 무가치하다고 믿었다. 그렇기 때문에 그들은 믿음을 중요하게 생각하지 않고 그저 영적인 훈련에만 매진하는 어떤 사람들을 이해할 수 없었다. 그래서 월터 머셜 같은 청교도는 성경이 거룩한 삶, 신앙을 실천하는 삶을 표현할 때, "믿음으로 사는 것"(합 2:4; 갈 2:20; 히 10:38), "믿음으로 행하는 것"(고후 5:7), "사랑으로 역사하는 믿음"(갈 5:6), "믿음으로 세상을 이기는 것"(요일 5:4) 등의 표현을 즐겨 사용한다는 것을 상기시키면서 "어떤 사람들은 믿음으로 살고 믿음으로 행하는 것은 뒷전으로 밀어 놓고 단순히 우리에게 여러 가지 의무를 이행하라고 촉구한다."[158]라고 불평하였다.

마지막으로, 청교도들은 강도 높은 실천을 요구하면서도 성령의 도우심을 강조하였다. 청교도들은 성경에서 실천의 원리와 지침을 수없이 많이 배우고 그것을 자세히 가르쳤지만 실천의 원리와 지침을 많이 아는 것만으로 거룩한 신앙의 삶이 실천된다고 생각하지는 않았다. 오히려 성령의 은혜가 더 근본적으로 필요한 일이라고 생각했다. 비록 그리스도인에게는 부족함과 연약함이 있어도 성령께서는 힘을 더해 주시면서 신앙의 실천을 도와주시고, 그리스도인을 강압적으로 다루지 않으시면서 오히려 신앙의 실천에 필요한 동기와 목적, 지혜와 능력을 풍성하게 공급해 주시기 때문에, 신앙의 실천은 그리스도인에게 억지로 하는 일이 아니라 자원하는 심령으로 하는 일이며, 슬픔으로 하는 일이 아니라 기쁨으로 하는 일이라고 본 것이다. 루이스 베일리의 말을 들어 보자.

모든 참된 그리스도인에게는 자유 의지가 있고 그가 은혜 안에서 자라날 수록 그의 의지 또한 자유 안에서 자라난다. "그러므로 아들이 너희를 자유롭게 하면 너희가 참으로 자유로우리라"(요 8:36). "주는 영이시니 주의 영이 계신 곳에는 자유가 있느니라"(고후 3:17). 이는 성령께서 강압적으로 그리스도인의 마음을 움직이시는 게 아니라 사랑의 줄로(아 1:4), 진리를 아는 지식으로 그들의 마음을 비추심으로, 진리를 사랑하도록 그들의 마음을 변화시킴으로, 그들 한 사람 한 사람으로 하여금 (자신이 받은 은혜의 분량대로) 자신이 사랑하는 선한 일을 행할 수 있도록 능력을 주심으로써 그리스도인의 마음을 움직이시기 때문이다.[159]

지금까지 살펴보았듯이, 청교도들은 삶의 모든 영역에서 그리고 삶의 모든 순간에서 신앙을 실천해야 한다고 믿고 행하였으며, 강도 높은 신앙의 실천을 요구하였고 또 실천하였다. 그리고 청교도 설교자들은 설교와 생활 지침서를 통해서 교인들에게 이런 신앙을 심어 주려고 했고, 청교도 교인들은 설교를 듣고 생활 지침서를 따라 살면서 이런 신앙을 형성하려고 했다. 모든 삶의 영역에서 신앙을 실천하는 것! 이것이 오늘날 우리가 청교도들에게서 배워야 할 내용이다.

이렇게 해서 우리는 실천적 신앙과 관련하여 성경이 무엇을 가르치고 있는지 또 청교도들이 성경의 그런 가르침을 실제 삶 속에서 어떻게 구현하였는지 살펴보았다. 이제 마지막으로 지금까지 살펴본 내용을 오늘 우리의 삶에 어떻게 적용할 것인지 몇 가지로 정리해 보자.

| 푯대를 보며 달려라 |

삶의 모든 영역에서 신앙을 실천하는 것이 신앙생활의 궁극적인 목표
다. 그러니 그 푯대에서 한순간도 눈을 떼지 말라. 그리고 그 푯대를 향하
여 달려라. 물론 우리의 궁극적인 목표는 천국이다. 하지만 지금 우리 신
앙의 목표는 이 땅에 하나님의 나라를 실현하는 그 나라의 백성으로 살아
가는 것이다. 개인적인 삶에서 하나님과 구체적으로 동행할 줄 아는 사람
이 되는 것, 가정생활 속에서 경건을 구체적으로 실천할 줄 아는 사람이
되는 것, 교회 생활 속에서 성도의 도리를 구체적으로 실천할 줄 아는 사
람이 되는 것, 그리고 사회생활이 아무리 복잡하고 험하더라도 이 세상을
본받지 않고 범사에 하나님의 뜻을 따라 모든 거룩한 신앙을 실천할 줄
아는 사람이 되는 것이다.

하루를 시작하는 아침 시간에는 육상 트랙 위에 서 있는 달리기 선수
처럼 하나님 앞에 서서 신앙생활의 기본기를 다시 한번 확인하고, 말씀
읽기(연구)와 묵상과 기도로 다시 한번 하나님의 은혜와 사랑을 확신함으
로써 힘을 얻고, 신앙생활의 최종 목표인 신앙의 실천을 바라보며 하나님
의 은혜를 구하라. 그리고 하루를 마치고 잠자리에 들기 전에는 과연 그
날에 삶의 모든 영역에서 신앙을 얼마만큼 실천했는지를 점검해 보도록
하라. 이런 과정에서 부족함이나 실패를 보게 되면 낙심하지 말고 은혜를
베풀어 주시는 하나님의 보좌 앞에 나아가 필요한 도움과 은혜를 공급받
고 그 힘으로 다시 실천의 삶으로 나아가라.

만일 삶의 모든 영역에서 거룩한 신앙을 실천하지 못하는 사람이라면,

제아무리 성경을 잘 알고 있어도, 묵상의 기술을 잘 터득했어도, 기도를 유창하게 오래 할 줄 알아도, 교회에서 아무리 열심히 봉사해도, 성경적 신앙과는 거리가 먼 사람이라는 것을 알고 부끄러운 줄 알아야 한다. 흔히 묵상을 깊이 할 줄 알고 기도를 신령하게 할 줄 알면 대단히 깊은 신앙의 세계에 들어가 있는 사람처럼 대접을 받는 일이 교회 안에 흔한데, 이 것은 성경적인 신앙을 크게 오해했기 때문이다. 성경적인 신앙은 반드시 실천적인 신앙이다. 물론 깊은 신앙에 도달한 사람은 깊은 묵상과 깊은 기도의 세계도 잘 안다. 하지만 이것만으로는 그 사람이 정말 성경적 신앙의 세계에 깊이 들어가 있는지 장담할 수 없다. 정말로 성경적 신앙의 세계에 깊이 들어가 있는 사람은 삶의 모든 영역에서 하나님의 거룩한 뜻을 실천하는 사람이기 때문이다.

| 중간 점검을 하라 |

우리 자신이 실천적 신앙과 관련하여 어느 정도 수준에 와 있는지 점검해 보자. 조용한 장소에서 백지 두 장을 꺼내 놓고 각 면마다 개인적인 삶의 영역, 가정생활의 영역, 교회 생활의 영역, 그리고 사회생활의 영역에서 어떻게 신앙을 실천해야 하는지 성경에서 배운 것을 아는 대로 적어 보자. 이런 방법으로 각각의 영역에서 신앙을 실천하는 원리와 지침에 대해서 우리가 어느 정도 알고 있는지 점검해 보자. 신앙생활을 한 지 꽤 되었는데도 이런 내용으로 백지장 한 면의 절반도 제대로 채울 수 없다면, 우리의 신앙은 아직도 초보 단계를 벗어나지 못한 것이 틀림없다.

각각의 삶의 영역에서 신앙을 어떻게 실천해야 하는지 성경적인 내용도 파악하고 있지 못한 사람이 어떻게 신앙을 제대로 실천할 수 있겠는가? 또 신앙을 실천하지 못하는 사람이 어떻게 신앙이 깊고 풍성한 사람일 수 있겠는가?

혹시 스스로 생각해도 만족스러울 만큼 백지장을 잘 채웠다면, 이번에는 우리의 양심을 점검해 보자. 우리가 적어 놓은 실천 사항과 우리의 실제 삶이 얼마만큼 닮았는지 우리 양심에게 물어보자. 설령 부족한 구석이 있지만 우리가 적어 놓은 것에 가깝게 개인 생활과 가정생활, 교회 생활과 사회생활에서 신앙을 실천하고 있다면, 그것은 우리의 신앙이 바람직한 상태에 있다는 좋은 증거이다. 그러나 만일 우리의 양심이 우리를 책망하는 게 많다면, 그것은 우리가 아는 것은 많지만 실제로 실천하는 것은 별로 없다는 슬픈 증거이다. 아무튼 우리가 정직하게 우리의 양심에게 물어보면, 우리의 양심은 이런 식으로든 저런 식으로든 우리에게 정직하게 답을 해 줄 것이다. 그러므로 우리가 백지장에 적어 놓은 내용과 우리의 양심을 대질시켜 보자.

혹시 우리의 양심이 우리를 책망하지 않는다면, 이번에는 우리의 가족과 우리의 이웃에게 한 번 더 우리의 실천적 신앙에 관하여 물어보자. 우리의 가족에게는 개인 생활과 가정생활에서 우리가 그리스도인의 신앙을 어느 정도 실천하고 있는지 물어보자. 그리고 우리가 출석하는 교회의 교역자와 신뢰할 만한 성도들에게는 교회 안에서 우리가 그리스도인의 신앙을 제대로 실천하고 있는지 물어보자. 우리가 다니는 학교나 일하는 직장의 선배와 동료와 후배들에게는 우리가 사회생활에서 그리스도인의 신앙을 바르게 실천하고 있는지 물어보자.

이런 점검 과정을 거쳐서 우리가 실천적 신앙과 관련하여 어느 정도 수준에 있는지를 정확하게 알게 된다면, 앞으로 실천적 신앙의 형성을 위해 우리가 해야 할 일이 무엇인지 알 수 있을 것이다. 신앙의 최종 목표인 신앙의 실천에 대한 철저한 자기 점검 없이 그저 성경을 많이 알고 기도를 오래 하고 묵상을 잘하고 봉사를 잘한다는 것 때문에 자기 자신의 신앙을 한없이 높게 평가하는 것은 결코 옳은 일이 아니다.

| 신앙생활 지침서를 활용하라 |

삶의 모든 영역에서 신앙의 실천을 더 깊고 풍성하게 하고 싶다면, 도움이 되는 책들을 선별하여 활용하라. 삶의 모든 영역에서 신앙을 실천하는 일은 굉장히 많은 지혜와 수없이 많은 경험이 필요하다. 물론 이런 지혜를 배울 수 있는 최고의 책은 하나님의 거룩한 말씀인 성경이다. 성경은 우리로 하여금 모든 선한 일을 행하기에 온전케 하는 책이기 때문이다 (딤후 3:17). 그러나 성경에서 삶의 모든 영역에 필요한 신앙생활 지침과 원리를 발견해 내는 데는 상당한 시간과 신앙 경륜이 필요하다. 그러므로 경건한 목회자들이나 성도들이 오랜 세월 성경을 연구하고 경건한 삶을 실천하면서 쌓아 온 신앙 실천의 노하우를 통해 간접적으로 배우는 것도 좋은 방법일 수 있다.

그러므로 한 손에는 성경을 들고 성경으로부터 직접 신앙 실천 원리를 배우고, 다른 손에는 신앙생활 지침서를 들고 믿음의 선진들로부터 신앙 실천 원리를 배우는 것도 바람직하다. 그런데 이런 지침서들과 꼭 함께 읽어야 할 책이 있다. 그것은 우리와 똑같은 성정을 가졌으면서도 거룩한 신앙을 평생 실천하며 살았던 위대한 성도들의 전기이다. 위대한 성도들의 전기를 읽는 것이 우리에게 필요한 이유는 실제로 신앙을 실천한 사람들의 거룩한 삶을 보는 것이 우리의 마음에 깊은 인상을 남기기 때문이다.

예를 들어, 기타를 잘 치는 방법을 가르쳐 주는 책을 읽을 때는 기타를 치고 싶다는 도전을 받기 쉽지 않은데, 어떤 사람이 기타를 멋지게 연주하는 모습을 보게 되면 우리도 모르는 사이에 감동을 받고 나도 저 사람처럼 기타를 잘 연주하고 싶다는 열망을 품게 된다. 이것이 우리의 체질이다. 그러므로 신앙 실천의 지침서도 우리에게 필요하지만, 쉽게 감동받지 못하고 신앙 실천에 도전하려는 마음이 매우 적은 우리 자신을 돕기 위해서는 위대한 성도들의 삶을 자세히 들여다보는 것이 꼭 필요하다. 하나님의 은혜로 그들이 살아 낼 수 있었던 경건한 삶을 보게 되면서 우리도 하나님의 은혜를 바라게 될 것이고, 그들의 약함과 실패를 용서해 주고 회복시켜 주신 하나님의 은혜를 보면서 우리도 소망을 품게 될 것이기 때문이다.

| 실천하는 삶의 출납 장부를 쓰자 |

상인들에게는 반드시 출납 장부가 있다. 상인들은 날마다 자신들이 그날의 수입과 지출을 자세하게 적고 관리한다. 이렇게 출납 장부를 쓰는

일을 불필요한 일이라고 여기는 상인은 아무도 없다. 왜냐하면 수입과 지출을 분명하게 알아야 사업을 제대로 할 수 있기 때문이다. 또 어느 면으로 보나 출납 장부는 상인에게 도움이 되기 때문이다. 그리스도인에게도 신앙 실천의 출납 장부가 필요하다. 그리스도인도 날마다 자신이 실천한 신앙을 정확하게 계산해 보고 앞으로 어떻게 하면 신앙의 실천을 더 잘할 수 있을까 고민하고 계획한다면 훨씬 더 좋을 것이기 때문이다. 그러므로 날마다 또는 정기적으로 신앙 실천의 출납 장부를 쓰자.

교회 역사를 살펴보면, 많은 그리스도인들이 날마다 영적 일기를 작성하고, 그것을 신앙 실천의 출납 장부로 활용하였다. 이 방법도 매우 좋다. 하루 동안 있었던 일들이 또렷하게 기억되는 밤 시간에 영적 일기를 쓰면서, 개인 생활, 가정생활, 교회 생활, 그리고 사회생활이라는 네 가지 영역에서 그날 우리가 어떻게 신앙을 실천했는지 점검해 보고 그것을 기록에 남긴다는 것은 우리의 신앙 실천에 바람직하며 유용한 일이다.

또 교회 역사를 살펴보면, 어떤 그리스도인들은 한 달에 한 번, 또는 두 달에 한 번씩 날을 정해 놓고 자신의 신앙 실천을 점검하며 하나님 앞에 근신하는 특별한 날을 보냈다고 한다. 물론 날마다 잠자리에 들기 전에 하루를 반성하지만 아무래도 시간이 부족해서 깊이 있게 할 수 없는 단점이 있다. 이런 이유 때문에 어떤 그리스도인들은 정기적으로 하루를 정하여 온종일 자신의 신앙을 점검하고 하나님께 은혜를 구하는 특별한 일을 하였던 것이다. 이 방법도 매우 좋다.

이 두 가지 방법 중에 어느 것을 선택하여 활용하든, 우리 자신의 신앙생활을 제대로 점검하기 위해서는 확실한 점검 리스트가 필요할 수 있다. 기준이 애매모호하면 점검이 아무런 의미가 없기 때문이다. 이런 점에서 우리는 조지 휫필드(George Whitefield, 1714-1770)와 조나단 에드워즈(Jonathan Edwards, 1703-1758)의 도움을 받을 필요가 있다. 조지 휫필드는 날마다 하루 생활을 점검하는 자기 나름대로의 몇 가지 리스트가 있었다. 우리도 하루 생활을 반성하고 점검할 때 이런 짧은 리스트를 참고하면 좋을 것이다.

〈조지 휫필드의 매일 자기 점검표〉[160]

1. 오늘 나는 개인 기도 시간에 뜨겁게 기도했는가?

2. 오늘 나는 정해진 기도 시간을 지켰는가?

3. 오늘 나는 모든 시간을 아꼈는가?

4. 오늘 나는 모든 대화나 행동을 하기 전에 하나님의 영광을 추구했는가?

5. 오늘 나는 어떤 기쁨을 느끼게 되었을 때 즉시 하나님께 감사했는가?

6. 오늘 나는 하루의 일을 계획을 세우고 규모 있게 행했는가?

7. 오늘 나는 모든 면에 검소하고 침착했는가?

8. 오늘 나는 일을 행할 때 열심히 혹은 힘 있게 행했는가?

9. 오늘 나는 말과 행동에서 온화하고 상냥하며 친절했는가?

10. 오늘 나는 다른 사람들에 대하여 교만하거나, 허탄하게 굴거나, 참지 못하거나 투기하지는 않는가?

11. 오늘 나는 먹고 마시는 일에 절제하며, 감사한 마음을 유지하며, 잠자는 일에 절제하였는가?

12. 오늘 나는 하나님께 감사하는 일에 시간을 사용했는가?

13. 오늘 나는 성경을 연구하는 일에 부지런했는가?

14. 오늘 나는 다른 사람에 대하여 불친절하게 생각하거나 말하지 않았는가?

15. 오늘 나는 나의 모든 죄를 고백했는가?

한편, 조나단 에드워즈는 훨씬 더 길고 자세한 자기 점검 리스트를 가지고 있었다. 그는 자기 점검(Self-examination)에 관한 글에서 전반적인 삶을 총체적으로 점검할 수 있는 자기 점검 리스트를 제시하였는데, 조지 휫필드의 리스트보다 훨씬 분량이 많다. 그러므로 자세한 자기 점검이 필요할 경우, 조나단 에드워즈의 자기 점검 리스트를 활용하는 것도 좋을 것이다.

〈조나단 에드워즈의 자기 점검표〉

1부. 주일 성수와 하나님의 집에 대한 점검

1. 나는 하나님의 말씀이 주일(主日)에 관하여 요구하시는 것에 따라서 내 생각과 언행을 절제하며 이날을 엄격하게 지키고 있는가?

2. 주일이 시작될 때, 또 주일이 시작된 후에 다른 날에 해야 하는 일을 하느라 분주하게 시간을 보내고 주님의 시간을 침해하는 일은 없는가?

3. 주일에 합당한 '거룩한 언행'을 하고 있는가? 세속적인 대화나 행동에 참여하고 있지는 않은가? 무익한 농담에 참여하는 일은 없는가?

4. 주일에 빈둥빈둥 시간을 허비하거나 게으름을 피우며 아무 일도 하지 않으면서 시

간을 보내고 있지는 않은가?

5. 주일에 평소보다 더 늦게까지 잠을 자는 일은 없는가?

6. 주일에 하나님의 얼굴을 구하거나 나 자신의 구원을 위한 기회로 시간을 선용하지 못하고 오히려 헛된 일에 허비하는 것은 아닌가?

7. 나는 하나님의 교회의 제도나 예배 예식을 모두 합당하게 존중하는가? 가령 세례식이나 성찬식 같은 성례(聖禮)를 존중하고 있는가?

8. 나는 하나님을 찬송하는 일을 게을리하고 있지는 않은가? 교회에서 예배할 때 외에도 개인적으로 찬송하는 생활을 하고 있는가?

9. 교회 내에 있는 추문을 제거하는 일에 게으름을 피우고 있지는 않은가? 개인적으로 형제를 책망하고 교회에 알리는 일에 게으르지는 않은가?

10. 습관적으로 예배 시간에 지각하지 않는가?

11. 예배 시간에 잠자는 죄를 짓는 일은 없는가?

12. 나는 공예배 시간에 말해지고 행해지는 모든 일에 주의를 기울이는 사람인가?

2부. 은밀한 죄에 대한 점검

1. 혹시 성경 읽기를 게을리하며 살고 있지는 않은가?

2. 혹시 은밀하게 기도하는 일을 게을리하며 살고 있지는 않은가?

3. 은밀하게 육체의 정욕을 만족시키면서 살고 있지는 않은가?

4. 생각과 상상으로 정욕을 은밀하게 만족시키지 않는가?

3부. 이웃을 향한 태도에 대한 점검

1. 혹시 사람들에 대해서 성마른 태도나 불같이 화를 잘 내는 태도를 가지고 있지는

않은가?

2. 만일 나의 타고난 성품이 그러하다면 나는 그런 기질을 다스리기 위해서 진정으로 노력하고 있는가?

3. 나는 이웃 중에 이런저런 사람에 대해서 증오심을 품고 있지는 않은가?

4. 어떤 사람이 실제로 내게 손해를 입힌 것 때문에, 또는 손해를 입혔다고 내 나름대로 상상하는 것 때문에 혹시 그 사람을 미워하고 있지는 않은가?

5. 어떤 사람이 내게 불친절하거나 악의를 품고 미워한다는 이유로 혹시 그 사람을 못마땅해하거나 미워하고 있지는 않은가?

6. 어떤 사람이 나를 반대하고 내가 당연히 받아야 한다고 생각하는 존경심을 보이지 않는 것 때문에 혹시 그 사람을 미워하고 있지는 않은가?

7. 어떤 사람이 나를 멸시하는 것처럼 보이고 가끔씩 나를 천박하게 생각하는 기미를 보인다고 해서 혹시 그 사람을 미워하고 있지는 않은가?

8. 혹시 다른 사람을 질투하고 있지는 않은가?

9. 혹시 다른 사람의 성공이나 부나 명예 때문에 은근히 기분이 상해 있지는 않은가?

10. 다른 사람이 명예나 성공이나 부를 잃을 때 혹시 은근히 기뻐하지 않는가?

11. 악인이 쇠퇴하는 것을 보고 기뻐할 때, 나는 공익을 생각하는 순전한 마음 때문에 기뻐하는가? 아니면 성공한 그 사람이 그동안 은근히 편치 않았기 때문에 기뻐하는가?

12. 만나는 사람들을 속이거나 그들에게 해를 입히는 일은 없는가?

13. 이웃을 대하는 태도에서 나는 공정한가? 나는 나의 태도가 하나님의 엄격한 말씀에 부합하다고 하나님 앞에서 변호할 수 있는가?

14. 나는 이웃에게 신실한 사람인가?

15. 나의 이웃은 내 말을 신뢰할 수 있는가?

16. 나는 내게 맡겨진 일에 엄격하고 분명하며 진실한가? 아니면 비양심적으로 행동하고 있는가?

17. 혹시 빚 갚는 것을 고의적으로 연기하는 죄를 짓고 있지는 않은가?

18. 수중에 돈이 있으면서도 고의적으로 빚을 갚지 않아 상대방에게 해를 입히고 있지는 않은가?

19. 혹시 이웃을 어떤 형태로든 압제하며 살고 있지는 않은가?

20. 혹시 궁핍한 이웃이나 무지한 이웃을 악용하지 않는가?

21. 물건을 사고팔 때 가격 협상에서 유리하도록 진실을 감추거나 거짓을 꾸며 대지 않는가?

22. 이전에 이웃에게 해를 입히고도 그것에 대해서 보상하지 않은 채 살고 있지는 않은가?

23. 이웃을 향해서 사랑의 의무를 준수하며 살고 있는가?

24. 궁핍한 이웃을 보고도 손을 펼치지 않고 모른 체하고 있지는 않은가?

25. 혹시 이웃의 궁핍을 보고도 마음을 닫거나 아예 보지 않으려고 하는 일은 없는가? 아니면 어쩔 수 없이 구제하게 되는 그런 상황을 싫어하지 않는가?

26. 혹시 이웃이 죄악의 길을 가고 있는 것을 보고도 그 이웃을 책망하는 일을 하지 않고 그냥 내버려두지는 않는가?

27. 혹시 불경건한 사람들, 사치하는 사람들, 그리고 불결한 사람들과 교제하고 있지는 않는가?

28. 혹시 대화를 할 때 악하게 말하는 습관을 가지고 있지는 않는가?

29. 사람들에 대해서 이것저것 판단하며 악하게 말하지는 않는가?

30. 혹시 다른 사람에 대한 험담을 들으면 그것을 기뻐하고 마음에 두었다가 다른 사람들에게 전하지는 않는가?

31. 혹시 다른 사람에게서 들은 바를 확인도 하지 않고 다른 사람에게 옮기지는 않는가?

32. 혹시 다른 사람에게 미리 알아보지도 않고, 또는 미리 들어보지도 않고 그들에 대해서 판단 내리는 것을 좋아하지는 않는가?

33. 혹시 사람들이 쓸데없는 말을 주고받으며 농담을 즐겨 하는 자리에 있을 때, 그 대화에 쉽게 참여하여 똑같이 행동하지는 않는가? 비록 그 대화에 참여하거나 그 대화를 이끌어 가는 것은 아니지만 그 대화를 즐거워하지는 않는가?

34. 혹시 다른 사람에 대해서 비난하는 것을 즐겨 하지는 않는가?

35. 혹시 사람들이나 어떤 모임이 둘로 분리되면 간에 붙었다 쓸개에 붙었다 하는 사람이 아닌가?

36. 혹시 이웃과 대화할 때 오직 엄격한 진실만을 말하려고 노력하는가? 혹 작은 것이라도 거짓을 말하고 있지는 않은가?

7. 내 자신의 생각이나 감정이나 소원이나 목표를 말할 때 정직한가?

4부. 가정생활에 대한 점검

1. 혹시 내 가족 모두를 사랑해야 하는 의무에 반대되는 방식으로 살고 있지는 않은가?

2. 혹시 식구들과 티격태격 싸우거나 분노하거나 마음속으로 마음에 들지 않는 식구에게 나쁜 일이 일어나기를 바라지는 않는가?

3. 혹시 가정에서 책망받을 만한 언행을 하고 있지는 않은가?

4. 혹시 서로 돕고 친절하게 대해 주어야 하는 의무를 게을리하고 있지는 않은가?

5. 하나님께서 부부 사이에 요구하시는 모든 의무들을 준행하는가?

6. 혼인 서약을 잘 지키고 있는가?

7. 배우자를 향해서 쓴 마음을 품고 있거나 불친절한 말이나 행동을 하고 있지는 않은가?

8. 배우자의 작은 실수를 덮어 주지 않고 아주 사소한 문제로 다투지 않는가? 혹은 아주 사소한 문제 때문에 배우자를 못마땅하게 생각하지 않는가?

9. 오해가 생기면 불친절한 말을 내뱉어 배우자의 마음을 분노케 하지는 않는가?

10. 배우자의 성격에 내 자신을 맞추고자 노력하고 있는가? 배우자의 삶을 편안하게 만들기 위해서 노력하고 연구하는가?

11. 혹시 아내를 노예처럼 부려먹는 죄를 짓고 있지는 않은가?

12. 아내로서 남편에게 순종하는가?

13. 가장으로서 하나님께서 내게 맡겨 주신 사람들을 교훈하는 일에 게으른 것은 아닌가?

14. 가장으로서 너무 적게 가르치거나 가르치는 일에 너무 적은 수고를 들이는 것은 아닌가?

15. 가족들의 몸과 마음과 영혼을 다 돌보아 주고 있는가?

16. 가장으로서 가정을 다스리는 일을 게을리하고 있지는 않은가?

하지만 이런 점검표를 들고서 우리 자신의 마음과 삶이 하나님의 말씀을 얼마나 즐거워하며 순종하고 있는지를 점검할 때 꼭 기억할 것이 있다. 우리가 이런 일을 할 때 하나님의 손에는 우리에게 줄 용서와 예수 그리스도의 완전한 의가 선물로 들려 있다는 사실이다. 우리에게 줄 새로운 기회와 새로운 힘과 위로가 선물로 들려 있다는 사실이다. 그러므로 이런 점검표 앞에서 정직하게 우리 자신을 점검한 다음에 꼭 해야 할 일은 있는 모습 그대로 하나님의 은혜의 보좌 앞에 나아가 그리스도를 다시 의지하고 하나님의 은혜를 다시 소망하는 것이다.

그러므로 우리에게 큰 대제사장이 계시니 승천하신 이 곧 하나님의 아들 예수시라 우리가 믿는 도리를 굳게 잡을지어다 우리에게 있는 대제사장은 우리의 연약함을 동정하지 못하실 이가 아니요 모든 일에 우리와 똑같이 시험을 받으신 이로되 죄는 없으시니라 그러므로 우리는 긍휼하심을 받고 때를 따라 돕는 은혜를 얻기 위하여 은혜의 보좌 앞에 담대히 나아갈 것이니라 _히 4:14-16

모든 삶의 영역에서 하나님의 말씀을 실천하는 삶은 우리가 해야 할 일이지만 우리의 노력으로 되는 일은 아니다. 오직 하나님의 은혜로 되는 일이다. 그런데 하나님은 우리에게 그런 은혜를 아낌없이 주려 하신다. 그러니 우리는 얼마나 행복한 사람들인가! 그러니 우리는 얼마나 안전한 사람들인가! 그러니 하나님은 얼마나 은혜롭고 선하며 자비하신 구주이신가! 그러니 하나님께 찬송을 올려드리자. 하나님의 은혜 때문에 이 땅에서 믿음으로 산다는 것은 힘들고 버거운 숙제 풀이가 아니라 달콤한 은혜를 맛보며 노래하는 기쁨의 향유다!

사랑하는 자들아 너희는 너희의 지극히 거룩한 믿음 위에 자신을 세우며 성령으로 기도하며 하나님의 사랑 안에서 자신을 지키며 영생에 이르도록 우리 주 예수 그리스도의 긍휼을 기다리라 능히 너희를 보호하사 거침이 없게 하시고 너희로 그 영광 앞에 흠이 없이 기쁨으로 서게 하실 이 곧 우리 구주 홀로 하나이신 하나님께 우리 주 예수 그리스도로 말미암아 영광과 위엄과 권력과 권세가 영원 전부터 이제와 영원토록 있을지어다 아멘 _유 20, 21, 24, 25

체크 리스트

1. 나는 삶의 모든 영역에서 하나님의 말씀과 뜻을 받들어 실천하는 것을 이 땅에서 내 신앙생활의 최고 목표로 삼고 있는가?

① ② ③ ④ ⑤ ⑥ ⑦ ⑧ ⑨ ⑩

2. 나는 이 땅에서 나 자신의 행복과 안녕보다 하나님의 말씀을 내 삶의 모든 영역에서 실천하여 하나님에게 기쁨이 되기를 더 원하는가?

① ② ③ ④ ⑤ ⑥ ⑦ ⑧ ⑨ ⑩

3. 나는 홀로 있을 때, 가족들과 함께 있을 때, 교회에서 있을 때, 사회생활 할 때, 내가 실천해야 할 하나님의 뜻을 알려고 배우는가?

① ② ③ ④ ⑤ ⑥ ⑦ ⑧ ⑨ ⑩

4. 나는 상인이 출납 장부를 쓰며 매출을 따져 보는 것처럼, 내가 삶의 모든 영역에서 하나님의 뜻을 얼마나 실천하고 있는지 따져 보는가?

① ② ③ ④ ⑤ ⑥ ⑦ ⑧ ⑨ ⑩

5. 나는 하나님께서 실천의 분량이나 성과보다 동기와 과정을 중요하게 보신다는 것을 알고 올바른 동기와 선한 과정으로 실천하는가?

① ② ③ ④ ⑤ ⑥ ⑦ ⑧ ⑨ ⑩

6. 나는 내 실천을 나의 의나 자랑으로 삼지 않고 오직 예수 그리스도의 완전한 의를 내 의와 자랑으로 삼으면서 실천하는 삶을 사는가?

① ② ③ ④ ⑤ ⑥ ⑦ ⑧ ⑨ ⑩

7. 나는 삶의 모든 영역에서 하나님의 뜻을 실천하는 것에 부족이나 실패가 있을 때마다 은혜의 보좌 앞에 나아가 도움을 얻는가?

① ② ③ ④ ⑤ ⑥ ⑦ ⑧ ⑨ ⑩

내 신앙의 발전 기록

1차 점검	일자	년　월　일
5점 이하 항목 번호		
6점 이상 항목 번호		
종합 평가		
개선점		

2차 점검	일자	년　월　일
5점 이하 항목 번호		
6점 이상 항목 번호		
종합 평가		
개선점		

독서 모임을 위한 토론 주제

주제 1. 빌립보서 4장 8절 말씀, 로마서 12장 1~2절 말씀, 고린도전서 10장 31절 말씀을 펼쳐 놓고 우리 신앙의 궁극적인 목적이 모든 삶에서 하나님을 영화롭게 하고 경건을 실천하는 것이어야 하는 이유를 말해 보자.

주제 2. 위의 두 구절 외에도 성경이 우리 신앙의 궁극적인 목적이 모든 삶에서 하나님을 영화롭게 하고 경건을 실천하는 것이어야 함을 가르쳐 주는 성경 구절들을 찾아보자.

주제 3. 청교도들이 삶의 모든 영역에서 강도 높게 신앙을 실천하려고 한 모습을 보면서 특별히 개인적으로 배우거나 도전받거나 감명받은 것이 있다면 말해 보자.

주제 4. 청교도들이 삶의 모든 영역에서 강도 높게 신앙을 실천하려고 한 모습을 보면서 오늘날 우리 교회가 배워야 할 점이 있다면 무엇인지 말해 보자.

주제 5. 나는 지금 내 삶의 몇 가지 영역에서 신앙을 어떻게 실천하고 있는지 점검해 보고 말해 보자.

혼자 사는 삶	
가족과 함께 사는 삶	
회사나 국가에서 이웃과 함께 사는 삶	
교회에서 교우들과 함께 사는 삶	

주제 6. 저자가 제시한 네 가지 적용을 읽으면서 개인적으로 '이것만큼은 꼭 내 삶에 적용해야겠다.'라고 생각한 것이 있다면 무엇인지 말해 보자.

주제 7. 저자가 제시한 적용 외에 우리가 적용할 필요가 있거나 적용하면 좋을 것이 있는지 생각해 보고 말해 보자.

에필로그

"탄탄한 신앙을 세우려면 반드시 7가지 기반이 전부 필요합니다."라고 말하면, 사람들은 다양한 반응을 보인다.

다 필요할까?

"정말 이 책이 말하는 일곱 가지 기반을 다 갖추어야 신앙이 바르고 견고 해지나요?"

그렇다. 이 책이 말하는 일곱 가지 기반을 다 갖추지 않으면, 우리의 신앙은 바르게 세워질 수도 없고 견고하게 서 있을 수도 없다. 이 책이 말하는 일곱 가지 기반 중에 여섯 가지 기반은 다 튼튼한데 딱 한 가지 기반이 아예 없거나 부실한 사람의 신앙이 과연 바르고 균형 있게 세워지고 견고하게 서 있을 수 있겠는지 생각해 보라. 그럴 수 없다는 것을 인정하지 않을 수 없을 것이다. 그렇다. 이 책이 말하는 일곱 가지 기반은 결코 양보할 수 없는 신앙의 필수 핵심 기반이다.

할 수 있을까?

"일곱 가지 기반을 다 갖추려면 정말 힘들지 않을까요? 저 같은 사람도
할 수 있을까요?"

이 책이 말하는 일곱 가지 기반을 다 갖추는 일은 우리 자신의 힘이나
지혜나 노력만으로는 불가능한 일이다. 하지만 우리가 예수를 진실하게
믿어 그 믿음으로 예수 그리스도와 연합된 사람이라면, 우리 안에 계신
예수 그리스도께서 친히 우리 안에 그 일을 행하시며 또한 우리가 그 일
을 할 수 있게 만들어 주신다. 하나님의 은혜는 모든 선한 일을 가능하게
만들고 우리 안에 그 열매가 맺히게 한다.

> 너희 안에서 착한 일을 시작하신 이가 그리스도 예수의 날까지 이루실 줄
> 을 우리는 확신하노라 _빌 1:6

> 내게 능력 주시는 자 안에서 내가 모든 것을 할 수 있느니라 _빌 4:13

> 나는 포도나무요 너희는 가지라 그가 내 안에, 내가 그 안에 거하면 사람
> 이 열매를 많이 맺나니 _요 15:5

어디서부터?

"이 책이 말하는 일곱 가지 기반을 다 갖추려면 어디서부터 시작해야 하

나요?"

이 책이 말하는 일곱 가지 기반은 각각 따로 떨어져 있는 것처럼 보이지만 사실은 서로 연결되어 있다. 서로 연결되어 있을 뿐만 아니라 서로를 격려하고 세워 준다. 그러면서 함께 같은 방향으로 성장한다. 그러므로 이 책이 말하는 일곱 가지 기반을 다 갖추고 또 튼튼하게 갖추려면, 일곱 가지 기반 중에 한두 가지 또는 서너 가지에만 집중하거나 그것을 먼저 온전하게 세워 놓고 그다음에 다른 것을 세우겠다고 해서는 안 된다. 작고 연약하고 부족해도 괜찮으니 일곱 가지 기반 전부에 마음을 쓰고 시간이 걸리고 힘들어도 그 전부를 함께 성장시켜야 한다.

다 약해요

"하나님의 은혜로 저에게는 일곱 가지 기반이 모두 있는 것 같은데 다 너무 약해요."

예수님은 우리의 마음과 삶에 심어지는 하나님의 나라의 시작이 모든 씨보다 작은 겨자씨 한 알 같다고 비유하셨다. 대부분의 경우, 하나님의 은혜는 우리 안에 심어지고 열매를 맺을 때 작고 연약한 모습으로 시작하기 때문이다. 그러므로 이 책이 말하는 일곱 가지 기반이 우리에게 다 있다면, 그것이 비록 연약하다 해도 하나님께 감사하자. 하나님께서 우리에게 보통 큰 은혜를 주신 것이 아니기 때문이다. 그리고 그 은혜가 자랄 것

을 기대하자. 예수님은 겨자씨가 자라서 큰 나무가 되는 것처럼 하나님의
은혜도 우리 안에서 크게 자랄 것이라고 보장해 주셨다.

> 또 비유를 들어 이르시되 천국은 마치 사람이 자기 밭에 갖다 심은 겨자씨
> 한 알 같으니 이는 모든 씨보다 작은 것이로되 자란 후에는 풀보다 커서
> 나무가 되매 공중의 새들이 와서 그 가지에 깃들이느니라 _마 13:31-32

그러므로 지금 우리가 이 책이 말하는 일곱 가지 기반을 어떻게 가지
고 있든, 이제부터는 하나님의 은혜에 모든 것을 맡기고 우리의 신앙의
기초를 튼튼하게 다지는 일을 시작하자. 하나님은 없는 것을 있게 하시며
있는 것을 강하게 하시는 분이시니 우리에게는 언제나 소망이 있다. 그러
므로 일어나서 함께 가자. 우리 신앙의 기초를 다시 견고하게 세우는 길
로! 하나님은 우리를 이끌어 주실 것이다. 견고해진 신앙으로, 그리스도
를 영화롭게 하는 삶으로! 아멘.

미주

1 Thomas Watson, *The Ten Commandments* (reprint, London: Banner of Truth Trust, 1965), 212.

2 Thomas Watson, *Heaven taken by storm: showing the holy violence a Christian is to put forth in the pursuit after glory* (reprint, Ligonier, PA: Soli Deo Gloria Publications, 1992), 13.

3 Leland Ryken, *Worldly Saints* (Grand Rapids, Mich.: Academie Books, 1986), 137.

4 Kelly M. Kapic and Randall C. Gleason, "Who were the Puritans?" in *The Devoted life: An Introduction to the Puritan Classics* (Downers Grove, IL: InterVarsity Press, 2004), 26.

5 George Swinnock, *The Works of George Swinnock* (reprint, Edinburgh: James Nichol, 1992), 1:141.

6 메튜 헨리(Matthew Henry)의 디모데후서 3 장 17 절 주석.

7 Thomas Brooks, *The Works of Thomas Brooks* (reprint, London: Banner of Truth, 1980), 1:236.

8 John Owen, *The Works of John Owen*, ed. William H. Goold (London: Banner of Truth Trust, 1981), 12:84.

9 George Swinnock, *The Works of George Swinnock*, 2:440.

10 웨스트민스터 신앙고백 1 장 6 항.

11 Thomas Watson, *A Body of Practical Divinity* (Aberdeen: George King; Peterhead : Robert King, 1838), 45.

12 위의 책, 42.

13 위의 책, 42.

14 John Calvin, *Institutes of the Christian Religion*, ed. John T. McNeill and trans. Ford Lewis Battles (Philadelphia: Westminster Press, 1960), 1:9 을 보라.

15 Michael Haykin, *The God who Draws Near: An introduction to Biblical Spirituality* (New York: Evangelical Press, 2007), 50-51 에서 재인용.

16 John C. Ryle, "Practical Religion", 2023 년 9 월 29 일 접속, https://www.monergism.com/thethreshold/sdg/ryle/Practical%20Religion%20-Ryle.pdf.

17 Octavius Winslow, *The Ministry of Home* (London: William Hunt and Company, 1867),

132.

18 George Swinnock, *The Works of George Swinnock*, 5:20.

19 John Flavel, *The Method of Grace* (reprint, Hartland Publications, 1996), 84.

20 Thomas Goodwin, *The Complete Works of Goodwin* (Edinburgh: James Nichol, 1861), 6:187.

21 George Swinnock, *The Works of George Swinnock*, 5:34.

22 Thomas Boston, *The Complete Works of Thomas Boston* (Stoke-on-Trent: Tentmaker Publications, 2002), 8:83.

23 Stephen Charnock, *The Doctrine of Regeneration* (Grand Rapids, Mich.: Baker Book House, 1980), 10.

24 위의 책, 37.

25 George Swinnock, *The Works of George Swinnock*, 5:7, 38-41.

26 John Owen, *The Works of John Owen*, 6:216.

27 George Swinnock, *The Works of George Swinnock*, 5:201,202

28 John Flavel, *The Fountain of Life: or A Display of Christ in His Essential and Meditorial Glory* (reprint, New York: American Tract Society, 182-), 112.

29 Leland Ryken, *The Worldly Saints* (Grand Rapids, Mich.: Academie Books, 1986), 159 에서 재인용.

30 John Owen, *The Works of John Owen*, 2:378.

31 James Fisher and Eben Erskine, *The Westminster assembly's Shorter catechism explained, by way of question and answer* (Philadelphia: William S. Young, 1840), 43.

32 Thomas Watson, *A Body of Practical Divinity: consisting of above one hundred seventy six sermons on the lesser catechism composed by the reverend assembly of divines at Westminster*, 110.

33 Thomas Boston, *The Complete Works of Thomas Boston*, 1:147.

34 Richard Baxter, *The Practical Works of Richard Baxter*, ed. William Orme (London: J. Duncan, 1830), 19:64.

35 Thomas Goodwin, *The Complete Works of Goodwin*, 8:368.

36 위의 책, 8:376.

37 Thomas Manton, *The Complete Works of Thomas Manton* (reprint, Worthington, PA: Maranatha, 1970-1977), 10:160.

38 Richard Sibbes, *The Works of Richard Sibbes* (London: Banner of Truth Trust, 1982), 4:513.

39 *Joel Beeke*, "Why You Should Read Puritans?", 2023 년 2 월 17 일 접속, https://www.ligonier.org/learn/articles/why-you-should-read-puritans 에서 재인용.

40 John Owen, *The Works of John Owen*, Vol. 2.

41 Thomas Manton, *The Complete Works of Thomas Manton*, 15:298.

42 John Owen, *The Works of John Owen*, 9:618.

43 Thomas Brooks, *The Works of Thomas Brooks*, 5:210.

44 John Owen, *The Works of John Owen*, 6:116.

45 Richard Sibbes, *The Works of Richard Sibbes*, 1:357.

46 James Packer, *God the Holy Trinity*, ed. Timothy George (Grand Rapids: Baker Academic, 2006), 104.

47 Octavius Winslow, "The Nearness to the Cross", The Foot of the Cross, 2023 년 2 월 17 일 접속, http://gracegems.org/WINSLOW/Nearness%20to%20the%20Cross.htm.

48 Octavius Winslow, "The Conviction of Truth Beneath the Cross", The Foot of the Cross, 2009 년 9 월 13 일 접속, http://gracegems.org/W/foot7.htm.

49 Walter Marshall, *The Gospel Ministry of Sanctification* (Grand Rapids, MI.: Zondervan Publishing House, 1954), 184.

50 George Swinnock, *The Works of George Swinnock*, 3:129.

51 Thomas Goodwin, *The Complete Works of Goodwin*, 11:396.

52 Lewis Bayly, *The Practice of Piety* (reprint, Morgan, PA: Soli Deo Gloria, 1994), 105.

53 Walter Marshall, *The Gospel Ministry of Sanctification*, 185.

54 Thomas Boston, *The Complete Works of Thomas Boston*, 1:67.

55 Richard Baxter, *The Practical Works of Richard Baxter*, 1:56.

56 Lewis Bayly, *The Practice of Piety*, 106-107.

57 위의 책, 106.

58 Henry Scudder, *The Christian's Daily Walk* (Philadelphia: Presbyterian Board of Publication, 1800-1899?), 102.

59 Edmund Calamy, *The Art of Divine Meditation* (London: Printed for T. Parkhurst ... and by J. Collier ..., 1680), 4.

60 Thomas Manton, The *Complete Works of Thomas Manton*, 17:272.

61 Henry Scudder, *The Christian's Daily Walk*, 108.

62 Thomas Brooks, *The Works of Thomas Brooks*, 1:291.

63 Edmund Calamy, *The Art of Divine Meditation*, 205.

64 William Bridge, *The Works of the Rev. William Bridge* (Beaver Falls, PA: Soli Deo Gloria, 1989), 3:154.

65 위의 책, 3:154-155.

66 Henry Scudder, *The Christian's Daily Walk*, 102-108.

67 Dewey D. Wallace, *The Spirituality of the Later English Puritans* (Macon, Ga.: Mercer University Press, 1987), 100 에서 재인용.

68 Gordon S. Wakefield, *Puritan devotion: its place in the development of Christian piety* (London: Epworth Press 1957), 85.

69 James Ussher, *A Method for Meditation* (London: J. Nevill, 1657), 37.

70 William Bridge, *The Works of the Rev. William Bridge*, 3:131.

71 Richard Baxter, *The Practical Works of Richard Baxter*, 3:306.

72 Harrison T. Meserole, *American Poetry of the Seventeenth Century* (University Park: Pennsylvania State University Press, 1985), 285.

73 George Swinnock, *The Works of George Swinnock*, 1:112.

74 Preston and others, *The Puritan on Prayer* (Morgan, PA: Soli Deo Gloria, 1995), 151.

75 Thomas Brooks, *The Works of Thomas Brooks*, 2:183.

76 Thomas Watson, *A Body of Practical Divinity*, 516.

77 William Gurnall, *The Christian in Complete Armour: or, A Treatise on the Saints' War with the Devil* (William Tegg, 1862), 683.

78 John Owen, *The Works of John Owen*, 4:287.

79 Preston and others, *The Puritan on Prayer*, 200.

80 William Gurnall, *Gleanings* (Morgan, PA: Soli Deo Gloria, 1996), 109.

81 John Bunyan, *The Complete Works of John Bunyan* (Whitefish, MT: Kessinger Publishing, 2006), 80.

82 Richard Sibbes, *The Works of Richard Sibbes*, 2:260.

83 Isaac Watts, *The Works of the Reverend and Learned Isaac Watts* (London: J. Barfield, 1810), 3:140.

84 Nathaniel Vincent, *Spirit of Prayer* (London: Parkhurst, 1677), 66.

85 Richard Sibbes, *The Works of Richard Sibbes*, 2:359.

86 Thomas Goodwin, *The Complete Works of Goodwin*, 11:800.

87 Richard Sibbes, *The Works of Richard Sibbes*, 5:507.

88 위의 책, 1:77.

89 위의 책, 6:526.

90 John Downame, *The Christian Warfare* (London: Printed by William Stansby [for Philemon Stephens and Christopher Meredith, 1634]), 158.

91 Thomas Reade, *Spiritual Exercises of the Heart* (Grand Rapids: Reformation Heritage Books, 2007), 139.

92 Richard Sibbes, *The Works of Richard Sibbes*, 5:507.

93 John Rogers, *A Godly and fruitful Exposition on the First Epistle of Peter* (London: Printed by John Field, 1650), 191.

94 George Swinnock, *The Works of George Swinnock*, 1:145-171.

95 Samuel Clarke, *The lives of sundry eminent persons in this later age* (London: Printed for Thomas Simmons, 1683), 114.

96 Walter Marshall, *The Gospel Mystery of Sanctification*, 197.

97 Thomas Watson, *The Ten Commandments* (London: Banner of Truth Trust, 1965), 223.

98 John Owen, *The Works of John Owen*, 9:543.

99 Henry Scudder, *The Christian's Daily Work*, 85-92.

100 Lewis Bayly, *The Practice of Piety*, 220-262.

101 Thomas Manton, *The Complete Works of Thomas Manton*, 16:158.

102 위의 책, 6:97.

103 Lewis Bayly, *The Practice of Piety*, 187.

104 웨스트민스터 예배모범 제 1 장.

105 George Swinnock, *The Works of George Swinnock*, 1:239.

106 Henry Scudder, *The Christian's Daily Walk*, 94.

107 Thomas Manton, *The Complete Works of Thomas Manton*, 20:119.

108 William Ames, *The Marrow of Theology*, ed. John D. Eusden (Durham, N.C.: Labyrinth Press, 1983), 353.

109 Thomas Manton, *The Complete Works of Thomas Manton*, 7:177.

110 George Swinnock, *The Works of George Swinnock*, 2:341.

111 Lewis Bayly, *The Practice of Piety*, 2:341.

112 Robert Halley, *Lancashire: its puritanism and nonconformity* (Manchester [Eng.] Tubbs and Brook; London, Hodder and Stoughton, 1869), 104 에서 재인용.

113 Thomas Watson, *A Body of Practical Divinity*, 225.

114 Thomas Brooks, *The Works of Thomas Brooks*, 4:387.

115 위의 책, 1:57.

116 Thomas Boston, *The Works of Thomas Boston* (reprint, Stoke-on-Trent: Tentmaker Publications, 2002), 3:595.

117 George Swinnock, *The Works of George Swinnock*, 2:348.

118 Samuel Clarke, *The lives of sundry eminent persons in this later age*, 121.

119 Peter J. Beale, "Sanctifying the Outer Life," in *Aspects of sanctification: Westminster Conference 1981* (London: Evangelical Press, 1981), 69.

120 Thomas Goodwin, *The Complete Works of Goodwin*, 4:207.

121 Thomas Boston, *The Complete Works of Thomas Boston*, 2:16.

122 John Flavel, *The Works of John Flavel* (reprint, London: Banner of Truth Trust, 1968), 6:451.

123 Richard Sibbes, *The Works of Richard Sibbes*, 5:401.

124 Anthony Burgess, *Spiritual Refining: or A Treatise of grace and assurance* (London: Printed by A. Miller for Thomas Underhill, 1652), 2.

125 Thomas Brooks, *The Works of Thomas Brooks*, 2:302 에서 재인용.

126 위의 책, 2:317.

127 Richard Sibbes, *The Works of Richard Sibbes*, 5:401.

128 Thomas Goodwin, *The Complete Works of Goodwin*, 1:250.

129 Richard Sibbes, *The Works of Richard Sibbes*, 7:495.

130 Thomas Goodwin, *The Complete Works of Goodwin*, 8:354-356.

131 John Flavel, *The Works of John Flavel*, 6:451. Thomas Manton, The Complete Works of Thomas Manton, 12:440-1 을 참조.

132 Thomas Brooks, *The Works of Thomas Brooks*, 4:101; 2:135; 1:391; 2:404; 12:431-432.

133 위의 책, 3:466.

134 위의 책, 2:132.

135 위의 책, 2:318-328.

136 Anthony Burgess, *Spiritual Refining*, 35.

137 Christopher Love, *A Treatise of Effectual Calling and Election*, 146-151.

138 Thomas Manton, *The Complete Works of Thomas Manton*, 12:433.

139 Thomas Boston, *The Complete Works of Thomas Boston*, 2:17.

140 위의 책, 2:17.

141 Thomas Brooks, *The Works of Thomas Brooks*, 2:523-527.

142 웨스트민스터 신앙고백 18장 4항.

143 Thomas Brooks, *The Works of Thomas Brooks*, 2:526-527.

144 위의 책, 2:530-532.

145 위의 책, 2:530-532.

146 George Swinnock, *The Works of George Swinnock*, 1:84.

147 Thomas Manton, *Complete Works of Thomas Manton*, 4:357.

148 John Flavel, *The Method of Grace: how the Holy Spirit Works* (Rapidan, VA: Hartland Publications, 1997), 20-28.

149 George Swinnock, *The Works of George Swinnock*, 1:166.

150 Henry Scudder, *The Christian's Daily Walk*, 11.

151 Sholto Percy, *The Percy Anecdotes: Original and Select* (London: Cumberland, 1826), 103.

152 Henry Scudder, *The Christian's Daily Walk*, 27.

153 Richard Baxter, *The Practical Works of Richard Baxter*, 2:386.

154 위의 책, 6:433-434.

155 Walter Marshall, *The Gospel Ministry of Sanctification*, 161.

156 Lewis Bayly, *The Practice of Piety*, 81-82.

157 Arnold A. Dallimore, *George Whitefield: The Life and Times of the Great Evangelist of the 18ᵗʰ Century Revival* (Edinburgh: The Banner of Truth Trust, 1995), 1:79-80.